KB079612

조율하는 나날들

옮긴이 이유진

이화여대 불어불문학과를 졸업하고 이화여대 통번역대학원에서 번역학 석사학위를
받았다. 대학 졸업 후 광고 기획자와 마케터로 일하며 상품과 고객 사이에서 소통한
경험이 있다. 지금은 전문 번역가로 활동하며 저자와 독자 사이에서 즐거운 소통을
이어 가고 있다. 옮긴 책으로는 『우리의 인생이 겨울을 지날 때』, 『걸을 때마다 조금
씩 내가 된다』, 『섹스하는 삶』, 『공격성, 인간의 재능』, 『엄마는 내가 죽었으면 좋겠
다고 말했다』, 『우리가 밤에 본 것들』 등이 있다.

조율하는 나날들

The
The Collected
The Collected
Schizoph
Schizophr
Schizophrenia
Schizophrenias
Chizophrenias

에즈메이 웨이준 왕
이유진 옮김

조현병에 맞서 마음의 현을 맞추는 어느 소설가의 기록

북트리거

이 책에 쏟아진 찬사

"이 괄목할 만한, 눈을 뗄 수 없는 책에서 에즈메이 웨이준 왕은 지극한 관용의 행위라고밖에 표현할 수 없는 방식으로 자신의 아름답고도 심란한 마음속으로 우리를 초대한다. 정신질환과 함께 살아가는 삶에 관한 책이 이렇게 직접적이 이고, 꾸밈없고, 강력한 힘을 발휘하는 경우는 드물다."

대니 샤피로(『계속 쓰기』 저자)

"필연적이고 명징하다. 이 우아한 에세이에서 에즈메이 웨이준 왕은 자신이 진 단받은 조현정동장애에 대해 파고들면서 정신질환에 관한 수많은 편견들을 헤 집어 놓는다. 『조율하는 나날들』은 질병, 그중에서도 정신질환에 관한 복잡한 사고를 안내하는 훌륭한 책이다. 이 책은 자신의 병을 이해하고자 애쓰고 있는 이들에게 희망을 가져다줄 것이며, 서정적이고 명료한 문체는 그 자체로 위안 과 기쁨을 준다."

메건 오루크(『보이지 않는 왕국』 저자)

"『조율하는 나날들』은 뼈아픈 개인사와 날카로운 탐구를 엮은 수작이다. 에즈 메이 웨이준 왕은 우아하고 통렬한 식견과 강력한 위트를 통해 우리 사회가 정신질환을 가진 이들을 어떻게 소외시키는가에 대한 거대 담론을 제시하는 한편, 자신이 받은 진단의 복잡성과 모순을 여실히 풀어헤친다. 이 책은 우리 가 함께 살아가는 세상에서 쉽게 지나쳐 버리기 쉬운 것들에 대한 이해를 높 여 준다."

알렉산드라 클리먼(『태양 아래 새로운 무언가』 저자)

"에즈메이 웨이준 왕은 자신의 삶이라는 광각렌즈를 통해 과학, 문학, 예술, 제도, 심령술과 조현병에 관한 고정관념을 들여다보면서 명료성과 대조성이 강렬하게 맞물리는 하나의 예술 작품을 만들어 낸다. 여기에는 그 어떤 동정심 유발도, 선정주의도, 그릇된 긍정주의도 없다. 왕의 시선은 그야말로 솔직한 것이라서, 나는 내 일기장보다도 그녀의 글을 더 신뢰할 것 같다."

토니 툴라티무테(『사적인 시민들』 저자)

"이 매혹적인 책은 매우 드문 성취를 이루어 냈다. 극도의 혐오와 극렬한 매혹 양단에 오래도록 얽매여 있던 주제에 관한 의미 깊고도 광대한 언어가 바로 그것이다. 시의 아름다움, 탐구심, 크게 요동치는 마음이 넘쳐흐른다."

제니 장(『시큼한 마음』 저자)

"『조율하는 나날들』은 풍부한 동시에 함축적이고, 엄격한 동시에 대담하다. 이 책은 건강하거나 아프다는 것에 대해, 또한 몸 안에 깃들어 있는 것, 즉 살아 있는 것에 대해 다시 생각하게 만든다. 강력하고도 비범한 책."

권오경(『인센디어리스』 저자)

크리스를 위해

그리고

조현병의 영향을 받은 모든 이들을 위해

[조현병으로부터의] 완전한 회복이란 매우 드물다. 조현병은 사회에서 용인되는 수준에서 영구적인 입원은 필요하지 않은 수준까지 광범위한 상태로 나타나는데, 그렇다 해도 정상적인 생활을 영위할 수 있는 수준에는 미치지 못한다. 이 병의 가장 뚜렷한 특징은 타인이 조현병을 앓는 이들에 대해 도무지 이해할 수 없고 접근할 수 없다는 느낌을 품게 된다는 점이다.

_실비아 네이사, 『뷰티풀 마인드』

나는 어떻게 하면 이 길을 계속 갈 수 있을까?

그리고 어떻게 하면 가지 않을 수 있을까?

_수전 손태그

Contents

진단:

이것은 어떻게 생겨났고, 나는 무엇을 하는 것일까?

조현병은 무섭다. 조현병은 전형적인 광기의 병이다. 광기가 무서운 이유는 인간이 체계화하고 분별하려고 애쓰는 존재이기 때문이다. 인간은 끝없이 이어진 날들을 연, 월, 일로 구분하며, 불행, 질병, 불편, 죽음을 막고 통제할 방법을 찾으려 한다(도저히 피할 수 없는 결과일 뿐인데도). 하지만 그러한 예측불허와의 싸움도 고유의 내적 논리로 현실을 축소하는 조현병 앞에서는 아무 소용없는 일이 되어 버린다.

사람들은 조현병 환자들을 주위 사람들의 눈에서 사라진, 죽지 않았지만 죽은 사람들로 취급한다. 조현병 환자들은 러시아어 гибель(기벨)의 희생양이다. 이는 '파멸'과 '재앙'의 동의어로, 죽음이나 자살까지는 아니지만 한 존재의 파멸적 중단을 의미한다. 조현병은 타인에게 고통을 주는 방식으로 악화된다. 정신분석 이론가 크리스토퍼 볼라스는 '조현병의 존재감'을 이렇게 정의한다. "인간 세계에서 비인간 세계로 넘어간 것으로 보이는 [조현병 환자]와 함께 있는" 정신 역동[1]적 경

---

[1]   정신 역동이란 개인의 과거 경험이 현재의 문제에 어떤 영향을 미치고 있는지 설명하고 이를 바탕으로 문제를 해결하려는 이론을 말한다.

험이라고 말이다(왜냐하면 보통 사람들은 전쟁, 납치, 죽음과 같은 서사의 무게를 견뎌 낼 수 있지만, 조현병에 내재된 혼돈은 감각에 저항하기 때문이다). 다시 말해 '기벨'과 '조현병의 존재감'은 모두 애초에 조현병 환자의 곁에 있는 사람들이 겪는 고통을 나타낸다.

물론 그것은 조현병을 앓는 당사자가 고통스럽기 때문이다. 나는 마치 칠흑처럼 어두운 방에서 길을 잃은 심정으로 살아왔다. 그곳에는 바닥이 있는데, 무감각한 내 발밑 바로 아래에 있는 공간이다. 그 발 모양의 닿만이 유일하게 믿을 만한 지형지물이다. 만약 잘못 움직이기라도 했다가는, 무시무시한 결과를 맞닥뜨리게 될 것이다. 이 암울한 심연에서 중요한 것은 두려워하지 않는 것이다. (피할 수 없을지라도) 두려움은 길을 잃었다는 끔찍한 기분을 더욱 증폭할 뿐이니까.

미국 국립정신건강연구소(NIMH)에 따르면, 미국 성인 인구의 1.1%가 조현병에 '시달리'고 있다. '조현병'으로 간주할 수 있는 전체 정신병 범주를 고려할 때 그 숫자는 늘어나고 있다. 미국정신질환연합에 따르면 미국 인구의 0.3%가 조현정동장애[2]로 진단되고, 『최신 정신학 보고서』의 「분열형 인격 장애: 최신 리뷰」에 따르면 3.9%가 조현형 성격장애로 진단된다. 나는 신경전형인[3]의 편향을 반영하는 '시달리다'affiict라는 표현이 암시하는 바를 인지하고 있지만, 조현병 진단을 받은 사람들의 고통과 괴로움 또한 잘 알고 있다.

2   환각, 망상 등 조현병 증상과 조증, 우울증 등 비정상적인 기분으로 인해 일어나는 질병인 기분장애 증상이 합쳐서 나타나는 정신질환이다.
3   자폐인이 비자폐인 혹은 신경질환이 없는 사람, 보편적이거나 흔한 뇌신경을 가진 사람을 부르는 말로, '신경다양성'에 대비되는 전형적인 사고방식을 뜻한다.

나는 처음 환각을 경험하고 머리가 이상해졌다는 의심을 한 지 8년 만에 공식적으로 조현정동장애 양극형schizoaffective disorder bipolar type 진단을 받았다. 진단을 받기까지 그렇게 오랜 시간이 걸렸다는 것이 놀랍다. 2001년에 양극성장애 진단을 받았고, 20대 초반이던 2005년에 처음으로 환청(목소리)을 경험했다. 나는 이상 심리를 잘 이해하고 있던 터라, 양극성장애를 겪는 사람들이 정신증psychosis[4]을 경험할 수는 있으나 기분 삽화[5] 증상이 나타나지 않을 때는 환청 같은 것들을 경험하지 않는다는 것을 알고 있었다. 그래서 당시 내 정신과 담당의였던 C박사에게 이 점을 이야기한 적이 있다. 하지만 C박사는 내가 대학 캠퍼스에서 육안으로는 볼 수 없는 악령이 휙 지나가는 것과 완벽한 형태를 갖춘 기관차가 나를 향해 돌진하다 사라지는 것을 봤다고 말했을 때조차 '조현정동장애'라는 말을 꺼내지 않았다. 그래서 나는 이 경험을 '환각'이라는 적확한 용어 대신 (C박사가 내 앞에서 흔히 사용한 표현대로) '감각 왜곡'이라고 부르기 시작했다.

어떤 사람들은 꼬리표가 붙는다는 생각에 진단받기를 꺼리지만, 나는 진단을 받으면 그런 상태가 이미 존재한다는 사실에 언제나 위안을 얻었다. 나는 내게 일어난 증상이 아무도 겪어 보지 못한, 설명할 수

---

[4] 망상이나 환각 등의 증상 때문에 현실과 비현실을 구별하지 못할 정도로 정신이 무너진 병증 상태를 뜻한다. 이런 증상이 일정 기간 지속되는 상태를 정신증 삽화라고 한다.

[5] 환자가 비정상적으로 행복하거나 비정상적으로 슬픔을 느끼는 때를 말한다. 기분 삽화에는 주요우울 삽화, 조증 삽화, 경조증 삽화 등이 있다. 여기서 삽화란 전반적인 정신 및 행동의 변화가 나타나는 시기를 의미하며 에피소드라고도 부른다. 즉 짧게 끼인 형태의 삽화처럼 특정 상황이 짧게 발현되는 일을 가리킨다.

없는 경험이 아니기를 바란다. 수년간 나는 C박사에게 어쩌면 양극성 장애보다는 조현정동장애가 나에게 좀 더 정확한 진단일지도 모른다는 의심을 넌지시 흘렸으나 별다른 반응을 얻지 못했다. 나는 그녀가 나를 기분·불안장애라는 흔한 영역으로부터 조현병이라는 정글의 세계로 공식적으로 편입시키는 데 조심스러웠던 것이라 믿고 있다. 그렇게 되면 나는 자책할 것이고 다른 사람들(내 진단 차트에 접근 가능한 사람들을 모두 포함해서)로부터 낙인찍힐 것이기 때문이다.

C박사는 그 후 8년간 내 증상에 대해 기분 안정제와 항정신병 약물을 처방하면서, 한 번도 내 병이 다른 병일 수도 있음을 암시한 적이 없었다. 그러다 정말로 증세가 나빠져 나는 새로운 정신과 의사인 M박사를 찾아갔다. M박사는 주저하면서 내게 조현정동장애 양극형이라는 진단을 내렸는데, 현재까지 나는 이 진단명에 수긍하고 있다.

진단을 받는 일은 위안을 준다. 하나의 체계(커뮤니티, 계보)를 제공하고 운이 좋다면 치료나 치유까지 제공하기 때문이다. 진단에 따르면 나는 미쳤다. 하지만 특정한 방식으로 미쳤다. 현대인들만이 아니라 고대 이집트인들도 경험한 방식으로 미쳤다. 고대 이집트인들은 의학 문서인 『에베르스 파피루스』의 「마음의 서」에 조현병과 비슷한 증상을 기술했고, 정신병을 심장과 자궁에 치명적인 영향을 미치는 독약에 비유했다. 또한 그들은 행동 패턴을 살펴보는 것이 중요하다는 사실을 알았다. 자궁·히스테리·심장·연상이완°처럼 반복되는 패턴에 이름을 붙

---

6   관련이 적거나 없는 다른 대상으로 연상이 진행되는 상태를 뜻한다.

이는 것이 유용하다는 점도 알았다.

— —

조현정동장애 양극형이라는 진단은 건강보험(HMO) 웹사이트에서 내 정신과 담당의와 대화를 하면서 받게 되었다.

보내는 사람: 에즈메이 웨이준 왕

전송: 2013/2/19 9:28 AM

받는 사람: M박사

일요일 이후로 며칠간 상태가 별로 좋지 않았어요.
일요일 밤이 되자 마음이 혼란스러워졌는데, 그날 온종일
'안개' 속을 헤맨 기분이었기 때문이에요. 그러니까 그날
무엇을 했는지 고심해서 목록을 [만들었음]에도 하루 종일
무얼 했는지 설명할 수 없었어요. 마치 '시간을 잃어버린'
것처럼 느껴졌어요. 그리고 너무 피곤해서 낮잠을 두 번이나
잤어요. 다른 날보다 클로노핀을 더 많이 복용한 것도
아니었고, 아마 2mgs로 평소보다 적었어요.
월요일에도 똑같은 증상을 겪었어요. 일하면서 평소보다
컨디션이 좋지 않았는데, 특히 집중이 되질 않더라고요. 같은
문장을 오랫동안 들여다보아도 도통 무슨 의미인지 알 수
없었어요. 사무실 의자에서 낮잠도 갔어요. 또다시 하루가

내 존재 없이 지나갔다는 느낌이 들었어요. 네 시쯤에는 내가

실제로 존재하고 있는 건지, 심지어 다른 것들도 진짜인 건지

확신이 들지 않았어요. 내 얼굴도 있는 건지 걱정되었지만

혹시라도 거울에 다른 얼굴들이 보일까 봐 불안해서 굳이

들여다보지 않았어요. 오늘도 이런 증상이 계속되고 있네요.

보내는 사람: M박사

전송: 2013/2/19 12:59 PM

알겠습니다. 방금 메일 내용을 다시 읽어 봤는데, 분명히

정신증이 문제인 것 같습니다. 쎄로켈을 1.5정까지(최대

용량은 800mgs) 늘리는 것이 좋을 듯합니다. 제 생각에

당신은 양극성장애 I형과 조금 다른 변종인 조현정동장애일

수 있습니다.

혹시 엘린 R. 색스의 『마음의 중심이 무너지다(The Center

Cannot Hold)』를 읽어 보셨나요? 그 책에 대한 당신의

생각이 궁금하군요.

　　몇 년이 지난 후에야 나는 M박사의 짧막한 메일에서 행간의 의미

를 발견한다. M박사는 조현정동장애를 '양극성장애 I형과 조금 다른

변종'으로 기술하고 있지만, '변종'이 무슨 의미인지 특정하지는 않고

있다. 무엇의 변종이란 말일까? 조현병과 양극성장애는 둘 다 정신장애진단 및 통계편람(DSM) I축[7] 또는 DSM 임상장애로 간주된다. 아마도 '변종'은 그 지형도에서 우울증과 불안증의 세계를 포함하는 광범위한 영역을 가리키는 듯하다.

비록 나중에 든 생각이지만, M박사는 맥아더펠로우프로그램 수상자 엘린 색스가 쓴, 지난 30년을 통틀어 가장 유명한 조현병 회고록인 『마음의 중심이 무너지다』를 언급하고 있다. 색스에 대한 언급은 끔찍한 진단이라는 나쁜 소식을 전하게 될 것에 대비한 완충장치이다. 또한 나의 정상성normalcy을 강조하는 M박사 특유의 어법이라 볼 수도 있다. '비록 당신이 조현정동장애를 가지고 있을지는 몰라도, 우리는 여전히 책에 관한 이야기를 나눌 수 있다'는 식이다. 사실 조현정동장애는 그로부터 4년 후에 출간된, 조현병에 대한 장대한 고찰을 담은 론 파워스의 저서 『내 아들은 조현병입니다』에서 조현병보다도 더 고약하다고 거듭 언급되는 진단명이고, 다시 4년 후, 나는 책에 기술된 내용과 관련해서 저자 론 파워스와 서신으로 논쟁을 벌이게 된다.

어쨌든 내게는 나보다 앞서 이 길을 걸었던 존경스러운 인물, 엘린 색스가 있다. 그녀는 맥아더 지원금으로 정신건강에 영향을 미치는 요인을 연구하는 싱크탱크를 창설했다. 조현병이 그녀를 덮쳤기 때문에 불가피하게 소명이 된 일이었다. "모든 일에는 이유가 있다"라고 말하기 좋아하는 사람들은 아마 색스가 조현병 연구에 헌신하게 된 것을

---

7   DSM-IV에서 I축은 임상장애로, 조현병, 불안장애, 기분장애, 섭식장애, 해리장애 등이 있다.

신의 계획이라 지칭할 것이다. 애초에 그녀가 신경전형인으로 태어났다면, 그런 일은 일어나지 않았을 것이기 때문이다.

미국정신의학회(APA)가 펴낸 임상 바이블인 DSM-5는 조현병을 다음과 같이 기술하고 있다:

조현병 295.90(F20.9)

A. 다음 증상 중 둘(혹은 그 이상)이 1개월의 기간(성공적으로 치료가 되면 그 이하) 동안 지속적으로 나타나고, 이 중 최소 하나는 1~3번을 포함해야 한다(참고로 1~2번은 정신증 증상이다. 개인적으로 세 번째는 아직 경험하지 않았다).

1. 망상

2. 환각

3. 와해된 언어(빈번한 탈선 혹은 지리멸렬)

4. 극도로 와해된 행동 또는 긴장증적 행동(임상적 관점에서 긴장증적 행동은 비전문가의 관점에서 보는 긴장증과 동일하지 않다. DSM-5에 따르면, 긴장증은 또한 과도한 운동을 포함할 수 있다.)

5. 음성 증상(감정 표현 감퇴 또는 무의욕증)

B. 장애 발병 이후로 상당 기간 동안 일, 대인 관계, 자기 관리와 같은 주요 영역에서 기능 수준(조현병으로 진단받는 사람은 기능 저하를 나타낸다. 단, 조현병을 가진 채로 생활을

잘 영위하는 사람의 경우 우수한 기능 수준을 보일 수도 있다)이

발병 전보다 현저히 저하된다(혹은 아동기나 청소년기에

발병할 경우, 대인 관계, 학업, 직업적 기능이 기대되는 수준에

도달하지 못한다).

C. 장애 징후가 적어도 6개월간 지속된다. 이 6개월의

기간에는 진단 기준 A(활성기 증상)를 충족하는 기간이

적어도 1개월 이상 포함되어야 하며, 전구기[8] 또는

잔류기가 포함될 수 있다. 이 전구기 또는 잔류기

동안에는, 장애의 징후가 단지 음성 증상으로만 나타날 수

있거나 진단 기준 A에 있는 두 개 이상의 증상이 덜 심한

형태(괴상한 믿음, 특이한 지각 경험)로 나타날 수 있다.

D. 조현정동장애와 정신증적 양상이 있는 기분장애는 다음과

같은 이유로 배제될 수 있다. 1) 조현병의 활성기에

주요우울 삽화 혹은 조증 삽화가 동시에 나타나지 않는다.

2) 조현병의 활성기에 나타난 기분장애의 총 삽화 기간은

조현병의 활성기와 잔류기에 비해 짧다.

E. 이 장애가 물질(약물 남용, 처방) 또는 다른 의학적 상태의

생리적인 효과에 의한 것이 아니어야 한다.

F. 자폐스펙트럼장애나 아동기에 발생한 의사소통장애가

있을 경우, 조현병의 진단 기준에 부합해야 하고, 현저한

---

[8] 어떤 질환의 증상이 분명하게 출현하기 전, 불특정의 증상을 나타내는 기간을
뜻한다.

망상이나 환각이 적어도 1개월 이상(성공적으로 치료되면 더 짧을 수 있다) 지속될 경우에 조현병으로 추가적인 진단이 가능하다.

임상 전문의들은 이 지침을 사용하여 조현병 여부를 판단한다. 의학은 부정확한 과학이며, 정신의학의 경우 더더욱 그렇다. 누군가에게 조현병이 있을 것이라 추정할 뿐, 혈액검사나 유전 표지처럼 비교적 정확한 검사 방법은 없다. 조현병 자체도 서로 연관이 있어 보이면서 자주 나타나는 증상들을 묶은 결과일 뿐이다. 물론 자주 나타나는 패턴을 관찰하고 명칭을 붙이는 작업이 어떤 병의 주요 원인을 규명하거나 더 나아가 치료법까지 제시하기도 한다.

조현병은 정신장애 중에서 가장 널리 알려진 병이다. 반면 조현정동장애는 일반인들에게 상대적으로 낯선 병이므로, 나는 언제나 설명할 준비를 하고 있다. 실제로 수천 명의 청중 앞에서 조현정동장애란 양극성장애와 조현병의 몹쓸 결합으로 태어난 아이와 같다고 이야기한 적도 있다. 사실, 정확한 설명은 아니다. 조현정동장애는 기분 삽화를 포함해야 하므로 조현병과 조증, 혹은 조현병과 우울증이 결합한 결과일 수 있다. DSM-5에 따르면, 진단 기준은 다음과 같다.

조현정동장애 양극형 295.70(F25.0)
이 양극형이라는 하위 유형은 조증 삽화가 일부 존재할 경우 적용된다. 주요우울 삽화도 나타날 수 있다.

A. 조현병 진단 기준 A를 충족하는 동시에 기분(주요우울 또는 조증) 삽화가 있는 시기가 존재한다. 참고로 주요우울 삽화는 진단 기준 A1(우울한 기분)을 포함해야 한다.

B. 유병 기간 동안 기분(주요우울 또는 조증) 삽화가 없는 상태에서 2주 이상 망상이나 환각이 존재한다.

C. 이 장애의 활성기와 잔류기의 대부분 기간 동안 기분 삽화의 진단 기준을 충족하는 증상이 존재한다.

D. 물질(약물 남용, 처방) 또는 다른 의학적 상태의 생리적인 효과에 의한 것이 아니어야 한다.

　　내가 느끼고 경험한 것들을 DSM-5에 적힌 글로 읽을 때면, 정신증이 자아내는 공포와 어찌할 수 없는 무력감에서 벗어난 기분이 든다. 무미건조한 언어로 이 고약한 상황을 객관적으로 축소해서 표현하고 있기 때문이다. 내가 조현정동장애라는 새로운 진단을 받게 된 시점은, 양극성장애를 진단받은 지 12년 만이자 정신적 위기를 10개월간 겪고 있던 때였다. 나무들이 시들어 버린 잎새를 떨어뜨린 지 한참 지난 계절이었다. 2013년 초, 정신증은 그야말로 기세등등했다. 수개월간 시간이 지워지는 것을 빈번히 경험했다. 가족들에 대한 감정을 상실하고, 그들과 똑같이 변장한 누군가가 가족들의 자리를 대신하고 있다고 믿었다(카그라스 망상Capgras delusion으로 알려진 증상이다). 책에 적힌 글자들을 읽을 수 없는 등 여러 가지 증상을 겪으면서, 뭔가 단단히 잘못되었다는 불안감을 느끼고 또 느끼게 되었다.

조현병은 1893년 독일의 정신의학자 에밀 크레펠린이 조발성 치매dementia praecox라고 부르면서 그 실체가 최초로 드러난 것으로 알려져 있으며, '조현병'이라는 지금의 병명은 1908년에 스위스 정신의학자 오이겐 블로일러가 만들었다. 블로일러는 이 장애에서 흔히 나타나는 '연상이완'을 설명하기 위해 그리스어 schizo(분열)와 phrene(정신)에서 용어를 도출했다. 이로써 분열된 정신이라는 단순한 접근으로 비장애중심적이고 부정확한 용어가 탄생한 것이다. 2013년《슬레이트》에 기고한 「조현병은 새로운 정신 지체이다」라는 글에서, 신경과학자 패트릭 하우스는 "주식시장이 불안할 때 조현증적schizophrenic일 수 있고, 정치인이 당과 노선을 달리할 때 조현증적일 수 있고, 작곡가가 불협화음을 만들 때 조현증적일 수 있고, 세법이 모순적일 때 조현증적일 수 있고, 날씨가 좋지 않은 상태일 때 조현증적일 수 있고, 래퍼가 시인으로서 공연할 때 조현증적일 수 있다"라고 썼다. 다시 말해, 조현병schizophrenia이라는 영어식 표현은 혼란스럽고, 비호감이고, 터무니없고, 예측할 수 없고, 설명할 수 없으며, 그냥 말 그대로 나쁘다는 의미로 쓰인다는 것이다.

조현병은 해리성정체장애dissociative identity disorder, 더욱 흔히 알려진 말로는 다중인격장애multiple personality disorder와도 혼동되는 면이 있다. 조현병이 '분열된 인격'을 나타내는 용어로 불리는 탓에, 실제로는 분열되는 것과 연관이 없는데도 그렇게 여겨지기 때문이다. 정신증psychosis이라는 단어는 조현병 등 여러 정신장애에서 나타나는 증상을 가리키기도 하지만, 사이코psycho와 사이코틱psychotic처럼 질척대는 과거 애인부터 피에 굶주린 연쇄 살인마에까지 폭넓게 쓰인다. '조현병'이라는 병명을 만든 것이 블로일러의 가장 눈에 띄는 업적이기는 하지만, 그는 또한 「조발성 치매」, 「조현병군」이라는 중요한 논문을 포함해 조현병에 대한 많은 선구적인 연구도 꾸준히 했다. 《조현병 회보》에 게재된 「오이겐 블로일러와 조현병: 100년 후」에서 빅터 페랄타와 마누엘 J. 쿠에스타가 기술하듯이, 블로일러는 조현병을 "하나의 종species이라기보다 속genus"으로 이해했다. 그러니까 애초에 조현병은 개념적으로 광범위한 정신장애를 아우르는 말로, 대다수 사람들에게 낯선 질병을 진단받은 여성으로서 내가 바라본 조현병은 종이 아닌 속이다. 털이 나고 이빨이 뾰족하지만 늑대는 아니라는 뜻이다.

— —

DSM을 펴낸 미국정신의학회는 2013년 5월 오랜 기다림 끝에 '정신장애의 바이블'이라 일컬어지는 DSM의 다섯 번째 개정판인 DSM-5를 발간했다. DSM은 시계처럼 일정한 간격을 두고 개정되지 않는다. DSM-IV는 1994년에, 논란을 불러일으킨 '자아 이질적 동성애'라는 진단을 수록한 DSM-III은 1980년에 출간되었다. 나는 정신의학자도 심리학자도 상담가도 아니지만, DSM이 정의하는 병명이 내 삶에 영향을 미치기 때문에 로마자에서 아라비아 숫자로 표기가 바뀐 것 외에도 개정판에서 바뀐 부분이 무엇인지 알고 싶었다. 사실 우리는 정신의학적 진단이 전지전능한 신이 돌에 새긴 내용으로부터 전해지는 것이 아니라 모두 인간이 스스로 정하는 것이라는 사실을 자칫 잊어버리기 쉽다. '조현병이 있다'는 것은 인간이 만든 보라색 책(DSM)에 나열된 증상들의 모음에 해당한다는 뜻이다.

DSM-5의 발간은 정신의학 바이블에 가장 큰 변화를 가져왔다. DSM 내의 실질적인 진단이나 그 진단을 이루는 증상이 아니라, 정신의학 자체를 정의하는 개념이 변화한 것이다. 미국 보건복지부 산하기관인 국립정신건강연구소(애니메이션 〈NIMH의 비밀〉이 이 기관을 사악하고 비윤리적인 집단으로 묘사하는 바람에 부정적인 이미지가 있다)의 소장 토마스 인셀이 "DSM은 이제 연구자들에게 충분한 지표가 되지 못한다"라고 선언함으로써 지형을 바꾸어 놓았다. 이제 미국정신의학회와 국립정신건강연구소는 '정신의학이란 무엇인가'에 대한 논의에서 한목소리를 내지 않을 것으로 보인다. 실제로 국립정신건강연구소는 이미 과거부터 그들만의 독자적인 행보를 걸어왔다고 공표했다.

— —

정신의학은 진단의 일차적인 도구로서 임상의의 판단을 강조한다. 정신질환을 앓고 있는 사람은 우선 주치의를 통해 혈액검사나 뇌 정밀 검사를 받을 수 있다. 이런 검사에서 문제가 나타나지 않을 때 정신과 의사가 해야 할 일은 환자가 DSM에 기술된 수백 가지의 진단 조건에 들어맞는지를 알아보기 위해 질문을 던지는 것이다. 여기서 진단 조건은 여러 증상, 혹은 관찰되거나 환자 스스로 보고하는 패턴에 근거한다. 병명에는 십진수로 색인이 달려 있어 더욱 과학적으로 보인다.

청소년 때 나는 진료 차트에 적힌 숫자들을 실눈으로 보고 외운 다음 나중에 찾아보기까지 했다. 조현병은 295.90이고, 내가 진단받은 조현정동장애 양극형은 295.70(F25.0)이다. 인간(대부분 병을 앓고 있으며, 진단을 내리는 중대한 권한을 가진 의사들의 처분에 휘둘리는)에게 주어지는 진단을 결정하는 주체는 또 다른 인간이다. 누군가에게 조현병이라는 진단을 내리는 일은 진단을 받을 당사자가 자신을 바라보는 태도에 커다란 영향을 미친다. 친구와 가족과의 상호작용에도 변화를 가져온다. 또한 의학 커뮤니티, 법률 제도, 미국 교통안전국 등이 그 사람을 바라보는 시각에도 영향을 끼친다.

DSM-5와 그 이전의 DSM 버전들에 대해 가장 흔히 지적되는 문제점은 객관적인 척도보다는 증상의 집합에 근거하여 장애를 열거하고 있다는 것이다. 나는 스탠퍼드대 심리학과 연구실 매니저로 일하면서 그러한 장애에 대한 정의가 실제 현장에서는 얼마나 자의적인지를 느꼈다. 내 역할은 연구 대상이 될 만한 사람들의 잠재성을 평가하기 위해 임상 면담을 실시하는 것이었다. 당시 스탠퍼드대의 기분·불안장애 연구소는 DSM-IV에 대한 구조화 임상 면담(SCID)[9]을 통해 우리가 연구하려는 장애를 진단받을 만한 사람들을 판별했다. 나는 전화 면담을 진행하고, 서면 테스트를 하고, 동료와 여러 번의 가상 면담을 하고, 공식 면담을 관리·감독하는 등 총 1년간의 훈련 기간을 거쳐 두세 시간의 구조화 임상 면담을 혼자 진행할 수 있는 자격을 얻었다.

[9]   일련의 표준화된 질문을 모든 참여자에게 동일한 순서로 적용하는 면접 방식을 뜻한다.

'구조화 임상 면담을 진행한다'는 것은 구조화 임상 면담 바인더(족히 몇 인치 두께가 넘는 문서들이 빼곡한)에서 추출한 일련의 질문을 통해 잠정적인 연구 대상을 선정하는 것을 의미한다. 면담은 예비 인구 통계 정보를 수집하는 것으로 시작해, 참여자와 진단 차트를 살펴보는 것으로 이어진다. 예를 들어, "당신은 사람들이 속삭이거나 말하는 목소리, 잡음 등과 같이 남들이 듣지 못하는 소리를 들은 적이 있습니까? 그 시간에 당신은 깨어 있었습니까?"와 같은 질문의 대답이 '그렇다'일 경우, "당신은 무엇을 들었습니까? 얼마나 자주 그것을 들었습니까?"로 이어진다. 대답이 '아니다'일 경우, 다음 질문은 "당신은 환영을 보거나 남들이 보지 못하는 것을 본 적이 있습니까? 그 시간에 당신은 깨어 있었습니까? 그것들은 얼마나 오래 존재했습니까?"가 된다. 면담을 마칠 때, 연구자는 면담에 참여한 사람의 주요 진단을 결정하고, 결정한 진단을 면담 자료 앞 장에 표기한다.

구조화 임상 면담은 연구원이 할 수 있는 가장 명예로운 업무일 뿐만 아니라 가장 감정 소모가 심한 업무이기도 했다. 또한 누군가의 가장 고통스러운 경험과 기억에 관한 장황한 이야기를 듣는 작업을 의미하기도 했다. 면담자는 눈물을 흘리면 안 됐기에 나는 면담이 격렬해진 순간에 눈물을 자주 참았다. 피면담자들이 찾아와 그들의 피맺힌 상처를 밑바닥까지 내보이고도, 그다지 중요해 보이지 않는 이유로 실험 참여를 거부당하는 결과를 지켜보는 것은 절망스러운 일이었다. 이요르[10]

---

10   〈곰돌이 푸〉에 등장하는 당나귀 캐릭터로 매사에 부정적이고 시니컬하다.

를 닮은 한 남성은 뜬금없이 울음을 터뜨리는 등 분명히 우울 증세가 있어 보였는데도 진단 기준을 충족하지 않는다는 이유로 '주요우울장애'(MDD) 대상 후보군에서 제외되었다. DSM-IV에 따르면, 그는 2주 동안 아홉 가지 증상(피로 또는 에너지 상실, 체중 감소 또는 증가, 무가치하다는 느낌 등) 중 다섯 가지 이상의 증상을 보였어야 했다. 그리고 증상 중 적어도 하나는 우울한 기분, 또는 흥미나 쾌락의 상실(무쾌감증)이어야 했다. 만약 우울 증세가 있는 사람이 아홉 가지 증상 중 네 가지만 있거나, 일주일 동안만 증상이 나타난 상태로 면담에 왔다면, 그는 '하위 주요우울장애'로 분류되었다. 내가 일한 곳은 치료소가 아니라 연구실이었으므로 우리가 찾는 대상은 가능한 한 '무결점'이어야 했다. 수천 번까지는 아니더라도 수백 번에 달하는 면담을 진행하면서 나는 진단이 명쾌한 경우는 거의 없음을 분명히 알게 되었다.

연구원으로서 나에게는 진단 기준을 임의로 판단할 권한이 없었다. 주어진 장애의 결점 없는 사례를 찾아내고 진단하고 연구하는 나와 달리, 정신과 의사들은 증상과 그 증상에 수반되는 고통을 개선하는 것을 업무로 삼고 있는 만큼 진단 기준을 임의적으로 결정할 수 있다. 진단을 내리려는 정신과 의사는 구조화 임상 면담에서 사용하는 것과 유사한 플로차트를 살펴볼 수 있다. 그는 내가 늘 가지고 다닌 두꺼운 바인더에 담긴 것과 비슷한 질문을 직설적인 언어로 던지겠지만, 내가 '하위 주요우울장애'로 표시한 사람에게 프로작^{Prozac} 처방과 함께 임상적 우울증 진단을 내릴 가능성이 크다. 임상적으로 융통성을 발휘하는 것에는 장점이 있지만, 동시에 해를 끼치고 인간적인 오류를 범할 가능성도 있다.

새로운 기술의 도래와 유전학 연구로 인해 정신의학은 국립정신
건강연구소의 주도하에 점점 더 생물학에 다가가고 있다. 2013년 4월
29일에 출간된 DSM-5에 관한 보도 자료에서, 국립정신건강연구소는
관찰되거나 보고된 증상을 토대로 하는 DSM 분류 방식의 취약점을 언
급하며, "정신장애가 있는 환자들은 더 나은 대우를 받아야 한다"라고
밝혔다. 연이어 연구도메인진단기준(RDoC)이라는 자체 프로젝트(과학
커뮤니티 외부에 있는 이들에게 놀랍게도)를 발표했다. 국립정신건강연구
소 전략 계획에 따르면, 연구도메인진단기준의 목표는 "연구 목적으로
관찰 가능한 행동과 신경생물학적 측정이라는 관점을 바탕으로 정신장
애를 분류하는 새로운 방법을 고안"하는 것이다. 다시 말해, 정신의학
에 자연과학을 적극적으로 적용하는 접근이다.

─ ─

1960년대에 실시된 중요한 쌍둥이 연구에 따르면, 일란성 쌍둥이
는 유전자를 공유하고 있어도 둘 다 조현병에 걸릴 확률이 40~50%에
불과하다. 정신질환의 병적 체질-스트레스 모형에 따르면, 장애에 대
한 유전적 취약성은 충분한 스트레스 요인이 그 취약한 유전자를 발현
시킬 때에만 나타난다. 내가 연구실 매니저로 일할 때, 연구원들은 우
리의 연구가 언젠가 실용적인 성과를 거둘 수도 있다는 가능성을 이야
기했다. 언젠가 우리는 부모들에게 자녀가 정신질환에 걸릴 유전적 위
험이 있음을 알려 줄 수 있고, 그러면 부모들은 첫 번째 징후가 실제로

나타나기 전에 예방 조치를 할 수 있을 것이다. 우리는 그러한 조치의 실용성이나 윤리성까지는 논의하지 않았다.

일부 스트레스 요인은 태어나기 전에 나타난다. 조현병 진단을 받은 사람들은 여름보다는 겨울에 태어난 경우가 많은데, 어쩌면 이는 임신 중 모성 감염으로 인한 것일 수 있다(참고로 나는 미국 중서부에서 6월 무더위가 한창일 때 태어났다). 또한 산모가 난산, 조산 합병증, 폭행, 전쟁 등을 경험하면서 겪는 스트레스와 연관이 있다. 아기의 머리는 엄마의 엉덩뼈 뒤에 끼어 있었기에, 트라우마가 세대 간에 전달되었을 가능성을 추측해 볼 수 있다. 스트레스는 코티솔과 다른 화학물질의 범람을 유발하는데, 막 이민을 왔고 결혼한 지 얼마 되지 않았던 젊은 시절의 내 엄마는 이미 정신건강에 문제가 있었다. 그러한 부담 요인이 유연한 태아 세포에 어떤 영향을 미쳤는지 누가 알겠는가?

어느 날 대만에서 엄마와 함께 기차 여행을 하는 동안, 나는 정신이상이 있었다고 알고 있던 증조할머니에 관해 물어보았다. 엄마는 작은 접이식 탁자 위에 노트를 펴 놓고는 가계도를 그렸다. 그녀는 일종의 정신질환이 있었다고 알려진 사람들을 나타내기 위해 X자 표시를 했다. 나를 놀라게 한 것은 3개의 X가 존재한다는 사실(이민 1세대 대학생이었음에도 일평생 대부분을 정신병동에서 보냈으며 다락방의 광녀로서 비극적인 존재로 살았던 증조할머니, 표면상으로는 아픈 실연을 당한 후 스스로 생을 마감한 엄마의 조카, 그리고 나)이 아니라, 노트의 빈 공간으로 뻗은 가지들에 병력이 알려지지 않은 사람들이 얼마나 더 많이 있었을까 하는 생각이었다. "이런 얘기는 아무도 하지 않아. 우리 집안에 어떤 유전병이

도사리는지 아무도 말하지 않지." 엄마가 말했다. 10년 전 정신과 의사가 우리 가계에 정신질환이 있느냐고 단도직입적으로 물었을 때, 엄마는 아무 병도 없다고 대답했다. 지금도 엄마는 자살성 사고와 공황의 이력이 있음에도 스스로를 온건한 범주에 속하는 것으로 여기며, 그런 이력은 없다는 듯이 가계도에서 자신에게 X자 표시를 하지 않는다. 아빠 쪽 가계에는 중독과 같은 다른 문제가 있지만, 이른바 나의 나쁜 유전자의 원인으로 여겨지지는 않는다. 나는 엄마로부터 길고 가느다란 손가락과 함께 글쓰기를 좋아하는 성향과 시각 미술 재능을 물려받았다. 그리고 광기의 성향 역시 물려받았다.

— —

시기적으로 좋지 않은 국립정신건강연구소의 일격에 미국정신의학회는 DSM-5 특별위원회 위원장 데이비드 쿠퍼의 성명을 통해 공식적인 반응을 내놓았다. 쿠퍼는 연구도메인진단기준 프로젝트가 "언젠가 우리의 분야에 … 대변혁을 일으킬 수도 있다"라고 말하면서도, 정신질환이 있는 사람들은 바로 지금 이 순간 고통받고 있다고 덧붙였다. 생물학적 표지자와 유전적 표지자를 진단의 도구로 삼는 것은 바람직할 수 있지만, "1970년 이래 우리가 기대해 온 이 약속은 실망스럽게도 여전히 그 실현이 요원한 상태이다. … DSM-5는 여전히 장애를 분류하는 데 있어 현존하는 가장 강력한 체제"라고 했다. 쿠퍼는 환자 분류의 시급성을 직접적으로 언급하며 "우리의 환자들은 마땅히 그만한 처우를 누려야 한다"라고 강조했다.

연구도메인진단기준 발표에서 가장 흥미로운 지점은 연구도메인진단기준과 DSM의 결합에 관한 복잡성이고, 연구자들은 이 문제를 해결하기 위해 고심하고 있다. 버클리 캘리포니아대 심리학과 교수 셰리 존슨 박사는 나에게 이렇게 말했다. "그 두 개가 결합하기까지 아직 갈 길이 멀다고 생각해요. 연구도메인진단기준은 근사한 시도지만, 정신건강에 관여하는 주요 신경생물학적 차원에 대한 이해를 증진하기 위해 만들어진 거예요. 선행되어야 할 과제가 정말 많지요. … 그런 차원이 더욱 명확하게 규명되기만 한다면, 우리의 사고방식에 대전환이 일어나서 DSM에 기술된 것과 같은 유형의 분류를 더는 사용하지 않게 될지도 모르죠."

샌프란시스코 캘리포니아대 정신의학과 교수이자 정신과 의사인 빅터 로이스 박사도 유전자 연구가 비약적으로 발전할 때까지는 생체표지자"를 진단 또는 임상의 도구로 사용하는 데 회의적이다. 로이스 박사는 나와의 인터뷰 중에 이렇게 말했다. "조현병의 생체표지자를 하나의 수단으로 삼으려는 것은 가망 없는 시도라고 생각합니다. 조현병처럼 보이는 증후군, 또는 우리가 현재 정의하는 조현병의 진단 기준을 충족하는 증후군은 사람들에게서 너무나 다양한 방식으로 나타나기 때문입니다." 하지만 장애에 따라 그 양상이 다를 수 있다. 로이스 박사는 말한다. "어떤 범주의 장애들은 개별의 사례들에서 병의 원인이나 기본 기제의 공통점을 찾아내는 일이 유용할 수 있습니다. 그리고 어떤

11   생물학적으로 정상인 과정과 병리적인 과정을 객관적으로 측정·평가할 수 있는 지표이다. 혈압, 맥박, 콜레스테롤, DNA, 단백질, 호르몬 등이 있다.

장애의 경우 그런 작업이 더 수월할 수 있습니다. 자폐스펙트럼장애가 그런 경우이고, 양극성장애도 조현병보다는 유용하다는 결과가 나왔습니다. 강박장애는 그런 작업을 통해 세밀하게 특정한 경우입니다. 하지만 주요우울장애는 아직 부족한 점이 많고 범불안장애는 그보다 더 부족합니다."

2017년 현재, 국립정신건강연구소는 조현병군 연구에 적극적인 투자를 계속하고 있다. 국립정신건강연구소는 2017년 정신증과 그 치료법에 관한 프로그램의 예산을 약 78억 원(총 203억여 원) 증액했다. '초발 조현병 삽화 후 회복'(RAISE)과 '초기 정신증 개입 네트워크'(EPINET)와 같은 프로그램의 목표는 "연구와 임상 경험에서 얻은 지식이 [삶]을 개선하는 데 체계적이고 신속하게 활용되도록" 하는 것이다.

— —

현재 정신과 의사들은 여전히 DSM과 DSM-5에 의존하고 있다. 이는 정신의학 바이블의 변화가 앞으로도 사람들의 삶에 끊임없는 영향을 줄 것이라는 뜻이다. 조현병의 정의는 DSM-5와 함께 변화했다. 조현병의 하위 유형(편집형, 와해형, 긴장형, 미분화형)은 이제 새로운 DSM에 존재하지 않는다. 이는 무엇보다도 대중문화에서 범죄 행위를 설명하는 진단으로서의 '편집증적 조현병'이 사라졌음을 의미한다. 현재 조현병의 다섯 가지 주요 증상으로는 망상, 환각, 와해된 언어, 극도로 와해된 행동 또는 긴장증적 행동, 음성 증상(무욕증처럼 의욕과 기능이 감퇴하는 증상)이 있다. 이전에는 이 증상들 중 하나만 충족하면 되었지만, 현재는 두 개 이상으로 바뀌었고 그중에 하나는 반드시 양성 증상(망상, 환각, 와해된 언어)을 포함해야 한다.

조현정동장애도 변화했다. 진단 기준이 바뀌었다는 것을 처음 들었을 때, 온 신경이 곤두서는 듯했다. 그렇다면 내 진단은 말소된 것인지, 그렇지 않더라도 이제 내 증상은 진단 기준에 해당하지 않는 것인지 혼란스러웠다. 하지만 DSM-5 발간과 함께 미국정신의학회가 펴낸 PDF 자료인 「DSM-IV-TR에서 DSM-5로의 주요 변경 사항」을 훑어보고서, 여전히 내가 진단 기준에 들어맞는다는 사실을 알게 되었다. 이 문서에 따르면, "조현정동장애에 대한 주요 변경 사항은 '진단 기준 A를 충족한 후 유병 기간의 대부분 시간 동안' 기분 삽화가 존재해야 한다"라는 요건이다(바뀐 진단 기준 역시 나에게 해당된다).

'DSM-5의 조현정동장애'에서, 돌로레스 말라스피나 연구 팀은 정신증 증상과 기분 삽화는 동시에 발생하는 일이 빈번하다고 지적하며 이러한 변경의 이유를 설명한다. 양극성장애가 있는 사람도 조증 또는 주요우울 삽화 동안 정신증을 경험할 수 있다. 또한 주요우울장애가 있는 사람도 우울증이 지속될 동안 정신증을 경험할 수 있다. 그 결과 조현정동장애는 '아주 드물게만 진단하도록 의도된' 범주인 데도 훨씬 더 자주 진단되는 병명이 되었다.

조현정동장애에 관한 새로운 DSM 정의는 병의 삽화가 아니라 유병 기간을 살펴보는 데 초점을 맞추고 있다. 조현정동장애를 장기적으로 살펴보면, 임상적 기분 증상 '없이' 2주간의 정신증이 적어도 한 번 있어야 하고, 전체 기분 삽화가 "정신증 증상의 발현에서 현재의 진단까지" 존재해야 한다는 의미이다. 다시 말해, 조현정동장애는 흔하게 진단되는 병이 아니며, 유병 기간에 근거하여 진단이 내려져야 한다. 이에 따르면, 나는 영원히 병을 달고 살 가능성이 농후한, 흔치 않은 사람인 셈이다.

DSM은 병증을 정의하기 위해 사용하는 지침이지만, 인간의 폭넓고 미묘한 스펙트럼을 수용하는 방식으로 정의하기 때문에 현실적인 지향점이 아닐 수 있다. 만약 내가 지금도 DSM-IV나 DSM-5 분류를 연구하는 연구원이었다면, 국립정신건강연구소에 신청하는 보조금 제안서에 연구도메인진단기준의 함의에 관한 내용을 포함시켰을 것이다. 하지만 국립정신건강연구소가 DSM에 공개적으로 반대를 표시한 것은 일반인으로서의 나, 내 보험회사, 내 상담사, 또는 내 정신과 담당의에게는 아무런 영향을 주지 않는다. 정신질환의 진단을 위해 혈액검사나 뇌 정밀 검사를 하는 일은 요원하거나 영원히 오지 않을 수도 있지만, 연구도메인진단기준의 가장 큰 장점은 어떤 생물학적 특징이 이미 확립된 장애에 취약성이 있는지, 그리고 어떤 유형의 스트레스 요인이 그러한 취약성을 장애로 발현되게 하는지에 대한 이해도를 높일 수 있다는 것이다.

내가 살아 있는 동안 과연 그런 성과를 볼 수 있을까? 나는 임상의의 책꽂이에 꽂혀 있는 두꺼운 보랏빛 광기의 바이블인 DSM의 세계에 익숙하다. DSM은 마치 유대-기독교 바이블처럼, 우리의 문화만큼이나 빠르게 변주되고 변형되는 바이블이다. DSM은 문제를 정의하여 어떤 사람이 특정 장애의 범주에 포함되는지, 또는 그 사람이 그 장애의 범주에서 완전히 벗어났는지를 판단할 수 있도록 한다. 하지만 병명이 바뀐다고 해서 그 사람의 삶이 바뀌는 것은 아니다.

— —

원인과 해석에 있어서, 여전히 모색해야 할 길이 있다. 조현정동장애라는 진단을 받고 9개월이 지났을 무렵, 나는 심각한 육체적 증상(실신, 만성 통증, 알레르기, 허약)을 경험하기 시작했고, 내 정신과 담당의는 보완대체의학(CAM) 진료를 권했다. 동남아시아계 의사가 내 혀를 살펴보고, 중국식 삼지법을 사용해 양 손목의 맥박을 검사했다. 그는 내 문제가 명백하다고 말했다. 나는 오행(물, 나무, 불, 흙, 쇠) 중 걷잡을 수 없이 타 버린 전형적인 '불'인데, 이는 내 야심 찬 성격, 고통, 감염, 불안, 우울과 조현병 증상에 딱 들어맞는다는 것이었다. 그는 '고요의 바다'라고 불리는 흉골의 오목한 부분을 누르는 것을 포함해, 내가 혼자서도 할 수 있는 지압술 몇 가지를 알려 주었다. 또한 고기와 향신료를 적게 먹으라고 조언했다. 나는 진료실에서 차이 라떼를 마시고 있었는데, 마시는 중간중간 그가 차이 냄새를 맡고는 불난 데 기름을 붓는 격이라며 꾸짖기라도 할까 봐 마음이 편치 않았다.

이후 나는 해리엇 바인필드와 에프렘 콘골드가 쓴『천국과 땅 너머: 중국 의술 안내서』를 읽어 보았다. 이 책은 불의 기(에너지)가 너무 강할 때는 "심장의 기가 폐를 공격할 수 있고 … 피부가 열리고 느슨해져 신체를 보호할 수 없고 정(생명의 근원)과 신(근원적 정신)을 내포할 수 없다"라고 설명한다. 그 결과 생기는 감정적인 문제는 안절부절못하고 예민해지는 것으로, 웃음이 눈물로 쉽게 바뀌고 우울과 불안으로 향하는 경향을 보인다. "현실이 가변적이고 요동치는 것처럼 느껴지는 인식의 상태"에 대해 저자들이 경고한 것과 같이, 정신증으로 보이는 상태도 유발될 수 있다. 불이 의미하는 바는, 내가 마이어스−브릭스 유형 지표(MBTI)에서 INFJ로 나오거나 별자리 유형에서 염소자리를 상승궁으로 둔 쌍둥이자리로 나오는 것처럼, 직관적이고 이해심 많으며 카리스마를 믿는 기본적인 불의 특질과 함께 '불안, 동요, 광란'과 '기이한 인식과 감각'이라는 불의 문제도 떠안아야 한다는 것이다.

2013년 겨울, 지독하고 끔찍한 병(결국 2015년에 라임병 말기로 진단된)에 시달렸던 시기에 나는 MTHFR 변이에 대한 유전자 검사를 받았고 추가적으로 많은 정보를 얻게 되었다. DYM 유전자의 rs833497에서의 표지자에 대한 예비 연구에 따르면, 내 CC 유전자형은 CT(약간 높은 확률) 또는 TT(전형적인 확률)와 비교하여 조현병 발병에 '약간 높은 확률'을 보인다.

— —

때때로 나는 정신질환을 믿지 않는 사람들을 만나게 된다. 이런 사람들은 과거에 우울증이나 불안증 진단을 받았을 수도 있지만 내가 만났을 때는 보통 아무 증상도 보이지 않는다. 그들은 종종 그런 진단이 고유한 능력을 지닌 사람들을 억압한다고 주장한다. 여기서 '고유한 능력'은 대체로 정신증으로 인해 부여받은 능력을 시사한다. 그들은 망상을 만들어 낸 자신의 뇌가 탁월한 생각도 함께 해냈다는 존 내시[12]의 말을 인용하곤 한다. 나는 서구 문화권에서 조현병으로 진단받은 사람이 다른 문화권에서는 주술사나 무속인으로서 찬사를 받을 수도 있다는 이야기를 자주 듣는다. 이렇게 묻는 사람들도 있다. "조현병이 병이 아니라 영적인 특성일 수도 있다고 생각해 본 적이 있나요?" 이런 사람들은 약을 믿지 않는다는 말도 종종 한다. 두통이 있어도 절대 아스피린을 먹지 않는다고 자랑하는 부류일 가능성이 크다. 나는 이들에 대해 다소 냉소적으로 이야기하고 있지만, 나 역시 내가 경험하는 정신증의 증상이 정신적 이상이라기보다 영적인 재능이 아닐지 생각해 본 적이 있다.

2014년 작가 레지던시에 참여했을 때 한 점성술사가 내가 머물고 있던 숲속 오두막을 방문한 적이 있다. 그녀는 해왕성이 내 조상과 결합하고, 토성이 명왕성에 결합하고, 황소자리가 나의 네 번째 집에 결합하였으므로, 내가 격렬한 꿈과 초자연적인 능력을 받아들이기 쉽다고 말했다. 그녀는 내 에너지장이 약하므로 온화하게 살아가는 게 현명한 처사라고 덧붙였다. 다른 의견을 듣기 위해 만났던 또 다른 점성술사는 해왕성 결합이 극적인 배치라고 말했다. "해왕성은 신성을 뜻해요. 신에게 다가가는 것이지요. 하지만 신과의 대화보다 더 좋은 것을 찾아 거기서 빠져나온 사람은 아무도 없었어요, 그렇지 않나요?"

2016년에 나는 혼합적 신비주의 혹은 마법으로 알려진, 이른바

---

[12]   노벨경제학상을 받은 천재 수학자로 조현병으로 시련을 겪었다. 앞서 언급한 실비아 네이사의 『뷰티풀 마인드』는 존 내시의 생애를 다룬 전기이다.

신성한 기술에 관한 1년짜리 프로그램에 등록했다. 마법에 관한 강좌를 하는 강사(달콤한 음성과 신성한 기술의 혈통을 가진 여성)는 나에게 리미널liminal[13]에 대해 공부하라고 제안했다. 리미널은 내가 사후 세계와 현실 세계 사이의 얇은 거죽, 즉 "연약한 에너지장", "신으로의 접근"에 민감성이 높다는 심령적 해설과 일맥상통하는 주제이다. 나는 이를 원인이라기보다는 설명이라고 부른다. 조현병이 발병하는 더 크고 더 우주적인 이유를 제공하는, 커다란 물음과 관련된 생각들이 영적 서사에 깔려 있기 때문이다.

우리는 진화의 역할을 또 다른 형태의 우주적 추론으로 간주할 수 있다. 시러큐스대 진화유전학자이자 「조현병을 정의하는 유전자의 적응 진화」의 공저자인 스티브 도루스와 같은 연구자들은 조현병의 흥미로운 진화적 지속성 연구에 헌신하고 있다. 도루스 연구 팀은 조현병 환자의 생식적 적합성(유전자 풀에 대한 개인의 평균적인 공헌도와 함께 개인의 생식적 성공으로 정의되는)이 줄어듦에도 불구하고, 조현병과 연관된 76가지 유전자 변형 중 28가지가 실제로 선호된다는 사실을 밝혀냈다. 이 유전자 변형은 진화론적으로 말, 언어, 창의성 측면에서 엄청난 재능을 부여하는 한편, 덜 바람직한 유전적 경향도 함께 "끌고" 왔음을 시사한다. 이러한 관점에 따르면, 조현병은 가슴이 미어질 듯한 오페라와 세상을 뒤흔드는 연설문을 쓸 수 있는 능력을 위해 인간이 치러야 하는 대가이다. 또 다른 주장에 따르면, 조현병 환자들은 진화론적으로

13   이곳과 저곳의 경계인 문턱, 한계를 뜻하는 말이다.

깜짝 등장하는 "컬트적인 선구자"들이다. 그들의 기이한 생각은 인구의 상당수를 갈라놓는데, 이 자체는 좋은 것도 아니고 나쁜 것도 아니다. 다만 애초에 컬트 또는 컬트적인 생각을 좋은 것으로 보느냐, 나쁜 것으로 보느냐의 문제일 뿐이다.

우리는 조현병 '자체'에 진화적인 장점이 있다고 말할 수도 있다. 어떤 이들은 조현병이 창의성을 고양하기 때문에 존속한다고 말한다. 맥아더펠로우프로그램 수상자인 케이 레드필드 제이미슨이 『천재들의 광기: 예술적 영감과 조울증』에서 피력한 것처럼 말이다. 이런 의견이 솔깃하게 들리는 만큼, 나는 조현병을 뛰어난 예술적 감각을 얻을 수 있는 관문으로 바라보는 시각이 염려스럽다. 이 병을 건강하지 못한 방식으로 미화함으로써, 고통받고 있는 조현병 환자들이 도움을 구하는 데 방해 요소로 작용할 수 있기 때문이다. 만약 창의성이 현실 감각을 유지할 수 있는 능력보다 더 중요하다면 그 나름대로 합리적인 주장을 펼치며 정신병 환자로 남아 있을 수도 있겠지만, 그렇게 함으로써 치러야 하는 대가는 나도, 내가 사랑하는 사람들도 원치 않는 것이다.

— —

'왜' 그리고 '어떻게'를 묻는 이 탐구의 여정에서 꺼내고 싶은 옛 이야기가 있다. 거인 반고[14]는 알 모양의 구름 속에서 자고 있었다. 알에서 깨어났을 때, 그는 자신의 피와 뼈와 살로 세상을 창조하였다. 북유

---

14   중국 창세 신화에서 천지를 창조한 존재이다.

럽 신화에서 신은 말한다. "빛이 있으라." 이미르[15]는 얼음에서 태어난 소의 젖을 먹었다. '이것은 어떻게 생겨났을까?'는 '이것은 왜 일어났을까?'를 묻는 또 다른 방식이다. 더 나아가 '나는 지금 무엇을 하는 것일까?'를 묻는 또 다른 방식이기도 하다.

[15]   북유럽 신화에 나오는 최초의 존재로 암소 아우둠라와 함께 태어났다.

악령 들린 자들의 병리학

34세 남성 맬컴 테이트는 어느 늦은 밤 여동생에게 살해당했다. 남매의 엄마가 차 안에서 기다리는 동안 길가에서 일어난 사건인데, 가장 놀라운 것은 그의 여동생이 무려 열세 번이나 총격을 가했다는 사실이다. 1988년 12월 18일, 당시 32세였던 로델 테이트는 25구경 권총으로 7연발 탄창을 재장전해 오빠의 머리와 등을 쐈다. 로델과 엄마 폴린 윌커슨은 맬컴의 맥박을 확인한 후 시신을 배수로에 밀어 넣고는 노스캐롤라이나 개스토니아에 있는 집으로 도망쳤다.

이 사건이 알려지면서, 《레이크랜드 레저》, 《헤럴드 저널》, 《샬럿 옵저버》와 같은 신문의 헤드라인은 로델 테이트와 폴린 윌커슨이 저지른 범행의 동기를 부각했다. "노스캐롤라이나 가족의 최후 해결책은 살인이었다", "문제아 처단으로 가족의 악몽이 끝나다", "죽음으로 가족의 악몽에 종지부를 찍다" 등이었다. 여기서 '악몽'이란 맬컴 테이트가 극심한 편집형 조현병으로 입원과 퇴원을 되풀이해 왔고 폭행으로 수감된 경력도 있으나 처방을 거부하고 악귀처럼 가족들을 반복적으로 괴롭힌 시간을 의미했다. 보도에 따르면, 맬컴은 여동생의 두 살짜리 딸 안에 악마가 깃들어 있다고 하면서 신이 그 아이를 죽이라고 자신을 보낸 것이라 말했다. 또한 밤중에 가족의 침대 맡을 서성거리다가 여동생이나 엄마가 깜짝 놀라 잠에서 깨어나면 "광기 어린 웃음"을 지으며 방을 나가곤 했다.

— —

전미도서상 수상에 빛나는 작가 앤드루 솔로몬은 『부모와 다른 아이들』에서 조현병에 대해 이렇게 기술한다. "알츠하이머처럼 … 발생하는 것이 아니라 대체되고 삭제되는 질병이다. 이 병은 본래의 그 사람을 가면으로 덮어 버리는 것이 아니라 그 사람의 일부를 제거하는 것이다." 이 책의 방대한 주석에 이 부분에 대한 직접적인 참고 문헌은 없지만, 그의 묘사는 조현병이 보통 어떤 병으로 이해되는지를 감상적으로 요약하고 있다. 조현병 환자들의 뇌 영상 연구에서는 뇌실이 확장되면서 뇌의 회색질 용적이 줄어든 것으로 나타났다. 로스엔젤레스 캘리포니아대 폴 톰프슨 교수는 BBC와의 인터뷰에서, 그러한 조직 손상을 "마치 산불처럼 뇌 전체로 [옮겨가며] 병이 [진행됨에 따라] 더 많은 조직을 파괴하는" 것으로 묘사했다.

톰프슨 같은 연구자들의 말대로, 오늘날 조현병의 예후가 좋지 않은 것은 사실상 에밀 크레펠린이 살던 시대(1856~1926)와 동일하고, 이후 오이겐 블로일러가 기술한 것과 마찬가지이다. 조울증, 혹은 우리가 현재 양극성장애라 부르는 병과 달리, '조발성 치매'는 진행성 질병이자 신경 퇴행성 질병이었다. 크레펠린은 정신증 증상도 나타낼 수 있는 조울증이 현재 조현병이라 불리는 병과 근본적으로 다른 장애이며, 조현병과 달리 영구적인 뇌의 손상을 일으키지는 않는다는 것을 밝혀냈다.

2013년, 나는 그해 2월 진단받았던 조현정동장애의 증상인 정신증 삽화를 7개월간 경험했다. 2002년부터 시중에 나와 있는 모든 비전형 항정신병 약물(정신증을 위해 선택하는 약물로, 이전의 약보다 극심한 부작용을 유발할 가능성이 적다)을 사용해 보았으나 효과가 있는 약은 하나도 없었다. 일부 사람들에게서 백혈구 숫자가 치명적으로 급감하는 작용이 나타나 최후의 수단으로 쓰이며 강력한 항정신병 약물로 여겨지는 클로자릴조차 내 망상을 없애는 데 효과적이지 못했다. 나는 겁이 났고 걱정이 되었다. 가족들도 염려하고 걱정했다. 내 담당의는 당혹스러워했고 걱정했다. M박사는 나에게 삽화가 오래 지속될수록, 삽화가 더 자주 발생하고 뇌 손상이 더 크게 일어나게 된다고 말했다.

통제할 수 없는 질병으로 인해 뇌가 손상되고 있다는 말을 듣게 된다면 누구든 당혹스럽게 마련이다. 어린 시절부터 두뇌가 가장 소중한 자산 중 하나였던 나에게는 특히나 당혹스러웠다고 말할 수 있다. 나는 두 살 때 글자를 읽기 시작했다. 초등학교 때는 남녀 학생을 통틀어 모든 수학 교과서를 가장 먼저 뗀 학생이었다. 나는 예일대와 스탠퍼드대에 진학했고, 평균 학점 3.99로 스탠퍼드대를 졸업했다. 졸업 후 스탠퍼드대의 한 뇌 영상 연구실에서 연구실 매니저와 연구원으로서 근무했다. 회색질이 줄어들 수 있다는 불안감은 여러 가지 망상을 불러일으켰다. 어느 날 오후 근무 중인 남편에게 미친 듯이 전화를 걸어 거미들이 내 뇌 속의 구멍을 파고 있다고 주절거렸다. "대체되고 삭제되는 질병"이라는 앤드루 솔로몬의 말에 나는 주먹으로 배를 크게 한 방 맞은 것 같았지만, 그런 표현은 사실 조현병에 관한 흔한 서사이다. 이는 우울증이나 강박장애와 같은 정신질환 진단에 관한 서사와는 다른 것이다. 조현병 이야기에 등장하는 주인공 '조현병 환자'는 처음에는 마음도 착하고 행동도 훌륭한 선한 인물이었다가 정신증의 횡포에 시달리면서 점차 뒤틀려 버리고 이내 고약한 것들로 가득 채워지기 쉬운 사람으로 변한다. 마침내 사악한 생각과 행동이 그와 한 몸이 되고, 예전의 모습은 찾아볼 수 없을 정도로 전혀 다른 사람이 되어 있다.

— —

1977년 조현병 진단을 받기 전의 맬컴 테이트에 대해서는 알려진 정보가 많지 않다. 어린 시절 맬컴 테이트는 학업 성적이 좋았다. 독서를 즐기고 잘했다. 그러다가 미쳐 버리고 말았다. 어느 날 그는 엄마의 차를 타고 볼티모어의 윌슨가에 갔다가, 그곳에서 "윌슨"이라고 쓰인 우편함을 발견했다. 이 우연에 대해 어떤 왜곡된 논리가 작동한 것인지 그는 차에서 뛰쳐나가 가장 가까운 집에 침입했고 집 안에 있던 남자를 잔혹하게 폭행했다. 이러한 분노 표출로 그는 처음으로 정신병동에 입원하게 되었고, 이를 포함해 총 다섯 번에 걸쳐 병원을 들락거리게 되었다.

미국정신질환연합(NAMI)은 "정신질환에 걸린 수백만 미국인들의 더 나은 삶을 구축하기 위한 국내 최대 민간 정신건강 단체"라고 소개되어 있다. 또한 정신건강 커뮤니티에서 NAMI는 겁에 질렸거나 긴박하게 도움이 필요한 가족들이 지원과 검증을 받기 위해 가장 먼저 찾는 기관으로 알려져 있다.

NAMI의 웹사이트에는 "우리는 그것을 NAMI 효과라 부릅니다"라는 헤드라인과 함께 팝업창이 뜬다. NAMI 효과는 다음과 같이 기술되어 있다.

당신이 누군가를 일으켜 세우기 위해 손을 내밀 때마다
당신이 끈기 있게 버티는 힘과 능력을 공유할 때마다
당신이 사랑하는 사람을 돌보는 가족에게 지지와 이해를 보낼 때마다
NAMI 효과는 커집니다.
희망은 당신과 함께 시작됩니다.

여기서 "당신"이 누구를 지칭하는지는 분명하지 않다.

NAMI가 행동주의activism에 초점을 맞추고 있음을 다음 문구를 통해 알 수 있다. "NAMI는 언제나 정신질환을 앓고 있는 사람

들과 그들의 가족들을 위한 공공 정책의 지형을 효과적으로 조성합니다." 2012년 보고서에는 이러한 활동에 대한 내용이 나와 있다. '미국 정신건강 관리증진 법률'하에 제정된 법안에는 2016년의 정신건강 위기가족 지원법(HR 2646)과 2014년의 지역사회 정신건강 증진법(HR 4574)이 있다. "NAMI 부모들"(NAMI가 승인한 행동주의를 실천하는, 정신건강 문제가 있는 자녀의 부모들)은 2014년 위원회 회의에서 캘리포니아 주의회법 1421조(AB 1421)에 관해 공식적인 목소리를 냈다.

"정신장애의 결과로 타인이나 자신에게 위험하거나 심각하게 장애가 있는 사람을 위한 비자발적 치료", 혹은 같은 뜻이지만 그럴싸하게 들리는 "외래치료 지원"[1]의 문을 열고자 2002년에 만들어진 AB 1421의 채택 여부를 두고 캘리포니아 전역의 카운티들에서 회의가 열렸다. 각각의 회의에서 NAMI는 공식적인 발언을 이어갔다. "AB 1421은 정신장애를 앓고 있고 특정 진단 기준을 충족하는 사람을 위한 외래치료 지원 프로그램도 제공하는 효과를 가져올 것이다." 지역사회 정신건강 증진법의 개념과 같이, AB 1421은 대체적으로 논쟁의 여지가 없어 보이는 법안이다. 도움이 필요한 사람들에게 도움을 주지 말자고 말할 사람이 누가 있겠는가?

---

[1] 미국에서 정신질환을 앓고 있는 성인 환자들 중에서 일정한 요건에 해당하는 환자들에게 법원이 환자의 동의 없이 외래치료를 명령하는 민사상의 제도이다.

하지만 내가 샌프란시스코에서 느꼈던 것처럼, AB 1421에 관한 논쟁은 자율성과 인권이라는 중요한 이슈를 지나칠 수 없다. 이 법은 일정 수준의 정신장애를 보이는 사람들은 처방을 포함해 자신의 치료를 스스로 선택할 수 없으므로 강제로 치료를 받게 해야 한다는 것을 전제로 삼는다. 사르트르는 "우리는 우리 자신이 내린 선택 그 자체"라고 천명했지만, 어떤 사람이 선천적으로 선택을 할 수 없다면, 그 사람은 어떤 존재인 걸까?

─ ─ ─

맬컴 테이트가 처음 정신병동으로 보내지기 4년 전인 1973년에 〈엑소시스트〉가 개봉했다. 《엔터테인먼트 위클리》가 역대 가장 무서운 영화로 꼽은 〈엑소시스트〉의 영화사 워너 브라더스가 제공한 줄거리를 보면, "순수한 소녀가 ⋯ 무시무시한 악령에 사로잡히고, 소녀를 구하기 위해 그녀의 엄마가 광기에 사로잡혀 택한 방법은 ⋯ 그리고 두 신부가 ⋯ 궁극의 악과의 전쟁에 함께 나선다"라고 되어 있다.

그 "순수한 소녀"는 점괘판을 사용한 후 "무시무시한 악령"에 사로잡힌 리건(린다 블레어 분)이고, 그녀의 엄마는 백악관에 초대를 받는 유명인이자 붐비는 영화 세트장을 활보하는 바쁜 여배우 크리스(엘런 버스틴 분)이다. 영화에 처음 등장할 때 리건은 커다란 눈동자가 인상적인 소녀로 깡충깡충 뛰면서 엄마에게 뽀뽀하며 인사를 건넨다. 리건의 하루는 어땠을까? 뒤뜰에서 놀았고, 그곳에서 소풍도 즐겼고, '아름다운 회색 말'도 보았다. 리건이 "엄마, 우리도 말을 사면 안 돼요?"라고 조르는 장면은 미국의 부유한 가정에서 자라는 소녀의 전형적인 모습을 부각한다. 하지만 리건이 엄마를 옆에 두고서 다른 누군가에게 "너는 우리 엄마가 예쁘다고 생각하니?"라는 물음을 던질 때 악령의 존재가 엿보인다.

악령에 사로잡히자 리건의 예전 모습은 온데간데없이 사라진다. 의사를 때리는 리건의 얼굴은 180도 달라지고, 목소리도 알아들을 수 없는 으르렁거림으로 변한다. "날 내버려 둬! 이 돼지는 내 거야! 빌어먹을!" 딸의 행동에 대해 클라인 박사가 내놓은 설명을 듣고 좌절한 크리스는 따지듯 묻는다. "도대체 무슨 소리를 하시는 건가요? 제 딸을 보시긴 했나요? 그 애는 완전히 고삐 풀린 정신병 환자 아니면 이중인격자처럼 행동하고 있다고요."

〈엑소시스트〉의 크리스처럼, 폴린과 로델의 서사도 두려움에 사로잡히고 지속적으로 좌절을 맛보는 이들에 관한 것이다. 권위와 희망을 상징하는 인물인 리건의 의사는 아무런 도움이 되지 못한다. 맬컴 테이트는 의사들이 '더 나아졌다'거나 '그 자신 혹은 남들에게 위협이 되지 않는다'라고 진단할 때마다 감옥과 병원에서 풀려나기를 반복했다. 볼티모어에서 1년간 입원 생활을 한 후 호전되었지만, 스스로 처방약을 끊은 지 약 2년 만에 상태가 도로 나빠졌다. 로델에 따르면, 1988년 어느 가을 아침 맬컴이 아파트 문을 발로 걷어차고 난동을 부린 탓에 가족은 아파트에서 퇴거 조치를 당했다. 악령에 사로잡힌 이들에 관한 이 두 이야기에서, 우리는 무엇을 해야 할지 알 수 없는 가족의 막막한 심정을 절감할 수 있다.

— — —

AB 1421을 옹호하는 지역 내 NAMI 회원을 찾다가, 한 여성 (여기서는 베스라는 가명으로 부르려 한다)과 연락이 닿았다. 익명을 요청한 베스는 말하기를 좋아하는 열정적인 여성으로, 1990년대 중반부터 NAMI 회원으로 활동해 왔다. 그녀에게 정신건강 공공 정책에 관해 이야기해 달라고 하면, 그녀는 뚜렷한 소신을 지닌 사람들이 그렇듯 흔쾌히 해박한 지식을 풀어놓는다. 이를테면 감옥과 5150(비자발적 입원에 관한 법령)에 관한 여러 생각, 자신의 가족이 겪은 극적인 정신질환 경험담 등을 수많은 통계와 정신건강 정책 현황과 잘 버무려 이야기한다.

베스의 가족 중에는 조현정동장애를 겪는 성인 남성이 있다. 그의 발병과 관련해서 그녀는 이렇게 말한다. "그는 뛰어난 학생 이었는데, 한 해가 바뀌면서 폭발성 분노를 표출하기 시작했어요." 그녀는 그가 치료를 받게 하려고 노력했다. 정신건강 시스템, 여러 사립기관, 병원, HMO 한정 치료 모임 등 그는 무려 70번 넘게 입 원을 하게 되었고, 이로 인해 그녀는 재정적 어려움에 놓이게 되 었다고 말했다. 그녀는 AB 1421을 비롯해 그에게 도움이 될 만한 법을 제정하기 위해 투쟁을 이어 가고 있다. "약을 끊었을 때, 조증 이 심해지고, 폭력성이 커져서 1년에 아홉 번이나 스스로 경찰을 부르고, '나를 제발 병원으로 데려가요, [베스를] 죽이고 싶어요'라고 말하는 … [그와 같은] 병력이 있다면, 그 사람은 반드시 약을 먹어야만 해요, 남을 죽이든지 아니면 자살하기 전에."

나는 베스와 이야기하며 고개를 끄덕인다. "맞아요"라는 말도 많이 한다. 나는 이런 생각을 하는 자신을 발견한다. 사랑하는 사람을 도우려고 노력한 결과로 끔찍한 상황에 내몰린 이 여성에게 과연 누가 쉽사리 반대 의견을 던질 수 있을까?

로델 테이트는 법정에서 말했다. "저는 이것이 유일한 방법이라고 생각했습니다. 사람들에게 도움을 청해 봤지만 아무 소용 없었어요. 언젠가 맬컴이 광기에 사로잡혀 저와 딸을 해칠까 봐 무서웠습니다." 베스의 말에 상당 부분 공감하지 않을 수 없듯이, 로델과 폴린에게도 비난만 퍼부을 수 없다. 배심원단이 한 시간 동안 논의한 끝에 로델과 폴린은 유죄 판결을 받았다.

장기 치료를 위해 선택할 수 있는 방안이 없다는 베스의 말에 내가 "샌프란시스코에서요, 아니면 다른 곳에서요?"라고 묻자, 그녀는 당혹스러워하며 답했다. "돈이 많지 않다면 미국 전역에서 할 수 있는 게 없어요." 극심한 정신질환을 앓고 있는 가족이나 친척을 위한 선택의 여지가 별로 없다는 말은 그나마 절제된 표현이다. 베스 같은 사람들이 NAMI에 찾아가는 것은 달리 의지할 곳이 없다고 느끼기 때문이다.

‘가족에서 가족까지’ Family-to-Family 는 심리학자인 조이스 벌랜드가 창안한 NAMI의 대표 프로그램이다. 12회 모임으로 이루어진 이 코스는 현재 다섯 번째 에디션까지 진행되었고 지금까지 30만 명 이상이 참여했으며, 사랑하는 가족의 정신질환에 대처하는 데 정서적·실용적으로 필요한 도움을 제공한다.

“우리 사회는 정신건강에 대해 진단받는 일이 대단히 충격적인 사건이라고 여기는 경향이 있습니다.” NAMI의 교육·연수·동료지원센터의 책임자인 콜린 듀웰이 나에게 말했다. “우리가 하는 일은 터널의 끝에서 회복의 빛을 제공하고, ‘당신은 할 수 있다’, ‘당신은 혼자가 아니다’, ‘당신에게는 필요한 지원과 도구와 기술이 있다’는 사실을 알리는 것입니다.” 그녀가 정신건강 진단을 받는다는 것의 “충격적인” 성질에 관해 이야기했을 때, 나는 그것이 정신질환 진단을 받은 당사자가 아닌, 정신질환자의 가족들의 맥락에서 말하는 것이라는 사실을 깨달았다. ‘가족에서 가족까지’에 관한 NAMI의 자료에는 이 프로그램이 특히 “가족 외상 모델 치유”에 바탕을 두고 있다고 기술되어 있다. 프로그램에 참여하는 대부분 사람들이 “절망적인” 마음이냐고 묻자, 그녀는 잠시 생각에 잠겼다. 신중한 태도로 “가장 보편적인 감정은 혼자라는 느낌이고 … 어떻게 나 자신을 돌보아야 할까? 어떻게 내가 사랑하는 사람을 돌보아야 할까? 어떻게 정보를 찾아야 할까?” 하는 막막함이라고 대답했다. 그녀는 “돌봄의 부담”이라는 단어를 사용한다. 실제로

'가족에서 가족까지'는 정신질환자 가족이 느끼는 돌봄의 부담을 경감하는 것으로 밝혀졌다.

NAMI가 창설된 목적을 보면, 이 단체가 정신질환 당사자가 아니라 정신질환자의 가족들에게 더 중점을 둔다는 사실은 그리 놀랍지 않다. 듀웰의 말처럼, NAMI는 "엄마들이 식탁에 둘러앉아 '우리는 지금 아는 것들을 갖은 시행착오를 겪으며 힘겹게 배웠지만, 다른 사람들만큼은 그런 힘든 과정을 거치지 않게 우리가 아는 정보를 공유할 수 있는 방법은 없을까'라는 문제의식"을 공유하면서 탄생하게 되었다. '음주운전에 반대하는 엄마들'Mothers Against Drunk Driving과 같은 단체들처럼, NAMI의 창설에 불을 지핀 것은 아이들을 돌보는 엄마들의 풀뿌리 힘이었다. 베스는 자신의 단체를 "NAMI 엄마들"이라고 부른다. 듀웰은 "사람들이 [NAMI에서] 얻는 가장 큰 힘은 '혼자가 아니라는' 느낌"이라고 힘주어 말했다.

— —

정신질환자를 위한 다른 선택지도 있다. 낙인에 반대하는 연사 단체 솔브(SOLVE)[2]의 관리자이자 샌프란시스코 정신건강연합(MHASF)의 전 커뮤니티 지지자인 줄리언 플루마도어는 정신건강연합을 "동료가 운영하는 회복 중점 단체"라고 설명한다. 나는

---

2   Sharing Our Lives, Voices, and Experiences(우리의 삶, 목소리, 경험을 공유하기)는 정신질환에 관한 편견, 잘못된 믿음을 바로잡기 위한 활동을 한다.

2013년 이래 솔브의 연사로 참여하고 있기에 플루마도어를 알고 있으며, 그가 자신의 회복을 어떻게 바라보고 있는지도 직접 들은 적이 있다. 그는 자신이 가족 내에서 "확인된 내담자"identified patient[3]였다고 말했다. 확인된 내담자는 가족 상담에서의 개념으로, 역기능적 가족의 핵심적이고 내적인 갈등을 무의식적으로 표출하게 되는 가족 구성원을 뜻한다. 가족 안에서 내적 갈등이 증폭되면서 무의식적으로 이러한 불편함과 어려움을 한 가족 구성원에게 집중하고 그에게서 원인을 찾는 현상이다.

"나는 나만 잘 지냈더라면 모두의 삶이 편했을 것이라는 생각을 떨칠 수가 없어서 가족의 행복에 책임감을 느꼈어요"라고 플루마도어는 말했다. 누구에게나 그랬겠지만, 심각한 정신질환을 진단받은 사람에게는 특히나 힘겨운 상황이었을 것이다.

플루마도어는 AB 1421 및 다른 정책에 대한 MHASF의 공식적인 입장에 동의하며 강제 치료에 반대한다. 그는 'NAMI 부모들'을 존중하지만 그들과 분명히 의견을 달리한다. 나는 그가 버튼다운 셔츠, 타이, 슬랙스 말고 다른 옷을 입은 것을 본 적이 없는데, 사실 이는 의도적으로 선택된 의상이다. AB 1421 공청회에 가면 겉으로만 봐도 누가 찬성파인지 반대파인지 알 수 있는데, 프

---

3   증상 보유자, 표출된 문제의 보유자라고도 할 수 있으며 대부분 가족 안에서 첫 번째로 상담 등의 도움을 받게 되는 사람이다. 예를 들면, 크고 작은 비행 등의 외현적 문제 행동을 보이거나 심한 우울, 불안 등 내면적 문제 행동을 보이는 아동 또는 청소년이 부모의 의뢰로 상담을 하는 경우, 이 아동 또는 청소년은 가족 전체의 문제와 어려움을 자신의 문제행동으로 표출하고 있는 확인된 내담자라고 할 수 있다.

루마도어의 의상은 반대파를 상징한다. "사람들은 눈에 확 띄게 둘로 갈라져 있었는데, 힘의 불균형도 느껴졌어요. 한쪽은 사회에서 영향력 있는 사람들이었어요. 일반적으로 백인에 중산층이고 잘 차려입은 전문직 종사자였죠. 그리고 다른 한쪽은 훨씬 다양한 집단이 섞여 있었는데, 보통 좀 더 편한 옷차림을 하고 있죠. … 그리고 무엇보다 모여 있는 사람들을 둘러보면 누가 정신건강 문제가 있는 이들이고, 누가 그들을 강제로 가두어 두려고 하는 이들인지도 알 수 있었어요." 그는 비꼬는 투로 말을 마쳤다.

플루마도어는 AB 1421 공청회에서 대화를 나눈 한 엄마의 이야기를 들려주었다. 그 엄마는 마흔 살인 아들과 함께 살고 있는데, 그녀에게 아들은 "유일한 희망"이라고 했다. 플루마도어는 우려 섞인 말투로 강하게 덧붙였다. "가족들은 [사랑하는 이가] 거리에 나섰다가, 혹은 외부 세계에서 뭔가 나쁜 일을 겪게 될까 봐 두려워합니다. 혹은 아픈 사람들은 스스로를 돌볼 수 없으니까, 가족들은 그들을 보호하려고 집 안에 머물게 합니다. 그럼 가족 모두가 점점 더 많은 긴장감과 좌절감을 느끼는 상태로 치닫게 됩니다."

플루마도어는 자신이 직접 경험해 보았기 때문에 이런 상황에 대해 잘 알고 있다. 강제적 치료를 지지하는 사람들은 플루마도어가 과거에 약물을 남용하고 노숙자로 지내고 공공장소에서 이상한 행동을 했던 일을 들으면 그를 의심의 눈초리로 쳐다본다고 한다. 하지만 그는 지금 많이 나아졌으며 다른 사람들도 그렇게 말한다고 한다. 이는 자신에게 무엇이 필요한지를 그 누구보다 스스로 가장 잘 알았기 때문에 가능한 일이었다고 한다. 그에게 필요했던 것은 가족과 거리를 두는 것과 더불어, 비자발적 재활이 아닌 '해로움 줄이기'harm-reduction 기술이었다. 그는 자신에게 맞는 회복 방법을 자각할 수 있었기 때문에 개인적·신체적 자율성이 우선되어야 했다고 믿는다. 또한 정신질환을 가진 사람들이 거의 대부분 강제 치료를 받음으로써 트라우마를 경험하며, "누군가를 돕기 위해서 그에게 상처를 주는 것"에는 동의할 수 없다고 말한다. "우리는 자신의 신체에 무엇을 허용할 수 있고, 무엇을 허용할 수 없는지에 대한 최종 결정권과 우리 자신의 삶에 대한 결정권을 가지고 있습니다."

— — —

조현병, 정신증, 치료에 관한 논의에서 주요하게 다뤄지는 개념은 '무언가에 홀린 상태'가 얼마나 진행됐는가 하는 점이다. 정신의학적 용어로는, 개인이 발휘할 수 있는 '병식'insight의 수준이 어떠하냐는 것이다. 병식이 좋지 않다는 것은 자신의 상태를 제대로 인식하지 못한다는 뜻이다. 강제적 치료를 둘러싼 근본적인 쟁점은 정신이 온전치 못한 개인은 자신이 아프다는 것을 이해하지 못하므로, 권장 약을 먹을지 말지를 스스로 판단할 수 있는 능력이 결핍되어 있다는 점이다. 심각한 정신질환으로 진단받은 사람이 약을 복용할지 말지는 정신질환자 커뮤니티에서 반복적으로 떠오르는 논쟁거리이다. 정신과 의사들은 환자의 판단 사유가 무엇이든 간에 권장 약을 복용하지 않는 환자들을 칭할 때 "복약 미준수"라는 경멸적인 용어를 사용하고 있다.

나는 베스에게 사람들이 정신장애에 관해 무엇을 좀 더 잘 알았으면 좋겠는지, 혹은 사람들이 정신장애에 관해 현재 오해하고 있는 것이 무엇인지 물었다. 그녀의 대답은 이랬다. "사람들에게 제대로 된 정보를 주면 그들이 스스로 도움을 청할 것이라는 의견을 참 많이 들어요. 하지만 어떤 약물이든지 자신의 사고를 흐리게 할 것이라는 생각에 잠식되어 처방을 신뢰하지 못하는 사람들이 치료를 받게 하기 위해서는 강제적으로 도움을 받게 할 필요가 있을 수도 있어요. 알츠하이머병과 비교해 볼 수 있지요. 편집형 조현병이 있는 사람들이 정신이 나갔거나 멍청하다는 말이 아니라, 이성적인 판단을 내릴 능력을 상실했다는 사실을 말하는 거예요."

생각이 "잠식되었다". 정신이 "이성적인 판단을 내릴 능력을 상실했다". 그 사람은 늘 있던 자리에 있지만, 우리가 예전에 알던 그 사람이 아니다. 우울증은 종종 당뇨병에 비유된다. 다시 말해, 그 병에 걸린 것은 당신의 잘못이 아니며, 잘 관리하기만 한다면 당신은 괜찮을 것이라는 말이다. 반면에 조현병은 알츠하이머병에 비유된다. 그 병에 걸린 것은 당신의 잘못이 아니지만, 딱히 고칠 방법은 없고, 당신이 짐스러운 존재가 될 마음이 없더라도 죽을 때까지 짐이 될 것이라는 말이다.

나는 비자발적 치료에 따라오는 자율성의 상실을, 더불어 내 병을 스스로 인식하지 못한다는 평가에 따라오는 지위의 상실을 경험한 적이 있다. 나는 내 의지와 상관없이 2002년, 2003년, 2011년에 정신병동에 입원해야 했고, 처음으로 비자발적 입원을 할 때의 기록을 보면 "병식이 좋지 않다"라고 적혀 있다.

비자발적으로 갇히는 공포는 도저히 말로 표현하기 어렵다. 우선 마음대로 나갈 수 없는 좁은 공간에 강제로 밀어 넣어지는 것은 끔찍한 경험이다. 내가 이곳에 얼마나 있어야 하는지 알려주는 사람은 없었다. 그 누구도 내가 이곳에 얼마나 오래 있을지 알지 못했기 때문이다. 이곳에는 평소에 좋아하던 물건들도 없다. 일기장, 할머니가 주신 팔찌, 자주 신는 양말, 곰 인형, 심지어 컴퓨터도 없다. 내가 있었던 병원에서는 지상 통신선으로 연결되는 일반전화가 유일한 통신 수단이었고, 그것도 하루 중 정해진 시간 동안만 사용할 수 있었다. 그런 탓에 환자들은 전화를 차지하려고 다투거나 전화를 그렇게 오래 쓰는 사람이 어딨냐며 말싸움을 벌였다.

때로는 방문객이 면회 시간에 당신에게 소중한 무언가를 가져다줄 수도 있지만, 간호사가 해당 물품을 검사한 후에야 반입이 가능하다. 하지만 많은 경우 이러한 소지품들은 끝이 뾰족하거나 전선 고리가 있거나 위험한 천 조각이 있다는 이유로 병동 내 반입이 허용되지 않는다. 먹을 것을 선택할 수도 없는데, 제한된 선택지 내에서 그마저도 역겨운 것 중에 하나를 선택해야 한다. 자라고 하면 자야 하고 일어나라고 하면 일어나야 한다. 침실에서 너무 많은 시간을 보내면, 반사회적인 사람으로 평가된다. 공용 공간에 앉아 있으면서 다른 환자들과 상호작용을 하지 않으면, 우울하거나 지나치게 내향적이거나 긴장증적인 사람이 된다. 인간은 본래 서로에게 암호 같은 존재일지도 모르지만, 정신질환이 있는 사람들은 제 기능을 하지 못하는 뇌 때문에 특히나 더 불투명하다. 그래서 우리는 자신이 직접 겪은 경험을 포함해 모든 면에서 신뢰받을 수 없는 존재다.

— —

악령에 사로잡히기 전에 리건은 어떤 아이였을까? 크리스가 화가 나서 쿵쾅거리며 복도를 걷는 장면이 나온다. 그때 리건은 다른 방에 있었는데, 크리스가 "나한테 진정하라고 말하지 마, 젠장!"이라고 소리를 지르자 카메라는 침울하게 앉아 있는 리건에게 잠시 머문다. 또 다른 장면에서, 카메라는 크리스가 쿵쾅거리는 소리가 나는 다락방을 살펴볼 때 겁에 질린 리건의 얼굴을 비춘다. 우리는 동생에게 살해당한 맬컴의 내면에서 무슨 일이 벌어졌는지 알지 못한다. 그저 자신의 정신 상태에 대해 고통스러운 혼란을 겪었다는 것과 충격이 시작되었을 때 "뭐 하는 거야? 뭐 하는 거야?"라고 외쳤다는 전언만을 들을 뿐이다. 여기서 우리는 해결되지 못한 악몽을 본다. 이제는 사라졌으나 한때 사랑스러웠던 소녀와 책벌레였던 소년을 삼켜 버린 악령을 본다. 병, 악마, 혹은 악령이 찾아오기 전 그들이(베스네 가족을 포함해서) 정상적일 뿐만 아니라 좋은 사람들이었으리라는 사실을 짐작할 수 있다.

앤드류 솔로몬이 "그럴듯한 현실"이라는 개념을 통해 조현병이 이전 모습의 일부를 제거하는 병이라고 말한 것에 대해 내가 부정확하다고 느끼는 것이 어쩌면 부정을 위한 부정은 아닐까 싶었다. 그래서 이에 대해 친구에게 이야기하자 어떤 점이 부정확한지를 파고들면 어떻겠냐고 제안했다. 그녀는 "변하는 게 조현병 탓인지 어떻게 알아?"라고 말했다. 그리고 좀 더 핵심적으로 물었다. "사람들이 모두 10년 전이랑 똑같겠어?" 물론 내가 전에 즐겨 듣던 요 라 텡고 밴드의 음악을 이제는 듣지 않는다는 사실은 샤워실에 카메라가 설치되어 있다고 굳게 믿는 것과는 다른 이야기이다. 그것은 대낮에 차 안에서 구더기가 들끓는 시체의 환각을 보는 것과도 다르다.

하지만 나는 내게 선택할 수 있는 능력이 있음을 인지하고 있다. 또한 조현병으로 인해 내가 실제라고 착각하는 이미지나 개념을 거부할 줄 아는 능력이 있다. 내가 겪는 조현병은 맬컴 테이트의 경험과는 (그것이 실제로 어땠든 간에) 달라 보인다. 나는 원래도 섣부른 추측을 경계하는 사람이지만, 맬컴 테이트의 심리의 경우 더더욱 짐작할 수 없다. 왜냐하면 엄마가 차 안에서 기다리는 동안 여동생이 오빠를 쏜 이유로 지목된 "문제아"나 "악몽"과 같은 일화만을 통해서 그의 복잡한 심리를 유추할 수는 없기 때문이다.

맬컴 테이트 살인 사건은 조현병이 있는 사람을 돌보는 가족이 벼랑 끝에 몰렸다고 느낄 때, 즉 자신보다 더 큰 어떤 힘에 압도당했다고 느낄 때 일어날 수 있는 참사의 극단적인 예이다. 돌봄의 부담은 사람들을 파멸시키는 부담으로 발전된다. 법정에서 로델 테이트는 그 범죄 자체를 사랑의 행위라고 표현했다. "저는 '난 오빠를 사랑해. 오빠에게 가장 나은 선택을 하는 것뿐이야. 미안해'라고 말하고 방아쇠를 당겼습니다. … '오빠, 사랑해, 그리고 미안해'라고 재차 말하면서 오빠가 움직이지 않을 때까지 쏘았습니다."

하지만 배심원들은 단 한 시간의 검토 끝에 판결을 내렸고, 로델 테이트는 무기징역을 선고받았다. 그녀의 엄마는 종범으로서 징역 10년을 선고받았지만 후에 징역 1년에 집행유예 5년으로 감형받았다. 돈 러싱 판사는 판결을 내리면서 그녀가 맬컴을 살해한 방법은 "참으로 끔찍했고", "예심판사로서 내가 봐 온 살인 가운데서도 매우 잔인하고 냉혹한 살인"이었다고 로델에게 말했다.

로델은 지방에서 한 차례 항소했고, 다음으로 사우스캐롤라이나 대법원에 항소했지만 1990년에 기각되었다. 그녀는 1991년에 다시 항소했지만, 이 역시 기각되었다. 그녀의 마지막 항소는 1992년에 기각되었다. 마지막 기각 이후 로델은 당뇨병 치료를 중단했고 1994년에 사우스캐롤라이나 교도소에서 사망했다. 이제 그녀와 이야기를 나눌 수는 없지만, 그녀가 오빠를 죽인 날 어떤 심정이었을지 상상해 본다. 열세 발이나 쏴서 죽인 것은 너무나

지나쳤다고 생각한다. 하지만 한편으로는 이런 생각이 든다. 한밤 중에 내 머리맡을 어슬렁거리고 신이 내 딸을 죽이라고 자신을 이 세상에 보냈다고 위협하는 남자가 있다면, 과연 그를 악령에 사로 잡힌 존재로 보지 않을 수 있을까? 여러 발 총을 맞고도 살아남을 뿐만 아니라 무슨 일이든 저지를 수 있는 괴물로 보이지 않았을 까? 설령 내가 한때 그를 사랑했거나, 여전히 사랑한다고 해도 말 이다.

고기능

정오 무렵 나는 경비가 지키고 있는 차이나타운 정신건강 클리닉의 문을 열고 신중한 표정으로 대기실에 들어갔다. 협소한 공간에는 나이가 지긋한 중국인 부부가 앉아 있었다. 여성이 머리를 감싸 쥐고 있는 모습을 보고, 나는 혼란스러운 마음을 뒤로하고 멀쩡한 척 행동하려면 얼마나 많은 에너지가 필요한지를 생각했다. 내가 머물렀던 정신병동에서 그런 사치를 부릴 수 있는 사람은 없었다. 웬만하면 그 여성을 쳐다보지 않으려 했지만, 그녀의 고통을 외면하는 것 같아 괜한 죄책감이 솟아올랐다. 하지만 나는 곧바로 그녀의 고통에 등을 돌려 버렸다. 유리 너머 데스크에 앉아 있는 직원에게 이곳에 찾아온 용건을 말한 것이다. "저는 지역 연사 단체 회원이고, 제 이야기를 들려드리러 왔어요."

그날 나는 마크제이콥스 갈색 실크 드레스를 입었다. 긴 소매를 세심하게 팔꿈치까지 걷어 올리고, 쇄골 사이의 오목한 부분까지 단추를 채우고, 리본을 묶는 것으로 마무리했다. 은팔찌와 결혼반지 외에 액세서리는 따로 착용하지 않았고, 검은색 웨지힐을 신었다. 발목에는 납작한 흉터가 울퉁불퉁하게 X자로 나 있었다. 바

나나와 아몬드 향이 나는 유기농 수분크림을 발랐다. 또한 샤넬의 비타뤼미에르 이드라 파운데이션 베이지 색상(단종됨)과 톰포드의 립스틱 나르코틱 루즈 색상(단종 이후 체리 러시 색상으로 대체됨)을 발랐다.

나는 평소에 최소한의 화장만 한다. 나는 정신증이 있든 없든 상관없이 옷을 차려입고 화장을 할 수 있다. 조증이 나타났을 때는 열성적으로 꾸민다. 우울할 때는 모든 것을 건너뛰고 립스틱만 바른다. 만약 립스틱마저 생략한다면, 그건 화장실 거울을 한 번도 보지 않았다는 뜻이다.

— —

2017년, 매일 아침 분필같이 생긴 작은 핑크빛 알약을 먹는다. 매일 밤 같은 약을 1.5개씩 먹는다. M박사는 지난 4년간 내가 할로페리돌의 효과로 망상이나 환각 없이 기능을 유지했다고 판단한다. 비록 2013년은 거의 내내 〈뷰티풀 마인드〉에서 실비아 네이사가 "모든 능력의 박탈, 시공간과 신체의 탈선"이라고 표현한 조현병 증상과 씨름했지만 말이다.

내 진단명이 양극성장애에서 조현정동장애로 바뀌는 데 수년이 걸렸다. 조현정동장애로 의심되긴 했지만 정식으로 기록되지 않았다. 이는 조현정동장애가 양극성장애보다 예후가 더 좋지 않고 더 심한 낙인이 존재하며, 더욱이 정신과 의사마다 다른 DSM 코드로 중증도를 판단하기 때문이다. 게다가 정신의학은 근본 원인이 아닌 증상을 다루는 방식으로 작동하므로, 내 정신 약리학적 치료는 진단 기록상에 상당한 변화가 있더라도 별다른 영향을 받지 않았다. 『푸른 밤』에서 존 디디온은 이렇게 말한다. "나는 '진단'이 '치유'로 이어지거나, 혹은 사실상 병을 확인함으로써 쇠약을 강요하는 것 이외의 어떤 다른 결과로 이어지는 경우를 아직 보지 못했다." 나에게 내려진 새로운 진단은 치유의 기능을 내포하지 않았고, 내가 고기능$^{\text{high-functioning}1}$을 발휘하기가 어렵거나 불가능하다는 사실을 암시할 뿐이었다.

— —

차이나타운 클리닉에서 내가 들려줄 이야기는 학생, 환자, 의사를 아우르는 다양한 청중을 고려한 내용이었다. 이야기는 이렇게 시작되었다. "명문대 2학년에 재학 중이던 겨울이었습니다." 여기서 '명문대'는 내 정돈된 머리, 실크 드레스, 화장, 고급스러운 신발이 주는 이미지를 뒷받침하기 위해 집어넣은 표현이었다. 그러니까, "제가 지금 공개하려는 이야기를 듣고 좀 놀랄 수도 있어요"라는 뜻이었다. 특히, 내가 어쩌다 한 번씩 사랑하는 사람들을 몇 달 동안 로봇이라고 믿는다는 이야기를 시작할 때만큼은 사람들이 그것을 기억해 주길 바랐다. '명문대'는 내가 고기능임을 증명

---

1 주로 자폐스펙트럼장애에서 특정한 상위 능력을 가진 모든 유형의 자폐를 지칭할 때 쓰인다. 여기에서는 비슷한 맥락으로 조현병을 겪지만 일상에서 비교적 큰 문제 없이 생활이 가능한 상태를 뜻한다.

하기 위한 유용한 라벨이다.

내가 고기능이라는 다른 증거물들도 있다. 먼저, 내가 16년간 결혼 생활을 유지해 왔음을 보여 주는 결혼반지가 있고, 변화무쌍한 내 뇌의 화학작용에 따라 사실상 계속해서 바뀌고 있긴 해도 얼핏 확고부동한 로제타석에 새겨진 듯 보이는 내 치료 계획에 대한 설명이 있고, 2014년 초에 디지털 상품과 프리랜서 업무를 바탕으로 창업한 소규모 온라인 비즈니스도 있다. 이런 것들을 내보임으로써 나는 내가 기혼자이고, 치료를 잘 받는 환자이고, 사업가임을 말하려고 애쓴다. 더불어 조현정동장애를 안고 살아가는 정신에 문제가 있는 환자이지만, 나도 그저 '당신들과 같은 사람'이라는 것을.

여기서 '당신들'이 누구인지는 내가 무슨 이야기를 하느냐에 달려 있다. 클리닉의 그룹 리더 중 한 사람인 헨리는 '고기능 조현병 환자'에 관해 이야기하는 사람은 내가 처음이라고 말했다. 그는 청중 대부분이 10년간 매주 모임에 참여해 왔다고 했다. 나를 작은 회의실로 안내하면서 건넨 그 말 속에 자부심이 담겨 있는 것인지 아닌지 분간할 수가 없었다.

연사 단체 대표인 패트리샤를 제외하고, 모여 있는 사람들은 열 명이 채 되지 않았다. 눈을 탁구공처럼 이리저리 굴리며 실내를 두리번거리는 나이 많은 백인 여자를 빼면 그들은 거의 다 나와 같은 중국계였다. 이야기를 시작하기 전에 헨리는 현장 학습 때 찍은 사진들을 사람들과 돌려 보았다. 외부인인 나에게는 아무도 사진을 건네지 않았다. 사진을 보지 않은 채, 나는 '고기능 조현병 환자'를 위한 현장 학습으로 어디에 갔을지 추측해 보았다. 어쩌면 시청 견학일 수도 있고, 뮤어우즈국립공원으로 간 소풍일 수도 있었다. 사람들은 조용히 사진을 감상했다. 몇몇은 기분 좋게 풀어진 분위기에서 이런 말을 했다. 지금 여기 있는 사람들은 조현병이 있어도 상대적으로 잘 살아가고 있지만, 클리닉을 다닌다는 사실이 알려지면 곧바로 미친 사람 취급을 받거나 동정을 받거나, 심지어는 기피당하게 된다고.

발표를 시작하기 전에 헨리는 감자칩 과자 하나를 가져왔다. 한 훤칠한 20대 청년이 커다란 손으로 봉투를 뜯는 동안 헨리는 방 한구석에서 냅킨과 종이 접시도 가져왔다. 아무도 나에게 크게 관심이 없어 보였고, 나도 이런 모임에서 발표하는 것은 처음인지라 자료를 들여다보기에 바빴다. 패트리샤는 다른 종류의 낙인에 대해 간략히 이야기하는 것으로 내 발표를 소개했다. 몇몇 사람들이 소개 중간에 두서없는 이야기를 던져서 패트리샤나 헨리에게 부드럽게 제지를 받았다. 그런가 하면 조용히 있던 이들은 눈맞춤을 피하고 아무 말도 하지 않았다.

나는 준비한 내용을 참여한 사람들에게 맞게 살짝 바꿨다. 내 진단과 회복의 이야기를 할 때 복잡한 용어를 좀 더 단순한 말로 바꿨고 '무의욕증'처럼 어려운 용어를 삭제했다. 나는 그들이 이해하기 쉬울 법한 경험을 위주로 이야기했다. 예를 들어, 엄마가 내 첫 번째 정신과 의사에게 우리 가족의 정신병력에 대해 거짓말을 하고서 "원래 이런 얘기는 아무도 하지 않아"라는 변명을 늘어놓은 일을 중국어로 이야기했다. 마지막으로, 풀타임 편집 업무로 인해 정신증 삽화가 유발되었다는 것을 알고서 그 일을 그만두었을 때 엄마가 보낸 이메일을 인용했다. "자유롭게 날아 보렴. 사랑한다." 이 발표는 사람들의 용기를 북돋우기 위한 것이었다. 나는 회의실의 분위기를 희망으로 '밝히려고' 노력했다.

내가 발언을 마쳤을 때, 두 사람이 울고 있었다. 패트리샤는 눈물 젖은 얼굴로 소름이 돋은 자신의 팔을 내게 보여 주었다. 울고 있던 또 다른 여성은 말했다. "저는 제 병이 제일 심각한 줄로만 생각했어요." 그 말에 가슴이 잠시 쿵 하고 내려앉는 듯했다. 나는 '그녀였지만', 동시에 '그녀이고 싶지 않았다'. '나'는 테이블 맨 앞에 앉아 있는 방문자였고, '그녀'는 지난 10년 동안 매주 이 클리닉에 왔던 사람이었다. 그녀에게는 별다른 변화가 없었지만, 나에게는 모든 게 가능했다. 아니, 그렇다고 믿고 싶었다.

— —

처음 정신병동에 입원했을 때, 나는 제인과 로라라는 두 환자를 만나게 되었다. 그들은 나머지 환자들과 상당히 다르게 대해졌다. 제인은 말하기 좋아하는 중년 여성이었고, 로라는 병동에서 나를 제외하면 유일한 동양인으로, 누구와도 이야기를 나누지 않았다. 환자들은 자신이 받은 진단에 대해 말하는 경우가 드물었는데(당시 나는 경계성인격장애의 특성이 있는 양극성장애로 진단받았다), 모두들 제인과 로라가 조현병 환자라는 것을 알고 있었다.

제인은 사교적인 성격인지라 자주 휠체어를 타고 와서 정신과 의사들의 '마인드 컨트롤 테스트'에 관한 엉뚱한 이야기를 늘어놓곤 했다. 누가 봐도 정신증을 겪고 있다고 알 수 있을 만큼 망상적인 횡설수설이었지만, 취약한 상태의 내 마음에 불안감을 심어주기에는 충분히 현실적이었다. 제인의 상태가 좋지 않을 때 그녀의 이야기는 종잡을 수 없는 무의미한 말들의 집합이나 다름없었다. 하나의 단어가 바로 그 전의 단어와 미약하게만 연관되어, 조합해 보면 아무런 의미도 통하지 않는 이른바 '단어 샐러드'word salad 현상이었다. 이런 의사소통의 문제로 인해 의료진은 의무적으로 참여해야 하는 그룹 모임에서 제인을 제외했다.

나는 로라와는 교류가 없었지만, 그녀가 약을 토하려다가 발각되어 화장실에서 끌려 나오면서 "그건 독약이야!"라고 소리 지르는 것을 본 적이 있다. 그녀는 두 명의 간호사에게 길고 가느다란 팔을 붙잡힌 채로 비명을 질렀다. "이 사람들이 나한테 독약을 먹이려고 해! 나를 죽이려고 한다고!"

병원에는 자연스럽게 계급이 생겨났다. 우리가 스스로 느끼는 기능 수준과, 우리를 치료하는 의사·간호사·사회복지사가 인지한 기능 수준에 따라 계급이 결정됐다. 병동에서 가장 인원이 많았던 우울증 환자들이, 비록 전기충격요법을 받기는 해도 그 먹이사슬의 최상위에 있었다. 나는 예일정신병원(현재는 예일뉴헤이븐정신병원)에 있었기 때문에 입원한 환자 중 상당수가 예일대 출신이었고, 그들은 어쩌다 이런 나쁜 상황까지 치닫게 된 명석한 사람들로 여겨졌다. 다시 말해, 이미 고기능을 발휘할 수 있음을 증명했기에 정상 궤도로 방향을 틀 수만 있다면 회복할 수 있는 잠재력을 지닌 사람들이었다. 중간 계급은 거식증과 양극성장애가 있는 사람들이었다. 내가 속한 그룹이었는데, 나는 예일대 출신이라는 이유로 어쩌면 우울증이 있는 사람들만큼 서열이 높았는지도 모르겠다. 최하위층은 조현병을 앓고 있는 환자들이었다. 그들은 발광하는 미치광이이자 정상성의 기준을 충족하지 못하는 사람들로 여겨져서 그룹 치료에서도 배제되는 신세였다.

고기능 환자들은 간호사들에게, 때로는 의사들에게도 존중받았다. 나를 존중해 준 간호사는 내게 사뭇 다른 억양으로 인간적인 이해심을 가지고 말을 걸었다. 어떤 간호사는 당시 우스꽝스러운 광대처럼 빨간 머리를 한 내게 '머리를 다시 염색하고 정상적인 생활로 돌아가라'고 조언을 해 주기도 했다. 지금 내게는 그런 말이 좀 언짢게 느껴지지만, 기본적인 돌봄만을 받았던 제인과 로라보다는 훨씬 나은 대우를 받은 셈이었다. 그런 조언은 별 의미가 없었는데, 의료진은 애초부터 환자에게 기대치가 낮은 경우가 허다했고 낮은 등급의 안정성 이상 정도만을 기대했기 때문이다. 〈뷰티풀 마인드〉에서 네이사는 말한다. "조울증과는 달리, 편집형 조현병을 앓는 사람들은 제한적인 기간조차도 이전의 성취 수준으로 돌아가는 경우가 드물어서, 아예 돌아가지 못할 것으로 여겨진다."

정신병원의 계급은 누가 고기능인지, '재능을 타고났는지'에 따라 판가름된다. 한번은 페이스북에서 '좋아요'를 많이 받은 밈이 내 피드에 올라왔는데, 다양한 정신질환의 소위 장점을 정리한 표였다. 우울증은 감각과 공감 능력을 부여한다. 주의력결핍 과잉행동장애(ADHD)는 한꺼번에 많은 양의 정보를 소화할 수 있게 해준다. 불안증은 유용한 조심성을 부여한다. 이 표를 보자마자 나는 조현병이 언급되지 않으리라는 것을 직감했다. 창조적인 천재는 광기와 연관되지만, 케이 레드필드 제이미슨이 『천재들의 광기』에서 탐색한 것처럼, 그러한 천재는 주로 우울증이나 양극성장애와 연관되어 있다. 예외적인 경우가 아웃사이더 예술가 헨리 다거이다. 1만 5,145페이지에 달하는 방대한 분량의 글과 그림으로 이루어진 그의 작업 『비현실의 왕국에서』는 조현병에 시달렸는지도 모르는 강박적이고 불안한 정서를 담은 아름다운 예술 작품이다. 다거가 조현병이었든 아니었든 '정상적인' 생활 속에서 '기능'할 수 없었다는 사실은 그의 예술과 떼어 놓을 수 없다.

이렇듯 조현병이라고 하면 부정적인 것들이 연상되므로, 내가 고기능이라는 개념에 집착하는 것은 어찌 보면 당연한 일이다. 극도로 소외된 집단에는 남들보다 사회적으로 좀 더 적합하다고 여겨지는 사람들이 있고, 따라서 이들은 이른바 부적합한 사람들과 스스로 거리를 둔다. 남들에게 성공할 수 없는 사람으로 인식되면, 그 소외된 집단 내에서 그나마 자신보다 더 열등하다고 생각되는 이들과 거리를 두고 싶은 욕망을 가지게 되기 때문이다.

그러한 거리 두기의 예는 제니 로슨의 『살짝 미친 것 같아도 어때?』에서 찾을 수 있다. 정신질환을 앓는 이들을 부드럽게 감싸 안으면서도 아주 솔직하고 웃긴 에세이로, 여러 사람에게 추천받은 책이다. 제니 로슨은 '더 블로기스'라는 인기 블로그를 운영하며, 우울증과 회피성 인격장애를 포함한 여러 정신질환 진단을 받았다. 이 책 도입부에서 항정신병 약물을 먹고 있다고 언급하는데, 그녀가 정신병 환자라서가 아니라 그 약이 그녀의 우울 삽화의 기간을 단축하기 때문이라는 식으로 설명한다. "끔찍한 문제를 해결해 주는 약이 있다는 소리를 듣는 것만큼 좋은 건 없다. 다만 그 약이 조현병을 치료하기 위한 약이라는, 그래서 그 약을 먹을 때마다 약이 요정들을 죽인다는 말을 듣지 않는 한 말이다." 이 문장에서 로슨이 그어 버린 선은 나를 비참하게 했다. 그녀는 내 정신 상태와 내가 복용하는 약을 '요정 살인마'와 동일선상에 놓았던 것이다. 물론 내가 조현병 약물로 쓰이는 할로페리돌을 '곁들여' 먹었다면, 나는 그저 조금 우울한 사람 정도로 남아 있었을 수도 있다. 나는 로슨이 악의를 가졌다기보다는 그저 솔직하고자 한 것뿐이라 믿고 싶다.

조현병과 그 비슷한 종류의 병들은 무섭다. 우리 사회에서 고기능을 발휘할 수 없는 병으로 인식되기 때문이다. 미치고 싶은 사람은 아무도 없다. 정신증처럼 의학적으로 실제로 미치는 병에 걸리는 게 아닐지라도. 조현병 환자들은 사회에서 가장 역기능적인 구성원으로 여겨진다. 우리는 노숙자, 이해 불가능한 족속, 살

인자로 여겨진다. 내가 뉴스에서 조현병을 접하는 맥락은 오로지 폭력성과 관련된 것뿐이다. 실제로 2015년 《뉴스위크》 6월자에 「찰스턴 대학살: 총기 난사 사건의 흔한 원인으로 지목되는 정신 질환」이라는 제목으로 실린 기고문에서 확인할 수 있다. 매슈 리시악이 쓴 이 기사에서 정신증은 지벌리 윙, 니달 하산, 재러드 러프너, 제임스 홈스 같은 총기 난사범과 연관되어 있다. 홈스에 관한 단락에서 정신과 담당의가 남긴 진단 기록이 나오는데, 나는 이 부분에서 파멸의 기운을 느꼈다. "홈즈가 서서히 조현병과 같은 노골적인 정신장애로 옮겨 가고 있는지도 모른다." 그 상담 이후에 어떤 일이 일어났는지는 기사의 다음 문장에 나온다. "2012년 7월 20일 홈스는 콜로라도 오로라에 있는 극장으로 걸어 들어가 총을 난사했고, 12명이 숨지고 70여 명이 중상을 입었다."

— — —

엘린 색스는 2008년 한 논문에서 이렇게 말한다. "예일대 법학대학에 재입학하기 위해 검사를 받는데 담당 의사가 나에게 재입학이 되면 잘 지낼 수 있도록 1년 동안 아르바이트, 이를테면 패스트푸드점 같은 곳에서 아르바이트를 하면서 안정적인 상태를 유지하는 게 좋겠다고 제안했다." 나는 급여 문제로 보험회사와 다툰 적이 있었는데, 그때 나는 맥도널드에서 일할 수는 없지만 프리랜서 업무에 바탕을 둔 사업을 운영할 수는 있다고 설명하려 노력했다. 내가 만약 내 주변이나 일정을 조절할 수 없는, 스트레스 강도가 센 환경에서 일한다면 급격히 기능이 저하될 것이다. 반면에 병과 싸우지만 혼자서 일을 할 수 있다면 유연하게 일정을 관리할 수 있을 것이고 정신적 압박도 크게 받지 않을 것이다. 나는 엘린 색스처럼 고기능이기는 해도, 예측할 수 없는 저기능적 질환을 가지고 있는 고기능 인간이다. 나는 미친 사람치고는 '적절한' 유형의 미친 사람이 아닌지도 모르겠다. 어쩌다 내 정신에 균열이 일어날 때면, 나는 내 컵에 독이 들어 있거나 주차장에 시신이 있을까 봐 두려워하게 된다. 그러다가 정신이 다시 일관된 상태로 돌아오면, 금방 다시 지각 있는 자아로 되돌아온다.

　내 진단명이 여전히 양극성장애이던 20대 중반에, 한 상담사는 자신이 만난 환자 중 풀타임 업무를 유지할 수 있는 사람은 내가 유일하다고 말했다. 정신의학 연구자들 사이에서 직업을 가지는 것은 고기능의 주요한 특성 중 하나로 여겨진다. 색스는 고기능 조현병의 특성에 대해 가장 방대한 연구를 펼친 선구자였다. 그녀의 연구에서 고용된 상태는 고기능임을 나타내는 주요한 특징이다. 직업을 갖는다는 것은 세상에서 정상으로 받아들여질 수 있는 가장 신뢰할 만한 징표이기 때문이다. 비판적으로 말하자면, 자본주의 사회에서는 그 무엇보다도 생산성이 시민의 가치를 판단하는 우선적인 기준인데, 심각한 정신질환이 있는 사람들은 생산과 이윤의 순환에 투입되었을 때 가치 있는 방식으로 높은 생산성을 발휘할 가능성이 현저하게 낮다. 우리 사회가 원하는 바를 『일·창조·돌봄의 영성』에 나오는 중국 사상가 장자의 말로 대신하면 다음과 같다.

생산하라! 결과를 내라! 돈을 벌어라! 친구를 사귀어라!
변화를 일으켜라!
그렇지 않으면 절망 속에 죽을지니.

나는 생산성을 발휘할 수 있는 사람인지라, 눈에 보이게 정신증 증세가 있거나 혼란스러운 상태를 숨기지 못하는 사람들 주변에 있으면 불편함을 느낀다. 버스에서 소리를 질러 대는 남자, 자신이 신의 환생이라고 주장하는 여자와 한데 묶이고 싶지 않기 때문이다. 정신증을 경험해 본 적 없다면 이해하기 힘들겠지만, 내가 그런 사람들과 같은 부류이며 그들을 피하는 것은 내 일부를 피하는 것이나 다름없음을 잘 알기 때문에 나는 내가 느끼는 불편함에 불편함을 느낀다. 내 마음속에는 나, 그리고 제인과 로라 같은 사람들 사이를 구분하는 선이 있다. 하지만 다른 사람들에게 그 선은 희미하거나, 선이라고 하기에도 무색할 만큼 미미한 것이다.

－ －

사람들의 인식 제고를 위한 소셜미디어 캠페인에서 "조현병을 가지고도 무사히 살아가는 사람들의 공통점은 무엇인가요?"라는 질문을 받았을 때, 애시시 바트 박사는 이렇게 대답했다. "긍정적인 예후 인자를 가진 이들일 가능성이 높습니다. 발병 전 기능이 좋았고, 늦은 나이에 증상이 발병했고, 갑자기 증상이 발현했고, 교육을 많이 받았고, 안정적인 지원 체제를 가지고 있고, 조기에 진단과 치료를 받았고, 약물 치료를 이행했고, 삽화 사이에 장기간에 걸쳐 최소한의 증상이 나타나거나 아무 증상도 나타나지 않는 경우 등이 이러한 인자에 포함됩니다."

이들 인자와 특성 중 일부는 타고난 것이라 바꿀 수 없지만, 나머지는 의료적 개입으로 달라질 수 있다. 조현병을 가진 많은 사람들, 특히 젊은 사람들에게 고기능의 삶을 살 기회가 더 많이 주어질 수 있다는 뜻이다. 2008년 국립정신건강연구소는 조현병 삽화의 최초 발생 이후 실시된 조기 치료의 효과를 알아보기 위해 RAISE라는 연구 프로젝트를 시작했다. 조직화된 전문 케어(CSC)로 알려진 이런 유형의 치료는 사례 관리, 약물 및 1차 진료, 인지행동치료, 가족 교육 및 지원, 고용 지원 및 교육을 포함한 여러 방법의 조합으로 이루어진다. 치료에 이처럼 일체적인 접근법을 적용하는 것은 회복 가능성을 높이는 데 다양한 요인을 염두에 두고 있기 때문이다. 또한 다른 유형의 정신증 조기 개입과 달리, 환자들은 자신의 치료에 의견을 제시할 수 있어서 치료에 더 적극적으로 응하게 되고 더 큰 자율성도 느끼게 된다. 자신의 삶을 어느 정도 통제하고 있다는 느낌은 수동성에 갇힌 사람들에게는 특히나 중요하다. 정신건강 프로그램 〈온트랙NY〉의 연출자 리사 딕슨 박사는 《뉴욕 타임스》와의 대담에서 이렇게 말했다. "우리는 치료를 재창조하여 사람들이 실제로 원하는 치료에 다가가고 싶었습니다."

RAISE 프로그램을 통해 CSC 치료가 초기 단계의 조현병 환자들에게 호전된 결과를 가져온다는 사실이 입증된 후, 정신증 조기 치료 프로그램이 전국적으로 생겨나기 시작했고, 2016년 기준 미국 37개 주에서 운영되었다. 스탠퍼드대는 2014년 전구증[2] 및 초기 정신증 프로그램 네트워크를 시작했다. 또한 내가 지금 거주하는 샌프란시스코에서는 초기 정신증 예방 및 회복 네트워크를 통해 초발 삽화 정신증 문제가 다뤄지고 있으며, 많은 프로그램에서 서비스를 무상으로 제공하고 있다.

— — —

"그런데 당신은 아주 온전해 보여요." M박사는 내게 말했다. 나는 그녀에게 치료의 일환으로 위생 증진에 힘쓰고 있다고 말한 적이 있었다. 대학생 때 환각을 경험한 직후부터 샤워하는 것은 내게 힘겨운 일이 되었다. 어느 날 기숙사 샤워실에 환영이 나타나 "나는 네가 싫어"라고 말했다. 그 이후 나는 샤워할 때마다 두려움에 시달리게 되었다. 하지만 나는 조현병을 가진 내 동지들보다 정상으로 통하기가 더 수월하다. 나는 내 외모에 신경을 쓰기 때문에, 이전에 패션 블로거이자 작가였기 때문에, 한동안 패션 잡지사에서 일하다가 다시 스타트업 회사에서 패션 에디터로 일했기 때문에 말이다. 나는 럭셔리 브랜드 라가르콘의 웹사이트를 훑

으며 최전선에 나가 싸우기 좋은 전투복을 찾아다닌다. 조현병이 구질구질함의 영역이라면, 나는 자세가 바른 해맑은 소녀의 모습으로 그 경계 바깥에 서 있고, 이런 이미지를 더럽힐 만한 말은 입밖에 내지 않는다.

　내 말끔한 얼굴과 말쑥한 옷차림의 반짝거리는 이미지는 어느 정도 나를 보호하는 갑옷 역할을 한다. 겉으로는 내가 겪는 아픔이 드러나지 않는다. 새롭게 만나는 사람들에게 내가 원하지 않는 이상 굳이 내 병에 관해 이야기하지 않아도 된다. 이제는 더 이상 내 정신증을 언제쯤 밝혀야 할지 고민하고 초조해하지 않지만, 밝히고 난 이후에 생길 변화는 여전히 신경이 쓰인다. 작가 레지던시에서 내 병을 공개했을 때 한 여성은 이렇게 반응했다. "그 말을 듣고 놀랐어요. 당신은 틱 같은 증상이 없어 보여서요." 나는 이에두른 칭찬에 본능적으로 미소를 지었다. 내가 그 말에 안도감을 느낀 것은 지연성 운동[3]으로 인해 사지와 얼굴을 비자발적으로 움직이는 내 동지들과 나를 다른 범주로 대했기 때문이지 않을까? 문학인들의 사교 모임에서 내 병을 알고 있던 한 부유한 후원자는 내가 이렇게 일관되고 조리 있다는 사실이 대단하다고 말했다. 나는 이 두 상황에서 좋은 의도를 갖고 말한 그 여성들에게 고맙다는 말을 건넸다.

　내가 어떤 정보를 말하느냐에 따라 차이가 생겨난다. 어떤 차

3　　약을 끊어도 지속되는 항정신병 약물의 부작용을 말한다.

이는 미세하다. 그런가 하면 어떤 차이는 우리가 딛고 서 있는 땅이 기울어질 정도로 크다. 나는 부모님이 대만 출신 이민자라서 중서부에서 태어나 캘리포니아에서 자랐고, 예일대와 스탠퍼드대에 다녔으며, 지금은 작가로 살고 있다는 식으로 이야기할 수 있다. 대화가 내 병에 관한 내용으로 흐르면, 나는 내 정상성을 강조한다. 내 평범한, 아니 남 부럽지 않은 삶이 보이지 않는가! 내가 명료하고 조리 있는 의사를 전달한다는 사실을 직접 맛보라. 우리가 주고받은 대화를 곱씹어보고 어느 측면에서건 균열된 틈이 있는지 확인해 보라. 기억을 더듬어서 내가 스스로 밝힌 내 병이 그럼 직하다고 느껴지는 어떤 정신이상의 기미를 찾을 수 있는지 살펴보라. 어떤 미치광이가 패셔너블한 픽시컷을 하고, 빨간 립스틱을 바르고, 펜슬 스커트 안쪽으로 실크 블라우스를 집어넣어 입겠는가? 어떤 정신병자가 비틀거림 없이 로플러랜달 힐을 신고 걷겠는가?

　패션 기고가로서의 내 경력은 '패션 포 라이터스'(FFW)라는 블로그와 함께 시작되었다. 그 당시 수재나 라우라고도 알려진 수지 버블과 같은 유명 블로거들은 〈악마는 프라다를 입는다〉의 팬들의 호응에 힘입어 영향력을 키워 가고 있었다. 수지는 FFW를 그녀가 '자주 찾는 블로그' 링크에 올려 둔 적도 있었는데, 이는 역사적으로 엘리트 산업이었던 패션 업계의 민주화를 향한 제스처로 보였다. 나는 '시 오브 슈즈'라는 홈페이지를 운영하는 부유한 텍사스 출신 블로거 제인 앨드리지의 하이엔드 스타일을 구현할 만큼 돈이 많지는 않았지만, 엣시에서 판매하는 1930년대 빈티지 드레스와 거대한 하얀 모조 모피코트(이 옷을 걸쳤다가 대학원에서 '설인'이라는 별명을 얻게 되었다)를 사 입을 정도의 여윳돈은 있었다. 내가 아직 연구실 매니저였을 때 만들어진, 가장 오래된 FFW 포스트에는 광란의 스타일 코멘트(왕 리본이 달린 비서 블라우스의 귀환에 관해 으스대며 말하는 식)와 싸구려 삼각대에 고정시킨 디지털카메라로 찍은 서투른 '오늘의 옷' 사진들이 뒤섞여 있었다.

대학원 시절 나는 대학 친구이자 동료 작가이자 패션광인 제니 장을 FFW에 영입했다. 우리는 둘 다 온통 백인 세상인 중서부 도시에서 미술학 석사를 따려고 공부하고 있는 20대 중국계 미국 여성이었고, 인종학을 전공한 제니는 FFW 블로그를 더 정치적이고 더 흥미로운 방향으로 이끌겠다는 목표를 가지고 있었다. 마침내 제니는 FFW를 완전히 인수했고 더 나은 커리어를 찾아 그만두기 전까지 FFW를 운영했다.

한편, 나는 다소 미심쩍게 운영되던 패션 및 라이프스타일 잡지사로 직장을 옮겨 일하다가 빈티지풍 패션 아이템을 판매·생산하는 스타트업에 몸담게 되었다. 그곳에서 나는 카피라이팅 실력과 편집 기술을 연마하며 내 첫 번째 소설을 완성했다. 나는 월급에서 재량껏 쓸 수 있는 돈을, 나비 리본으로 장식하고 새틴 리본으로 여민, 빈티지하고 여성스러운 솜사탕 색상의 실크 시폰, 조젯, 오건디 드레스에 쏟아부었다. 한동안 내 트위터 프로필은 이랬다. "대만계 미국인, 화려함으로 무장." 여기서 '화려함으로 무장'은

셰이드리아 라부비에의 글에서 따온 표현이다. 라부비에는 "여성성에 대한 기존의 관념을 뒤엎는 직접적이고 정치적인 방식으로 아름다움과 스타일을 이용한다는" 개념에 관해 썼다.

그녀는 평단의 인정을 받은 소설가이자 TED 연사로 나서기도 한 작가 치마만다 응고지 아디치에가 영국의 한 뷰티 브랜드의 모델이 되었다는 소식을 전하면서, 이런 지적인 유형의 여성도 미와 패션을 중요시한다는 것을 몸소 보여 준다고 강조한다. 그러면서 "진지한 흑인 여성 작가라면 화장이나 옷에 관심을 갖지 않을 것"이라는 사회통념에 반하여 여성성의 다양한 측면을 드러내는 아디치에의 행보야말로 '화려함으로 무장'하는 것이라고 말한다. 검은 피부를 가진 페미니스트로서 정치에 관한 글을 쓰는 여성 작가인 아디치에는 전형적인 미의 표상은 아니지만 저항적인 화려함으로 빛나는 사람이다.

나는 2011년 메트로폴리탄미술관에서 열린 알렉산더 맥퀸의 〈야만의 아름다움〉 전시회에 간 적이 있는데, 큰 관련이 없더라도 패션 업계 종사자라면 누구에게나 중요한 행사였기 때문이다. 〈야만의 아름다움〉은 광기, 어둠, 아름다움, 죽음으로서의 예술을 보여 주었다. 2010년 스스로 생을 마감한 맥퀸의 흔적이 벽과 드레스에 긴 그림자를 던지며 모든 것들에 드리워져 있었다. 그는 엄마의 죽음과 친구 이저벨라 블로우의 죽음 후 얼마 지나지 않아 죽음의 길을 택했다.

내게 가장 인상적이고도 섬뜩했던 작품은 새까만 깃털 옷을 입은 백지장처럼 하얀 무표정의 마네킹이었다. 깃털은 날개가 될 수도 있었을 거대한 어깨 형태를 띠고, 몸은 납작하고 가느다란 허리를 드러낸다. 이 새장 같은 의상에 매력적인 구석은 없다. 어둠 속에서 이런 생명체를 마주친다면, 이는 분명 죽음이 당신을 데리러 온 것이다. 맥퀸은 그가 디자인한 의상에 대해 이렇게 말했다. "나는 여성들에게 힘을 주고 싶다. 사람들이 내 옷을 입은 여성들을 두려워했으면 좋겠다." 그의 말은 패션의 정상성에 관한 새로운 사실을 알려 준다. 즉, 내가 옷을 입는 방식은 단순한 위장이 아니라, 가시를 내보이는 고슴도치, 혹은 방어적인 공격성으로 몸집을 부풀리는 부엉이가 쓰는 위협의 전술이다. '모두가 당신을 두려워하게끔 옷을 차려입는 것.'

하지만 근사한 의상으로도 숨길 수 없는 것들이 있다. 어느 한 계절이 지날 동안 사방에서 나를 덮쳐 오는 악마의 그림자를 보았고, 즉각적으로 터져 나오는 반응을 숨길 수가 없었다. 남들 눈에 보이지 않는 것에 놀라 팔짝 뛴다거나 혼비백산했다. 누군가와 함께 있다가 그런 반응이 나타나면 아무 일도 없었던 것처럼 굴었다. 내 병을 아는 동료나 친구들은 내가 갑자기 몸을 피해도 너그럽게 못 본 척해 주었지만 나는 수치스러웠다. 다른 사람들에게 보이지 않는 유령을 피할 때 내가 아무리 전반적으로 정신이 멀쩡한 것 같아도 그건 중요하지 않았다. 내가 미친 사람처럼 보인다는 것을, 그리고 그 어떤 세련된 옷차림으로도 나의 그런 행동을 감출 수 없다는 것을 알고 있었다. 그러한 반응으로 불가피하게 내 광기를 인증하는 꼴이 되었으므로, 나는 환각에 시달리지 않을 때도 더욱더 정상적으로 보이려고 안간힘을 썼다. 춤을 추러 갔고, 아일랜드 바와 피자집에서 얼음을 넣은 제임슨 위스키를 마시고 감자 껍질을 먹었다. 내가 생각해 낼 수 있는 온갖 정상적인 행동이란 행동은 다 시도해 보았다.

— —

차이나타운 클리닉에서 두 번째 발표를 위해 안내를 받아 아래층의 다른 방으로 갔다. 방이 더 밝고 더 깨끗한 것으로 보건대 임상의를 위한 공간인 듯했다. 한쪽 구석에 놓인 정수기가 돌아가는 소리가 들렸다. 중앙에 있던 테이블은 의자를 놓기 위해서 벽쪽으로 옮겨져 있었다. 비즈니스 캐주얼 차림의 임상의들이 자리에 앉아 중앙을 바라보았다. 뒤쪽에 앉은 남성은 인상을 쓰고 있었다. 그의 얼굴에는 '내가 왜 이딴 모임에 와야 하는지 모르겠다'고 쓰여 있는 듯했고, 나는 그 모습에 긴장했다. 물론 표정이 밝은 임상의들이 있었음에도 나는 그곳에 있는 모든 이들의 존재 자체로 긴장이 되었다.

한자리에서 이렇게 많은 임상의들을 마주하게 되니 정신병동에 처음으로 입원했던 때가 떠올랐다. 정신과 의사, 사회복지사, 심리학자로 이뤄진 한 무리는 매일 회진을 돌며 우리의 상태에 대해 면담했다. 이 위세 높은 질문자들은 내가 TV 주변 낡아빠진 소파에 앉아 있거나 테이블에서 심드렁하게 퍼즐 조각을 맞추고 있을 때 병실에 들렀다. 그들은 나라는 한 인간을 오로지 내병에만 의존해 인식했는데, 이때만큼 급진적이고 노골적인 힘의 불균형을 경험해 본 적이 없었다. 식사를 하러 아래층에 내려가거나 하루에 두 번 10분간 담배를 피우러 바깥으로 나갈 수 있는 등의 특권을 입원 환자들에게 언제 부여할지 통제하고 결정하는 이들이 임상의라는 것을 알게 되었다. 무엇보다도 내가 언제 집으로 갈 수 있을지를 결정하는 것도 나를 담당하는 임상의들이었다. 나는 의사들을 위한 맞춤 연극을 하는 데 익숙해지게 되었다. "보세요! 저는 행복해요! 아무 문제 없이 잘 지낸다고요!" 의심스러운 눈초리가 가득한 기나긴 취조 끝에는 "자신이나 남들을 해치고 싶다는 생각을 하나요?"라는 질문이 언제나 따라왔는데, 사실상 하나의 답만이 정해져 있었다.

그런 사람들 앞에서 미친다는 것에 대해 이야기할 시간이 다가왔다고 생각하니, 지금은 어디에도 구속되지 않은 자유로운 몸인데도 가뜩이나 제멋대로 요동치던 심장박동이 한층 더 격해졌다. 드디어 말할 차례가 되자, 나는 유창한 말솜씨를 선보이려고 노력했다. 나는 '무의욕증'이라는 어려운 단어를 슬그머니 다시 화두로 삼았다. 또한 내 학력을 강조했고, 내가 만든 디지털 상품과 나와 함께 일하는 고객들을 언급하며 사업가로서의 위상도 과시했다. 연구실 매니저로 근무하던 시절, 양극성장애에 관한 다중 영역 연구의 책임자로 일했고, 환자가 아닌 연구자 신분으로 스탠퍼드대 심리학과의 권위 있는 양극성장애 클리닉을 매주 방문했다는 부수적인 정보도 덧붙여 말했다. 양극성장애 클리닉은 미국 내에서 그 분야 최고의 클리닉으로 꼽힌다. 나는 여기 모인 임상의들이 '과연 그곳에서 일할 수나 있을까' 하는 방어적이고도 삐딱한 생각을 잠시 하기도 했다. 양극성장애 클리닉의 정신과 의사들만큼 돈을 많이 벌지는 못하면서도 훌륭한 일을 도맡아 하고 있는 이 클리닉의 임상의들이 그런 내 속마음을 들을 수 있었다면 이게 무슨 피해망상인가 하며 불쾌하게 느꼈을 것이다.

나는 이야기를 마쳤다. 울고 있는 사람은 아무도 없었다. 인상을 쓰고 있던 남자의 표정은 여전했지만 악의가 느껴지지는 않았다.

내가 의자로 돌아와 앉자 패트리샤는 하고 싶은 말이나 질문이 있는 사람은 편히 하라고 말했다. 안경 쓴 여성이 손을 들었다. 그녀는 환자들도 자신과 같은 인간이라는 사실을 다시 한번 상기시켜줘서 고맙다고 말했다. 새로운 환자들이 올 때마다 매번 희망을 품고 시작하지만 결국에는 재발해서 돌아오기를 반복한다고 했다. 고객들 혹은 환자들이 병과 함께 살아가는 모습을 보면, 그들 주변 사람들조차 그들의 병이 나아질 거라는 희망을 가지지 않는 것 같다고, 심지어는 환자 스스로도 본인에 대한 희망이 없어 보인다고 덧붙였다. 그녀가 말할 때 나는 내 고급스러운 드레스 치맛자락을 손가락으로 만지작거리고 있었다. 내 이야기가 그녀를 부끄럽게 만들었든 혹은 고개를 끄덕이게 만들었든, 그녀에게 꽤나 잘 전달됐다는 것을 느낄 수 있었다.

예일대는 널 구해 주지 않아

예일대 합격 편지를 받은 순간은 내 인생에서 가장 행복했던 기억으로 남아 있다. 그날 현관문 앞에서 철제 우편함 두 개가 나란히 붙어 있는 진입로를 바라보니, 커다란 봉투가 우편함에 들어 있었다. 출판사에서 온 커다란 봉투는 보통 안 좋은 징조이다. 대체로 그런 봉투에는 내가 쓴 주소가 그대로 적혀 있고 거절당한 원고와 출판사 측의 형식적인 메모가 들어 있다. 하지만 대학에서 온 봉투에는 기쁘게도 안내서, 환영의 말, 전면 컬러 안내 책자가 들어 있었다. 나는 우편함 앞에 서서 비명을 질렀다. 본래 깔깔거리며 소리를 지르는 편은 아니었지만, 열일곱 살이었고, 예일대에 합격했다. 조너선에드워즈칼리지[1]의 2005학년도 신입생이 된 것이었다.

— —

나는 성취욕이 높은 아이였다. 미시간에서 이민자의 딸로 태

---

[1]   예일대 내 14개의 기숙사 대학 중 하나로, 한 해마다 기숙사를 옮기지 않고 입학부터 졸업까지 전공·학년·인종에 무관하게 무작위로 선발된 학생들이 함께 기숙사 생활을 한다.

어났는데, 부모님은 20대 때 대만에서 캘리포니아로 건너왔다. 내 부모님은 빈털터리였다. 저소득층을 위한 식품 구입용 바우처의 도움을 받아 생활하면서, 나중에는 원하면 언제든지 피자헛에서 식사할 수 있을 정도로 돈을 벌 수 있을 거라며 서로 위안을 주고받았다. 그러다 좀 더 나은 학군으로 가기 위해 이사를 했다. 백인들이 주로 거주하는 소도시에서 나와 남동생을 키우면서 부모님은 학교 공부보다 중요한 것은 없으며 언제나 최선을 다해야 한다고 가르쳤다. 나는 초등학교 방학 때 자발적으로 에세이를 쓰기도 했다. 5학년 때는 납치당한 소녀가 고양이가 되는 이야기를 담은 200쪽 분량의 소설을 썼다.

그러다 부모님은 실리콘밸리 호황기에 기술직군에서 일자리를 얻었고 가난에서 조금씩 벗어났다. 그들은 '아메리칸 드림'이라는 말을 입 밖으로 꺼낸 적이 없었지만 삶으로 몸소 보여 주었기에, 나 또한 중학교 때 아침 일곱 시 반에 시작하는 C++ 프로그래밍 수업을 들었고, 단편 소설을 쓰면서 4년간 영어 선생님에게 단편 소설 쓰는 법을 배웠다.

고등학교 때, 내가 엄마에게 자살을 생각하고 있다고 말하자, 엄마는 그럼 같이 죽자고 말했다. 그때는 그것이 참으로 희한한 반응이라는 것을 전혀 인식하지 못했었는데, 이후 살면서 수십 년간 그 이야기를 하고 또 하고 나서야 비로소 깨닫게 되었다. 나는 물리 올림픽에서 금메달을 땄고, 캘리포니아 예술 장학생으로 선발되었으며, 졸업식 때는 졸업 가운 속에 감춰진 수백 개의 자해

흔적과는 어울리지 않는 우수한 평점으로 연단에 올랐다. 내가 동부에 있는 대학을 선택한 것은 우리 집에서 너무나 빈번하게 일어나던 혼돈, 즉 무자비한 다툼과 눈물로부터 벗어나고 싶었기 때문이다.

— — —

고등학교 졸업 전에 누군가와 잠시 사귄 적이 있었다. 당시나는 진단받은 적이 없었지만 그 남자애는 내가 무섭다는 이유로결국 나와 헤어졌다. 이별 전에 한번은 나를 자기네 집 풀장 바비큐에 초대한 적이 있었다. 여성용 청바지를 입고 있던 그와 함께아파트 단지의 유리로 된 풀장 주변에 서 있었는데, 그의 엄마는나에게 졸업 후 무엇을 할 생각이냐고 물었다.

"예일대에 갈 예정이에요."

그녀는 사뭇 놀라서 잠시 멍한 표정을 짓고는 말했다. "잘됐구나." 그때는 누가 보더라도 나의 불안정한 상태를 알아챌 수 있었을 것이다.

"저 예일대 다녔어요"라는 말은 '나는 조현정동장애가 있지만가치 없는 인간은 아니에요'의 줄임말이다.

— — —

예일대는 미국에서 가장 오래된 하버드대와 1693년에 설립된 월리엄앤매리대에 이어 세 번째로 오래된 대학이다. 예일대는 과거 컬리지잇스쿨이라는 이름으로 불렸으나, 수백 권의 책, 외국 섬유, 조지 1세의 초상화 등 많은 값비싼 물품을 기증한 영국 상인이자 자선사업가인 엘리후 예일을 기리기 위해 지금의 이름으로 명칭을 변경했다. 기부품의 판매는 뉴헤이븐의 예일대 건립 자금을 마련하는 데 큰 도움이 되었다. 이러한 큰 규모의 기부가 이뤄지는 데는 청교도 목사인 코튼 매더가 중요한 역할을 했는데, 그는 세일럼 마녀재판[2]을 적극적으로 주도한 사람이기도 했다. 당시 세일럼 마을에서 횡설수설하는 말과 이상한 몸동작은 마녀임을 나타내는 증거로 여겨졌다. 매더는 "마녀에 홀린 굿윈 가문의 아이들이 서로에게 개처럼 짖고, 고양이처럼 가르랑거렸다"라고 말했다. 그렇게 해서 마녀로 판명된 이들이 어떻게 되었는지는 잘 알려진 그대로이다.

— —

나는 뉴헤이븐으로 떠나기 전 여름에 양극성장애를 진단받았고, 이듬해 봄 처음으로 예일정신병원에 입원했다. 이때 내 정신과 담당의는 나와 엄마에게 내가 양극성장애를 가지고 있다고 말했다. 이 진단은, 평소의 나답지 않은 열한 살 연상 남자와의 연애, 정신 사나운 말투 등을 포함해 내가 조증의 전형적인 징후를 보였

---

[2]   미국이 아직 영국의 식민지였던 1692년 1월부터 9월까지, 매사추세츠 보스턴 근교 세일럼 마을에서 벌어진 일련의 마녀사냥 및 종교 재판을 말한다. 이 재판으로 19명이 사형당하고 1명이 고문으로 사망했으며 140여 명이 체포되었다.

던 한 달 끝에 일어난 사건이었다. 새로운 진단이 나왔으므로 기존에 복용하던 우울·불안 약을 대신할 새로운 약을 처방받아야 했지만, 내 담당의는 자신이 진료하는 동안에는 그렇게 하지 않을 것이라고 했다. 대학에 갈 때까지 현재 약을 유지하다가 새로운 지역에서 만나는 의사에게 알맞은 약을 처방받는 편이 낫다는 것이었다. 후에 엄마가 말하길, "내가 그때 의사가 한 말을 제대로 이해했더라면 너를 저 멀리 있는 예일대에 가게 놔두지 않았을 것"이라고 했다.

학기가 시작되고 나는 당시 예일대 정신위생과라고 불리는 곳에서 진료를 받기 시작했다. 정신질환에 대한 낙인 때문에 진료실에 가기가 꺼려졌지만, 같은 층에 있는 부인과에 가는 척하는 법을 금세 익혀 엘리베이터에서 내리면 문이 닫힐 때까지 기다렸다가 오른쪽으로 가곤 했다. 진료실 앞에 있는 학생들은 남들과 눈이 마주치지 않게 책이나 노트북, 자신의 손 따위에 시선을 고정하고 있었다. 만약 서로를 응시했더라면, 각자 내면에 도사리고 있는 불안정함을 눈치챌 수 있었을 것이다.

정신위생과에서는 학생들에게 상담사와 정신과 의사를 따로 배정하지 않았는데, 양쪽을 오가며 소통해야 하는 불필요한 상황을 방지하기 위함이었다. 그래서 나는 두 가지 역할을 포괄하는 의사에게 진료를 받게 되었다. 그녀는 나에게 발프로에이트 또는 발프로산으로 알려진 데파코트를 처방했는데, 기분 안정제로 사용되는 항경련제였다. 그녀는 계속해서 엄마에 관한 이야기를 주제로 삼았고, 나의 정서적 어려움에는 엄마가 상당한 원인을 제공했다고 말했다. 예일대에서 첫 학기를 보내는 동안 내 마음속에서 엄마는 점점 더 괴물이 되어 갔다. 나에게 엄마는 자신의 정신적 문제 때문에 일상생활을 제대로 꾸려 나가지 못하는 무능한 사람으로 비춰졌다.

상담을 하며 내가 주로 했던 말은 모든 게 너무 예민하게 느껴져서 불편하다는 것이었다. 나는 지속되는 괴로움에서 벗어날 수 없었다. 내 담당의가 마음에 들었지만, 뭔가 증세가 나아진다는 느낌이 들지 않았고, 살갗 아래에 도사리고 있는 움츠러듦이 내게 문제가 있음을 말해 주는 듯했다. 결국 나는 며칠씩 잠을 자지 못하다가 어쩌다 한 번씩만 잘 수 있는 상태에 이르게 되었다.

— —

예일대에서 나는 실로 많은 경험을 할 수 있었다. 블루북[3]에 실린 강의 설명서에 넋을 빼앗겼고, 쇼핑 기간[4]을 누렸고, 별난 내 모습을 숨기지 않았고, 수개월간 전화를 하지 않으면서 가족 없는 삶을 살았고, 와스프(WASP)[5]를 경험했고, 부유한 상류층 집안의 태도와 자세를 알게 되었고, 염소 치즈를 먹어 보았고, 70만 원이 넘

---

3   예일대에 개설된 모든 수업에 대한 설명이 들어 있는 책으로 학기 초에 학생들에게 배부된다.

4   학생들이 학기 시작 후 2주 동안 아무 수업이나 마음대로 들어 보며 자신에게 맞는 수업인지 알아보는 기간이다.

5   White Anglo-Saxon Protestant의 줄임말로, 미국의 주류 집단인 앵글로색슨계 백인 개신교도를 뜻한다.

는 신발을 신는 사람들을 보았고 그래서 70만 원이 넘는 신발이 존재한다는 것을 알게 되었고, 태어날 때부터 예일대 응원가를 배운 특례 입학생을 알게 되었고, 고딕 건축을 배웠고, 바이네케 광장을 보았고, 스트리밍 음악 서비스인 오디오갤럭시를 알게 되었고, 이론과 통계 분석을 배웠고, 파티에서 몸에 잘 안 맞는 청바지를 입고 있던 수줍음 많은 남자(훗날 내 남편)를 만났고, 9·11과 테러와의 전쟁을 알게 되었고, 이슬람 공포증을 알게 되었고, 왕가위와 화양연화를 알게 되었고, 비밀 사교 클럽을 알게 되었고, 레모네이드와 중동 음식인 팔라펠을 맛보았고, 스크루드라이버라는 칵테일을 폭음해 봤고, 임상적 동물 모델을 알게 되었고, 권유받았지만 하지 않은 코카인을 알게 되었고, 강의실로 걸어가거나 기숙사 창밖을 내다볼 때 헨델과 브리트니 스피어스의 곡이 카리용벨로 연주되는 소리를 들었고, 눈 내리는 날의 옷차림을 알게 되었고, 단지 어느 학교에 다닌다는 것만으로 마치 특별한 사람이 된 것 같은 우쭐한 기분을 느꼈다.

— —

예일대는 설립 당시에 엘리트 학교처럼 보이려고 한 행위로 조롱을 받는데, 옥스퍼드대·케임브리지대의 오래된 건물들과 유사하게 만들기 위해 일부러 건물에 산성 물질을 뿌렸기 때문이다. 이는 마치 중학생이 되기도 전에 마스카라를 바르는 사춘기 이전의 소녀와도 같다. 그래도 예일대 캠퍼스는 내가 아는 가장 아름다운 캠퍼스이다.

'인간 두뇌 입문'을 포함해 내가 선택한 강의 다수는 린슬리 치텐덴홀 102호에서 진행되었다. 세미나실보다 크지만 강의실보다는 작은 린슬리 치텐덴홀은 〈에듀케이션〉이라고 불리는 정교한 티파니 창문으로 유명하다. 이 창문에는 예술·과학·종교·음악이 천사들로 묘사되어 있다. 중앙에는 헌신·노동·진실·연구·직관이 사람의 형상을 하고 있다. (그런데 직관은 왜 과학의 영역일까? 영감은 왜 예술의 천사가 아닌, 그 오른쪽에 있는 종교의 천사가 관장하는 것일까?)

조증 삽화 동안 나는 내 노트 곳곳에 무의미한 말들을 휘갈겨 적곤 했다. "그런데, 모서리는 왜 저 아래 어딘가에 있지 않을까? 밤처럼 불을 밝히자." 겉으로는 필기를 하는 것처럼 보였을 것이다. 글씨는 지렁이가 기어가는 것 같았다. 〈에듀케이션〉 중심에 있는 형상은 내가 아이비리그 생활을 하면서 원했던 삼위일체였다. 빛, 사랑, 삶.

— —

어느 날 엘리베이터 안에서 내가 가입한 아시안 아메리칸 공연 예술 모임의 회원들끼리 정신위생과를 주제로 대화를 주고받았다.

"거긴 조심해야 해." 한 여자가 눈을 크게 뜨며 말했다.

"내 친구도 거기 상담받으러 다녔거든. 그런데 상담을 계속하면 [예일정신병원에] 집어넣는다는 것을 알고선 끊었대." 다른 누군가가 말했다.

"'묻지도 따지지도 않고' 예일정신병원에 처넣는다더라." 처음 말했던 여자가 덧붙였다.

"혹시라도 앞으로 상담을 받는다면 절대 자살을 생각했었다는 말은 하면 안 돼." 그들은 1학년 신입생인 나에게 이런저런 도움을 주면서 살뜰히 챙겨 주고 있었다. "자살을 생각해 본 적이 있었다고 절대 말하지 마, 알았지?"

지금 그 조언에 대해 생각해 보면, 어쩌면 맞는 말일지도 모른다. 그 상태로 계속 지내고 싶었다면 말이다.

— —

'셰익스피어 레이디'로 알려진 마거릿 홀러웨이는 셰익스피어의 작품을 암송하는 것으로 푼돈을 받으며 캠퍼스 안을 휘젓고 다녔다. 소문에 따르면 그녀는 한때 예일대 연극 대학원의 뛰어난 학생이었지만, 정신증 발병 후 학교를 중퇴했다고 했다. (하지만 사실 홀러웨이는 1980년에 대학원을 졸업했고 1983년에 처음으로 조현병 증상을 경험했다.) 예일대생이라면 누구나 그렇듯이, 나도 마거릿 홀러웨이가 백과사전 수준의 지식을 가지고 있다는 이야기를 들었다.

나는 홀러웨이를 딱 한 번 마주친 적이 있었다. 어느 날 밤, 당시 내 남자친구이자 지금은 남편인 C와 나는 엄청나게 다양한 종류의 하리보 젤리를 취급하는 브로드웨이의 고급 편의점인 구르멧 헤븐에서 저녁거리를 사 가기로 했다. 그날처럼 뉴헤이븐에서 그렇게 짙은 안개를 본 적이 없었는데, 홀러웨이는 마치 꿈속에서 걸어 나온 듯 갑자기 어디선가 나타났다. 그녀는 깡마른 몸으로 다가와 우리에게 20달러만 달라고 했다. 여성보호소에 들어가기 위한 돈이라고 했다. 또한 구르멧 헤븐에서만 살 수 있는 특정 브랜드의 요거트를 사고 싶은데 부패한 경찰 때문에 출입을 금지당했다고 했다. 나중에 찾아보니 2002년에 홀러웨이는 구르멧 헤븐 입구를 막고 있다가 체포되었고, 그 후로도 몇몇 사소한 죄목으로 여러 번 체포되었다. 내가 더는 예일대생이 아니던 2004년에 그녀의 체중은 40킬로그램까지 줄었고, 2009년에는 "개과천선하다"라는 소식으로 지역 뉴스에 등장했다. 그 안개 짙던 밤, 나는 부탁받은 것보다 더 많은 돈을 주었고, C가 요거트를 사러 간 동안 그녀와 함께 있어 주었다. 하지만 셰익스피어의 작품을 암송해 달라고는 하지 않았다.

2002년, 나의 첫 번째 입원 후에 새롭게 바뀐, 배우 진 와일더를 닮은 담당의에게 물었다. "여기에 조현병이 있는 학생들이 있나요?"

"그걸 왜 묻지요?"

나는 답하지 않았지만, 묻고 싶은 말은 이랬다. "여기 나보다 상태가 나쁜 사람도 있나요?"

홀러웨이를 만난 그날 밤 C와 내가 그의 기숙사로 돌아왔을 때도 안개는 여전히 창문을 지그시 누르고 있었다. 내가 그의 품에 안기자, C는 왜 그러느냐고 물었다. 나는 그에게 나도 마거릿 홀러웨이처럼 될 것 같냐고 물었다. 계속 이대로 가다가는 돌이킬 수 없을 것 같았다.

"절대 그런 일은 없을 거야." 딱히 위로의 말을 기대하고 물은 것은 아니었지만, 나는 알고 있었다. 우리 둘 다 앞으로 어떤 일이 일어날지 알 수 없다는 것을. 그래도 나는 괜찮을 거라는 C의 말을 듣고 싶었다. 나는 그 뒤로 10년도 넘게 이 질문을 변주한 다양한 질문들을 던지곤 했다. "난 영원히 미치지 않을 거야, 그렇지?" 하지만 마거릿 홀러웨이만큼은 두 번 다시 언급하지 않았다.

— —

미셸 해머는 예일대에 다니지 않았지만, 내가 진 와일더를 닮은 의사에게 물었던 '조현병을 가진 불가사의한 대학생' 중 한 명이었다. 내가 해머를 알게 된 것은 조현병 인식 개선을 위한 의류 라인인 스키조프레닉.NYC를 통해서였다. 해머는 고등학교 시절에 엄마가 자신을 죽이려 한다는 믿음에 빠졌다. 대학에 합격하고 나서야 안전하다는 생각이 들어 마음이 편안해졌다. 하지만 대학에 온 지 몇 달이 안 되어 룸메이트가 자신을 죽이려 한다는 두려움을 가지게 되었다. 그 순간 문득 '문제는 나야, 남들이 아니야. 내가 왜 이런 식으로 생각을 하는 거지?' 하는 자각이 들었다.

해머는 학생건강센터를 찾아갔다. 부디 진단받기를 간절히 바랐다. 자신이 '미쳤다'는 생각에 너무 무서웠을 뿐 아니라 진단받고 치료를 하면 나아질 것이라는 희망이 있었기 때문이다. 첫 검진 후 양극성장애를 진단받았고, 졸로프트^{Zoloft}를 처방해 준 정신과 의사에게 진료를 받기로 했다.

"그런데 상황이 더 나빠졌어요. [정신과 의사는] 약의 부작용으로 인해 더 심한 우울감이나 혼란을 느낄 수도 있다는 말을 해 주지 않았어요. 그래서 약을 계속 먹다가 끊었다가를 반복하다 보니 어느새 첫 학기가 끝나고 겨울 방학이 되었어요."

겨울 방학이 되자 상황은 더욱 나빠졌다. 눈보라가 심해서 강의가 모두 취소되었는데, 두려운 생각이 들 때마다 기숙사에서 몰래 술을 마시고 취해 버렸다. "큰일 날 것 같다는 생각이 들었어요. 아주 끔찍한 일이. 그러다가 유리 조각으로 손목을 그었어요."

복도를 지나가던 학생들이 해머를 발견했다. 대학 경찰국에서 "키가 180센티미터가 넘는 거구의 여자"가 나와 사태 파악에 나섰다. 해머를 포함한 모든 사람이 기숙사 공용 공간에 모여야 했다. "모두 거기 모였고 경찰 주위에 반원형으로 서 있었어요. 경찰은 여기서 불미스러운 일이 있었다고 들었다며 모두 소매를 올려 달라고 했어요. 그렇게 왼쪽에 있는 사람부터 확인하기 시작했고, 모두 문제가 없었지요. 마침내 내 차례가 되었고 나는 내 방으로 가서 보여 주면 안 되냐고 물었어요. 그 공간에서는 다들 서로 1미터도 안 되는 거리에 있었거든요. 내 방에서라면 팔을 보여 줄 수 있을 것 같았어요. 누구에게나 이런 건 너무 당황스러운 일이잖아요. 그것도 모두가 보는 앞에서 말이죠."

해머의 말에 따르면, 해머가 자신의 방으로 들어가려는 찰나 경찰이 해머의 운동복에 달린 모자를 붙잡아 해머를 바닥으로 내팽개쳤다. 해머는 책상 밑으로 기어들어 가려고 했다. "갑자기, 커다란 발이 내 목을 짓밟았어요. 그리고 얼굴 정면에 페퍼 스프레이를 갖다 대고 말했어요. '움직이면 쏜다.'" 결국 해머는 수갑을 차게 되었다. 바닥에서 그렇게 꼼짝도 못 하는 신세가 되었는데도, 경찰의 반복된 명령에 불복하며 발길질을 하고 얼굴을 걷어차면서 끝까지 소매를 걷어 올리지 않았다. 결국 경찰은 해머를 병원으로 끌고 갔다.

이 이야기를 들으면서 해머를 보니, 상황 파악을 위해 출동한 경찰이 해머를 다룬 방식에 여전히 분노가 완전히 가시지 않은 것처럼 보였다. 내가 묻지도 않았는데 명확하게 그 경찰의 이름을 말하기도 했다. "이 얘기를 할 수 있게 되기까지 자그마치 9년이나 걸렸어요." 경찰이 위기 완화 훈련이라든지 정신질환이 있는 학생에 대처하는 훈련을 받았는지는 알 수 없지만, 적어도 머릿속으로 그 상황을 어렵지 않게 그려 볼 수 있다. 대학 경찰은 어느 학생이 손목을 그었다는 사실만 숙지한 상태로 기숙사에 간다. 기숙사 학생들은 혼돈에 휩싸여 있는 상태이다. 그 이유는 술과 눈보라와 누군가의 극단적인 자해 행위 때문이다.

— —

예일대에 입학한 후 내가 처방받은 데파코트를 복용할 동안에는 정기적인 혈액검사를 받아야 했다. 혈중 수치를 추적·관찰할 뿐만 아니라 간 건강을 확인하려는 목적이었다. 2002년 봄이 오기 전 혈액검사를 몇 번 받았는데, 이상이 있다는 결과를 받은 적이 없었다.

봄 방학이 오기 몇 주 전쯤, 나는 수면 시간이 줄어들기 시작했다. 밤에는 점점 피곤함을 느끼지 않았고, 낮에는 조금이라도 비는 시간이 있으면 온갖 활동으로 채워 넣어야 할 정도로 가만히 있는 것을 참지 못했다. 색종이 테이프에 적힌 메시지처럼 오만가지 생각이 머리를 스치듯 지나갔고, 걷기보다는 뛰어야 직성이 풀렸다. 나는 내 몸이 감당하기 벅찬 에너지에 경악하며 크로스 캠퍼스에 있는 나무를 주먹으로 쳤다. 매일 밤 알 수 없는 이유로 열다섯 시간씩 자야 했던 내게 조증은 처음에는 반가운 변화였다. 하지만 대부분의 조증 삽화가 그렇듯, 조증은 걷잡을 수 없이 내 통제를 벗어났다. 머릿속에 드는 생각은 얼토당토않은 폭력적인 형태로 재배열되었고, 곧 한숨도 자지 않게 되었다. 누군가 나의 이런 변화를 눈치챘더라도 그저 혼자서만 이상하다고 생각할 뿐 말해 주지 않았다. 물론 C는 걱정스러운 마음에 나에게 말했다. 나는 그에게 양극성장애 진단을 받았다고 이미 말했지만, 그에게 그것은 가슴에 와닿는 설명이 아니었다. 양극성장애가 정확히 어떤 것인지 이해할 만한 경험이 없었을 뿐 아니라 정신의학적 위급 상황에 대처하는 방법도 알지 못했다.

극도로 고조된 상태가 지나가면 한없이 침체된 상태로 떨어졌다. 생각은 곧장 자살로 향해 갔다. 내 삶 전체가 질병과 우울로 점철되어 있는 것 같았고 이런 식으로 계속 살아갈 이유가 없다는 생각이 들었다. 우울에서 영원히 벗어날 수 없을 것이라는 확신이 들었다. 바로 그 전 주까지만 해도 이런 생각이 틀렸음을 몸소 경험했는데도 말이다. 삶으로부터 영원히 나를 소거하는 것에 대한 장단점을 적을 때 내 시야는 근시안적이고 흐릿한 상태였다. 장점보다 단점이 많았지만, 나는 내가 위험한 상태에 있다는 것을 알고 있었다.

이 무렵 학생건강센터로부터 전화가 왔다. 혈액검사 결과에 관한 내용이었는데 전에는 한 번도 없었던 일이라 꽤 놀랐다. "간에는 문제가 없어 보여요. 그런데 본인의 혈중 데파코트 수치가 치료 수준 미달이었다는 건 알고 있나요?"

이 말을 듣자 내 머릿속 폭발하는 에너지가 한풀 꺾이며 전문용어로 혼재성 삽화mixed episode에 이르게 되었다. 혼재성 삽화는 격정형 우울 삽화와 같이, 조증기와 우울증기의 증상을 모두 경험할 때 발생한다. 이는 자살 충동이 있는 사람에게 발생하면 위험한 것으로 알려져 있다. 우울증이 극도로 심한 사람은 자살을 계획하고 실행할 에너지를 끌어모으기도 힘들지만, 우울증이 매우 심하면서 노르에피네프린[6]이 가득한 사람은 자살을 저지를 수 있을 만큼 저돌적이기 때문이다. 내 담당의는 데파코트 수치를 치료 수준으로 조정한 적이 없었던 것으로 보인다. 나는 그 무능함을 쉽사

6　　교감신경계의 신경전달물질 및 호르몬으로 작용할 수 있는 물질로, 흔히 각성 호르몬으로 알려져 있다.

리 납득할 수 없었다. 그녀는 그 정도의 수고도 하지 않는데, 지금 이렇게 숨 쉬며 살아가는 것만으로도 버거운 내가 꾸역꾸역 살아야 할 이유가 있는 것일까? 자살은 괜찮은 선택지처럼 보였으나, 그래도 나는 자살의 장단점을 상기하면서 정신위생과를 찾았다. 정신과 의사에게 자살 충동에 관해 절대 이야기하지 말라는 경고를 받았음에도, 나는 살고 싶었다. 정신위생과에서 나는 긴급치료과에 배정되었고, 정신과 의사는 자살의 장단점에 관한 이야기를 들은 후 나를 예일정신병원으로 보냈다. 나는 몸이 묶이지는 않은 채로(다음번에 약물 과다 복용 후에는 그렇게 되었지만) 구급차에 실렸다. 정신위생과 간호사는 병원에 가면 내 담당의를 다시 만나게 될 것이라고 나를 안심시켰다. 하지만 놀랍게도 담당의는 나타나지 않았다.

예일정신병원에서 일주일을 보낸 후, 나는 정신의학과 학장 및 학과장과 일종의 합의를 하게 된다. 엄마가 이곳에 와서 나와 함께 지낸다면, 학교 수업을 계속 들을 수 있게 해 준다는 것이었다. 학교 측의 이런 방침을 듣고서 내 가족력을 알고 있는 한 친구는 이렇게 말했다. "나는 그 사람들이 네가 나아지길 바랄 줄 알았는데."

나는 내 기숙 대학, 그리고 길게 늘어선 시끌벅적한 술집들과 가까운 거리에 있는 작은 방 두 개짜리 아파트에서 엄마와 함께 살게 되었다. 병은 별로 나아지지 않았지만, 우리의 관계는 서서히 개선되었다. 수업과 수업 사이 남는 시간에는 욕조로 피신했다. 아

파트에서는 뜨거운 물이 귀한 터라 엄마가 난로 위에서 끓인 주전
자 물을 사용했다. 엄마는 대만식 국수 요리를 만들고 수채화 종
이에 처방약 차트를 꼼꼼하게 작성했다. 그리고 내가 얽히고설킨
고통에 사로잡혀 바닥에 누워 몸부림치고 흐느낄 때면 내 정신과
담당의에게 전화를 걸었다.

어찌 되었건 나는 그렇게 그 해를 버텼다. 여름에는 예일대를
떠나 캘리포니아 집으로 갔고, 달뜬 입안처럼 여전히 날씨가 덥고
습한 가을에 다시 예일대로 돌아왔다. 위태롭고 아슬아슬한 상태
였고, 괜찮아지기를 간절히 바랐다.

— —

나는 아직도 '괜찮다'는 것이 무엇인지, 특히 이 병을 가진 이
상 과연 정상적인 상태가 가능한지를 부단히 고심하고 있다. 암에
걸린 사람은 본래 건강한 사람이라는 점을 전제로 한다. 그러니까,
사람들은 암이 '침입'한 것이기 때문에 암 환자는 암과 '싸울' 수 있
다고 말한다. 아무도 그 사람 '자체'가 암이라거나 그 사람이 암이
'되었다'고 말하지 않는다. 하지만 정신질환이 누군가를 덮치면,
사람들은 그 사람이 조울증이라거나 조현병이라고 말한다. 동료
교육peer education[7] 과정에서 나는 스스로를 '조현정동장애를 가진 사
람'으로 말하라고 배웠다. 인간 중심 용어person-first language는 망상과

---

[7]　　　정신장애가 치유된 사람이 장애를 겪고 있는 다른 동료들의 회복을 돕도
　　　록 하는 접근법을 말한다.

횡설수설, 긴장증이 존재하지 않는 어딘가에 그 사람이 있다는 것에 초점을 둔다.

하지만 그 어느 곳에서도 진정한 나를 찾을 수 없다면? 만약 이렇게 어지러운 상태가 나의 진정한 모습이라면 나는 어떻게 해야 할까? 실제로 조현병은 내가 삶을 경험하는 방식을 뒤바꾸어 놓았다. 조현병이 내 삶에서 차지하는 비중으로 따지면, 이 병이 내 근간을 이루고 있다고 해도 이상하지 않을 만큼 조현병을 품어 온 시간이 짧지 않다. "나는 생각한다, 고로 나는 존재한다"에 빗대어 말하자면, 내 생각들이 혼란으로 점철되어 있다는 사실은 그러한 혼란 자체가 나의 게슈탈트^{Gestalt}[8]인지도 모른다. 많은 정신건강 활동가들이 그렇게 하지 않음에도 내가 '조현병 환자'^{schizophrenic}라는 용어를 사용하는 이유가 바로 여기에 있다.

예를 들어, 불안장애를 겪는 친구들은 불안을 그들의 성격의 한 요소로 말하는 경향이 있다. 작가 로라 터너는 칼럼 「당신은 불안을 어떻게 물려받았는가」에서 이렇게 썼다. "나는 할머니 베르나 리 보트라이트 버그로부터 이 모든 것을 물려받았다. 긴 얼굴, 잽싼 손, 그리고 머지않아 내가 잘못을 저질러서 이 세상이 결딴나 버릴 것 같은 두려움이다." 그들의 마음에는 건강염려증, 불안, 또는 강박의 투명한 막이 덮여 있기 때문에 본디의 백지상태란 애당초 존재하지 않는다. 그러한 생각은 꽤 뿌리 깊게 자리 잡고 있

---

8 부분이 모여서 된 전체가 아니라, 완전한 구조와 전체성을 지닌 통합된 전체로서의 형상과 상태를 뜻한다.

는데, 어떤 자아도 그가 경험하는 병리적 측면으로부터 완전히 분리될 수 없다고 여기기 때문이다. 어떤 친구는 프로작을 먹기 시작한 뒤로 강박장애가 현저히 나아졌는데도 여전히 모든 것이 정돈되어 있을 때 마음이 가장 편하다고 한다. 정리 정돈이 이제 삶에 지장을 주지 않는데도 말이다. 그녀는 지금도 내가 아는 사람 중 손을 가장 철저히 씻는 사람이다.

저 깊숙한 어딘가에는 장애가 없는 무결점의 자아가 있고, 내가 열심히 노력하기만 하면 흠결 없는 자아에 도달할 수 있다는 개념은 왠지 모를 위안을 준다.

반대로, 언젠가 도달할 수 있는 무결점의 자아란 없는데, 그 허상을 향해 힘겹게 달려간다면 그러다 결국엔 미쳐 버릴지도 모른다.

— — —

2003년 초 나는 예일대를 영원히 떠났다. 그때는 그것이 끝이 될 줄 몰랐다. 나는 정신병원에 두 번째로 입원했고 이것이 학칙에 위배된다는 이유로 휴학하라는 통지를 받았다. 정신의학과 학과장은 한 해에 두 번이라고 주장했지만, 나로서는 두 학년에 걸쳐 두 번이었다.

기숙 대학의 학과장은 내 휴학 사유를 건강상의 문제로 인한 자발적인 휴학으로 선택할 기회를 주었다. 만일 사실 그대로 건강상의 문제로 인한 비자발적인 휴학으로 처리된다면, 내게 지울 수 없는 오점으로 남게 될 것이라고 말했다. 내게 이런 선택권을 준 것을 선의로 생각할 수 있었겠지만, 이 일에 앞서 내 두 손 두 발이 병실 침대에 묶이는 등 여러 일을 겪은 입장에서 그들이 하는 어떤 행위도 선의로 받아들이기가 힘들었다.

나는 즉시 학교를 떠나야만 했다. 이제 캠퍼스에 들어가는 것도 허용되지 않았고 학생증도 압수당했다. 바쁜데도 나와 함께 시간을 보내기 위해 멀리 중국에서 온 아빠가 짐을 꾸리는 일을 맡았다. 나는 병원을 떠난 당일 밤에 곧장 JFK 공항으로 가라는 말을 들었다(예일대로부터 얼마나 긴박하게 떠나라는 압박을 받았는지 잘 보여 준다). 하지만 아빠는 C와 내가 뉴헤이븐 호텔에서 하룻밤 머물 수 있도록 힘써 주었다. 당시 C와 나는 1년 넘게 사귀고 있었다. 우리는 앞으로 몇 년간 장거리 연애를 해야 하는 상황이었는데, 누구도 이 관계를 어떤 식으로 유지해 갈지는 알지 못했다. 내가 예일대에서 쫓겨남에 따라, 그렇게 그날 우리는 작별의 하룻밤을 맞았다.

아빠의 호텔 방에서 이런저런 이야기를 주고받다가 우리 방으로 가려는 찰나에, 아빠의 핸드폰이 울렸다. 예일대에서 걸려 온 전화였다. "지금 뉴욕에 계세요?"

"네." 아빠는 거짓말을 했다.

그날 호텔에서 보낸 밤에 대해 기억나는 것은 C가 영화 〈쇼보트〉를 보는 사이 나는 일찍 잠들어 버렸다는 것뿐이다. 그 이후 나는 영영 예일대생으로 돌아갈 수 없었다.

2014년, 케이티 베이커는 《뉴스위크》에 「대학은 정신건강을 어떻게 내팽개치는가」라는 글을 게재했다. 그것은 내가 오랫동안 기다려 온 기사였다. 나는 예일대에서 겪은 일을 블로그에 올린 후, 강제 퇴학 조치를 당한 학생들, 학교를 계속 다니기 위해 투쟁하는 학생들, 나처럼 다시는 학교로 돌아가지 못한 학생들로부터 수많은 이메일을 받았다. 베이커는 글에서 미국 장애인법(ADA)에 따라 학생들의 편의를 도모해야 할 대학들이 정신질환을 응징하고 있다고 지적했다. 정신질환이 있는 학생들은 도움을 받기는커녕 나에게 일어난 바와 같이, 한때는 그들을 환영했던 학교로부터 떠나라는 압력이나 명령을 받는다. 학교로 다시 돌아오려면 정신적으로 건강한 상태여야 한다는 것이 기본적인 전제이지만, 학교가 원하는 수준을 충족하기가 어려워 사실상 불가능에 가깝다. 이는 결국 학생들은 심각한 정신질환이 있어서는 안 된다고 말하는 셈이다.

학교마다 정신질환이 있는 학생들에게 적용하는 장애인법의 잣대가 다르다. 예일대에서는 부정할 수 있지만 내 기억으로는 장애 학생 등록에 대해 안내를 받은 적이 없다. 2003년 스탠퍼드대에 편입했을 때, 교육진흥원(OAE)이 학업 및 거주 지원을 위해 연락을 취해 왔는데, 마치 하늘에서 내려보낸 천사처럼 느껴졌다. 내가 소설로 순수예술 석사 학위를 받은 미시간대에서는 진단받은 질환 또는 장애가 "실질적으로 하나 이상의 주요 일상 활동에 제

약을 가져오는 경우" 정신건강 서비스에 등록할 수 있다. 학생 복지 사이트에는 "정신질환 자체가 반드시 장애를 뜻하지 않음을 명시하는 것이 중요하다"라고 기술되어 있다. 불능을 초래하는 정신장애를 등록하려는 학생들은 검증 양식을 작성하여 제출해야 하고, 요건이 충족된 학생들은 장애 코디네이터를 배정받게 된다. 이 제도는 내가 이 글을 쓰기 몇 년 전 정신질환이 있는 학생들을 위한 지원 사항을 조사할 때보다 훨씬 더 개선되었다. 한편, 2009년 대학원에서 학생 교육 연수를 받을 때 우울증이 있다고 주장하는 학생들을 절대 도와주지 말라는 이야기를 들었다. 우울증은 거짓으로 꾸며내기가 쉽다는 이유에서였다.

베이커는 자신의 글에서 정신건강 문제를 가진 학생들을 다룰 때 대학들이 직면하는 어려움을 적확하게 지적하고 있다. 고등교육 기관들은 골칫거리를 기피한다. 어느 학교도 학생의 자살로 소송을 당하거나 총기 난사 사고의 책임을 지는 일은 원하지 않기 때문이다. 학생과 학교 관계자에 따르면, 대학이 심각한 정신질환을 가진 학생들에게 필요한 치료를 제공하는 일은 현실적으로 이뤄지기 어렵다.

상황이 나아질 희망은 미국 인권위원회(OCR)처럼 현실을 반영한 "정책을 적극적으로 마련하고 있는" 기관들의 손에 달려 있다. 물론 실제로는 제대로 된 대책이 강구되고 있지 않다. 정신건강 법률·정책·윤리에 힘쓰는 색스연구소는 2014년에 "여러 목소리, 하나의 비전: 정신질환을 앓는 대학생 지원을 위한 대학의 학문적 경험 최대한 활용하기"라는 주제로 심포지엄을 개최했다. 이 심포지엄에서는 '효과적인 지원'과 '성공적인 학업을 위한 두려움 및 위기 관리, 의사소통 오류 방지'에 관한 논의가 이루어졌다. "미국 청소년의 정신건강 보호 및 자살 방지를 위해 [존재한다]"라고 소개하는 비영리 단체 제드재단은 2014년 55개 대학이 정신건강 정책에 중점을 두고 건강 서비스를 점검하고 있다고 발표했다. 하지만 인터넷에 검색해 보면, 고등교육기관이 정신질환을 가진 학생들을 위해 변화한 점이 거의 없다는 사실과, 그런 학생들은 학교 기준에서 볼 때 지나치게 미쳤다는 이유로 쫓겨나고 있다는 사실을 쉽게 확인할 수 있다.

2014년 《예일 데일리 뉴스》 기사에서 레이첼 윌리엄스는 예일대 심사관과의 일화를 들려준다. 윌리엄스가 자해했다고 털어놓자 심사관은 집으로 가라고 지시하며 이렇게 말했다. "사실 학생이 집에 간다고 해서 반드시 더 안전해질 것이라고는 생각하지 않아요. 그렇지만 적어도 여기 있게 놔둘 수는 없습니다."

– –

나는 1년간의 자발적인 질병 휴학에 들어갔다. UC버클리대와 캘리포니아 예술대 강의를 들었고, 웹디자이너로도 일했다. 취미로 마케팅 관련 일도 했다. 나는 당시 마지막 학기를 다니던 C가 있는 예일대로 돌아갈 계획을 단 한 번도 바꾼 적이 없었다. '정신이 온전한' C는 여전히 캠퍼스와 그 외곽을 자유롭게 활보할 수 있었다. 나는 학교로 돌아가면 하고 싶은 일들을 적어 두었다. 예술 공연 자주 보러 가기, 동아리 가입하기, 새로운 친구 사귀기. 나는 캠퍼스 근처 아파트에서 아방가르드 스타일 금발 친구, 그리고 나를 아끼던, 마리화나를 피우는 친구와 셋이서 함께 살겠다는 계획도 세웠다.

　　나는 뉴헤이븐으로 건너가 복학 적합성 여부를 결정하는 면담을 네 차례 받았다. 그중에 한 쾌활한 남성 면담관이 나에게 복학할 준비가 된 것 같다고 했던 말이 유일하게 기억에 남는다. 나는 캘리포니아 집으로 돌아와 학교에서 연락이 오기를 기다렸다. 하지만 결과는 복학 불가였다.

─ ─

　　다음은 내가 예일대 정신의학과 학과장에게 보낸 이메일이다.

　　X 박사님께

　　엄마와 저는 박사님과 이야기를 나누고 싶어서 어제와

　　오늘 메시지를 남겼지만, 답변을 받지 못했고 언제

　　받을 수 있을지조차 알 수 없습니다. 늘 수많은

　　이메일을 받으시겠지만, 그래도 이렇게 메일로 연락을

　　드려야겠다고 생각했습니다.

　　복학이 불가하다는 소식을 듣고 제 가족, 친구들뿐만

　　아니라 심지어 최악의 상황을 각오하고 있었던 저조차도

무척 놀랐습니다. C학장님이 저에게 박사님께 연락하라고 했습니다. 박사님께서 다음번 [제] 신청서에 도움이 될 만한 정보를 가지고 계시다고 하면서요. 박사님께 그런 정보가 있다면 꼭 듣고 싶습니다. 복학이 거부되었다는 사실에 저는 좌절하고 있습니다. 작년에 이미 복학할 준비가 되었음을 확신했기 때문입니다. 이는 제 가족, 친구들, 담당의들까지도 인정하는 사실입니다. 하지만 안타깝게도 복학위원회는 제 주변 사람들과는 생각이 다른 듯합니다. 저는 왜 그러한 차이가 생겼는지 잘 모르겠지만, 박사님께서 제가 다음 신청서를 쓰는 데 소중한 도움을 주실 수 있으리라 기대하고 있습니다. 저는 어떤 부분이 부족했는지 계속 생각하고 있어요. 학점이 문제일까요? 에세이가 문제일까요? 추천서가 문제일까요? 아니면 면담 중 제가 한 이야기가 문제일까요? 면담을 진행한 학장님 중 한 분은 저에게 "진정성 있는 추천서"를 써 주겠다고 말씀하셨지만, 안타깝게도 그 추천서가 그다지 큰 힘을 발휘하지 못한 것 같네요.

면담에서 나눈 대화 중 계속 생각나는 것은 위원회가 제 복학의 '여부'를 결정하는 게 아니라 '언제' 복학시킬지를 결정한다는 말이었습니다. 그래서 짐작하건대, 위원회가 저의 '성장'이나 '발전'을 위해서 한 학기를 더 유보하는

것이 바람직하다고 판단한 게 아닐까 합니다. 물론

위원회나 박사님은 다른 의견이 있으실 수 있겠지요.

이번 학기 복학이 물 건너갔으니 저는 다른 흥미로운

일들을 찾으며 대안을 마련해야겠네요. 다만 지금 절차가

진행되는 방식을 보면, 저로서는 이러한 결정이 어떻게

내려지고 무엇에 좌우되는지를 앞으로도 계속해서 가늠할

수 없기 때문에 질병 휴학을 했던 지난해와 똑같이 지내야

한다는 점이 매우 실망스러울 따름입니다. 저는 양호한

건강 상태로, 언제쯤이면 학교에 복귀할 수 있을지 막연한

기대를 안고 계속 기다리면서, 제가 제 상태를 얼마나

잘 입증하느냐에 따라 운명이 결정된다는 사실을 한시도

잊지 않은 채로 또다시 시간을 보내게 되겠지요.

한 가지 더 궁금한 점이 있는데, 혹시 제 담당의들한테

연락하지 않으신 이유가 따로 있을까요? 본가 근처 병원의

담당의들은 저에 대해 잘 파악하고 있고 휴학 기간 내내

줄곧 저를 진료해 왔습니다. 더군다나 지난번 박사님과

면담했을 때 저에게 제 담당의들과 대화를 나눠 보겠다고

하셨는데, 그러지 않으신 이유가 궁금합니다.

부디 제 질문에 가능한 한 상세히 답해 주신다면

감사하겠습니다. 요 며칠은 끝이 보이지 않는 절망과

실망이 반복된 나날들이었습니다. 자의적이고

부당하게 느껴지는 이번 결정이 도대체 어떤 과정 끝에

정해졌는지를 이해하는 데 박사님의 답변이 큰 도움이
될 것입니다. 저는 사실 다음 학기에 무엇을 해야 할지
막막합니다. 봄 학기가 이렇게 가까이 다가온 시점에
복학을 허용하지는 않으리라 생각합니다만, 적어도
제가 다시 복학 신청을 하려면 무엇이 필요한지 알 수는
없을까요?
재차 말씀드리지만, 답장 주신다면 정말 큰 도움이
되겠습니다. 소중한 시간을 할애하여 주셔서 감사합니다.

결국 예일대는 나를 외면했다. 어떠한 설명조차도 없었다. 내
가 '정신병자'로 판명된 이상, 구태여 나를 다시 받아 주지 않았고,
수년이 지난 뒤에는 동창회 소식지에서 내가 한때 예일대생이었
다는 사실마저도 지워 버렸다. 그리고 맨해튼에 있는 예일대 클럽
에 나의 입회를 허용하지 않았다.

나도 예일대를 외면하고 있다. 나는 C에게 온 후원 요청 편지
를 열어 보지도 않고 이면지로 재활용한다. 동창회 소식지도 마찬
가지이다.

예일대에 다닐 때 나는 상점에서 물건을 훔친 적이 더러 있었
다. 주로 문구점에서 펜을 훔쳤고, 딱 한 번 라이프스타일 매장 어
반 아웃피터스에서 머리띠를 훔친 정도로, 값나가는 물건을 훔치
는 경우는 드물었다. 어느 날은 브로드웨이에 있는 캠퍼스 서점에
서 책 서너 권을 들고 계산대로 향하는데 줄이 너무 길었다. 나는

충동적으로 손에 책을 든 채로 고개를 빳빳이 세우고 서점을 걸어 나왔다. 경고음은 울리지 않았다. 나를 따라 나오는 사람도 없었다. 그때를 돌이켜 보면 참 어리고 무모했다는 생각이 든다. 예일대에 다닐 때 찍은 몇 안 되는 사진 중에는 브로드웨이의 어반 아웃피터스 앞에서 세일 때 구매한 민소매 셔츠를 손에 들고 찍은 사진이 있다. 사진 속 나는 짧게 자른 앞머리를 하고서 환하게 미소 짓고 있다. 어렸고, 앞으로 저지를 수많은 실수를 품고 있던 시절이었다. 하지만 결코 나만 그런 시절을 보낸 것은 아니리라.

아이를 갖는다는 것

2007년 봄, 스탠퍼드대 정신의학과에서 나와 함께 일한 동료이자 캠프 위시Camp Wish의 임상 디렉터였던 메건은 나에게 임상 면담을 진행한 경험이 있으니 청소년 양극성장애 캠프의 자원봉사자로서 뛰어난 잠재력이 있다고 말했다. 우리는 사무실 엘리베이터 앞에 서 있었는데, 나는 웃으며 지원서를 보내 달라고 했지만 진짜 내 속마음은 밝히지 않았다.

엘리베이터에 타면서 나는 양극성장애가 있는 아홉 살에서 열여덟 살 사이의 아이들과 72시간 동안 함께 있는 장면을 머릿속으로 그려 보았다. 아이들은 환각을 일으킬지도 모른다. 아스퍼거장애, 주의력결핍장애(ADD), 주의력결핍 과잉행동장애(ADHD), 전반적 발달장애(PDD), 적대적 반항장애(ODD) 등 여러 가지 진단을 받았을 수도 있다. 최악의 경우, 소리치고 비명을 지르고 울고 폭력적일 수도 있다. 물론 아무 일 없이 아이들과 함께 어울려 놀지도 모르지만, 그런 상황도 그다지 즐겁지 않을 것 같았다.

그 당시 내가 아이들을 좋아하지 않는 것은 자기기만 때문이라고 생각했다. 그때 나는 단것을 즐겨 먹곤 했는데 체중 조절을 위해 설탕 섭취를 줄이기로 한 다음부터는 구구절절한 설명을 늘어놓는 대신 이런 식으로 말하는 법을 터득했다. "저는 디저트를 좋아하지 않아요." 몇 년간은 커피에 설탕을 넣지 않고 마셨다. 때론 과일도 지나치게 달다고 느꼈다. 그러한 입맛을 지닌 채 10년을 보내면서 알게 된 사람들 가운데 그 누구도 내가 한때는 치즈케이크와 캐러멜을 광적으로 좋아했다는 사실을 알지 못했다. 이와 비슷한 맥락에서 나는 아이들과 놀기를 피했다. 내 생물학적·정서적 본능을 일깨우게 될까 봐 두려웠다. "나는 아이들을 좋아하지 않아"라고 대놓고 말하지는 않았지만, 누군가 내게 아기를 안아 보라고 건네려 할 때마다 그런 생각을 했다.

하지만 나는 같은 장애를 지닌 60명의 아이들이 서로 함께 어울리며 뜻깊은 시간을 보내는 모습을 그냥 흘려보낼 수 없었다. 양극성장애를 가진다는 것은 조증의 광란에 빠져 나무 주위를 차로 감싸거나, 빙하기가 오고 있다는 걱정에 그간 저축한 돈을 몽땅 양말을 사는 데 써 버리는 것을 의미한다. 아니면 자신을 총으로 쏴 버리는 것을 의미할 수도 있는데, 죽을 만큼 심한 고통을 느끼는데도 같은 장애를 가진 1~2%의 사람들을 제외하고는 그 고통을 이해하는 사람이 없기 때문이다.

양극성장애의 경우, 아이들은 성인과 다른 양상을 나타낼 수 있지만 성인만큼 좋지 않은 상태를 보이는 경우가 많으며 심지어 더 심한 증상을 보이기도 한다. 미국정신질환연합에 따르면, "[소아 양극성장애는] 성인보다 훨씬 더 심하게 나타나고 회복 과정도 훨씬 더 길다". 나는 캠프 위시에서 아이들을 돕고 싶다는 명목으로 메건에게 지원서를 냈지만 사실 진짜 동기는 따로 있었다. 나도 혼자가 아니라는 기분을 느끼고 싶었다.

− −

캠프 위시는 집을 떠나 숙박을 하는 일반적인 캠프에 적응하기 어려운 양극성장애 어린이와 청소년을 위한 '전형적인' 여름 캠프로서 2005년에 시작되었다. 외지에서 숙박하는 어려움을 고려하여 기간은 딱 사흘로 정해져 있다. 캠프 장소는 구불구불한 노란 언덕과 나무들이 있는 자연적인 곳으로 어느 가족 재단이 캠프 위시에 기부했다. 만약 당신이 캠프에 와 본다면, 근사한 오두막, 드넓은 식당, 그리고 매듭 공예와 농구를 즐기고 있는 젊은이들로 채워진 레크리에이션 홀이 눈길을 끄는 가운데, 아홉 살부터 열여덟 살 사이의 아이들 속에서 심각한 양극성장애의 징후들을 엿볼 수 있을 것이다.

양극성장애는 성인의 경우도 아직 완전히 규명되지 않았고, 아이들의 경우는 더 많은 부분이 베일에 싸여 있다. 양극성장애를 가진 아이들한테서는 급속하게 요동치는 기분 상태가 눈에 덜 띄기 때문에 진단이 쉽게 이루어지지 않는다. 교실에서 말썽을 피우는 아이는 주의력결핍 과잉행동장애나 적대적 반항장애, 조증, 어쩌면 그 모든 병들을 한꺼번에 겪고 있을 수도 있다. 소아 양극성장애와 연관이 있는 다른 증상으로는 성욕과다증, 환각과 망상, 자살 행위, 폭력성, 초조, 판단력 저하 등이 있다.

소아 양극성장애라는 개념 자체를 회의적으로 바라보는 시각도 존재한다. 즉, 아이들이 이렇게 무거운 정신질환을 진단받기에는 너무 어리다거나, 아이들에게서 자주 나타나는 과민성과 분노 같은 증상에는 주요 우울장애라고도 알려진 단극성 우울증, 주의력결핍 과잉행동장애, 적대적 반항장애가 더 적합한 병명이라는 것이다.

캠프 위시를 후원한 재단은 소아 양극성장애가 실재하는 끔찍한 병이라고 간주했다. 재단의 웹사이트에는 미국에서 약 200만 명의 어린이가 소아 양극성장애를 앓고 있다고 기술되어 있었다. 2007년 여름, C와 나는 60명의 아이들과 함께 캠프에 갔다.

— —

에런은 짧은 금발 머리에 체격이 다부진 아이였다. 풋볼을 좋아했고 잘 웃지 않았다. 줄리언은 자주 미소를 지었고 목에 초록색 스카프를 착용했다. 마크는 매일 똑같은 옷을 입었다. 흰 티셔츠, 카고 반바지, 거꾸로 쓴 야구모자. 그는 장난감 비행기나 조약돌처럼 조그만 것들을 모아서 호주머니에 넣었다. 알렉스는 초록색 스카프를 빼면 줄리언과 많이 닮았다. 다섯 명의 소년 중에 가장 작은 스튜어트는 왜소하고 말랐으며 셔츠는 언제나 변함없이 반바지 안으로 집어넣어 입었고, 양말은 가능한 한 최대로 끌어올려 신었다.

C는 네 명의 지도사를 이끄는 책임 지도사이자 다섯 소년이 머무는 오두막의 방장으로서, 설문지로 가득한 커다란 파란 바인더를 가지고 다녔다. 캠프 위시에 오기 전에 소년의 부모들이 정성껏 작성한 이 설문지에는 아이들에 대한 기본적인 사항이 담겨 있었다. 동시이환[1] 진단, 양극성장애의 중증도, 선호하는 음식, 입원 이력, 복용 중인 약 같은 것들이었다. 설문지에는 사소하지만 중요한 세부 사항들도 적혀 있었다. 어떤 아이는 밤에 아이팟으로 음악을 들어야만 잠을 잘 수 있었고, 야뇨증은 모든 아이들이 가지고 있었다. 운동하는 것도 좋아한다고 해서 내심 난감했다. 너무나도 직설적이라 내 마음을 아프게 했던 질문도 있었다. "귀하와 귀하의 자녀는 분노 혹은 조증 발생 시 어떻게 대처하나요?"

— —

나는 지난 10년간 아이를 낳고 싶은 적이 없었다. 심지어 생각조차도 해 본 적이 없다. 그런데 요즘 그다지 놀랍지 않은 '소식'을 듣는 경우가 자주 있다. 지인 커플이 "전해 줄 소식이 있어!"라고 말하면 그것은 십중팔구 결혼 발표인데, 요즘은 그 '소식'에 "우리 임신했어!"라는 말이 추가되었다. 특히나 이성애자 커플이라면 그럴 가능성이 농후하다.

나와 친한 사람들은 내가 왜 아이를 가지려 하지 않는지, 그

---

[1] 독립적인 질환들이 동시에 같이 있을 때를 의미한다. 최근에는 그 개념이 확장되어 서로 관련이 있는 질환들이 같이 있는 상황을 포함한다.

리고 왜 입양도 고려하지 않는지를 이해하지만, 가끔씩 몸과 마음이 건강한 사람들로부터 앞으로 아이를 낳거나 기를 생각이 있냐는 질문을 받곤 한다. 잘 모르는 사람이 그런 질문을 하면, 나는 심각한 유전병이 있다고 두루뭉술하게 말해 넘긴다. 그런데 거기서 추가 질문을 받으면 나는 내가 복용하는 약, 그 약이 태아에 미칠 수 있는 악영향, 산후에 유발할 수 있는 부작용, 내 병이 아이에게 유전될 가능성에 대해 말해 준다.

그럼에도 아이를 갖지 않겠다는 나의 생각을 도저히 받아들이지 못하는 것처럼 보이는 사람들은 이렇게 묻는다. "그럼 입양은 어때요?"

그럴 때 나는 이렇게 말하고 싶다.

"저는 조현정동장애가 있어요. 2013년의 절반을 정신질환자로 보냈고, 언제든 다시 그렇게 될 수 있어요. 저는 제 아이가 저 같은 엄마를 만나게 하고 싶지 않아요."

한마디로 나는 그런 질문에 몹시 화가 난다.

― ―

한때는 나도 아이를 낳고 싶은 적이 있었다. 하지만 캘리포니아 새너제이에 있는 한 아동복 상점 앞에서 몇 시간을 서 있고 나니 생각이 바뀌었다. C와 사귄 지 얼마 되지 않았을 때였다. 당시 C는 남자친구였고 아직 20대 초반이었다. 나는 쇼핑백을 한 손에 들고서는, 어떤 모녀가 피터팬 칼라가 달린 미니 블라우스와 짧은 코트를 사는 모습을 지켜보았다. 나중에 나는 C와 통화를 하면서 말했다. "나 아까 짐보리에 갔었는데, 네 생각이 나더라." 그는 나와 아이를 갖고 싶다는 말을 여러 번 했었지만, 내가 이렇게 다소 애매하게나마 표현한 것은 이때가 처음이었다.

그는 아무 말도 하지 않다가 이렇게 말했다. "엄마랑 얘기를 했어."

나는 그게 무슨 말인지 몰랐다.

"엄마가 그러는데 정신질환은 유전병이래."

"오, 그래? 신경 쓰지 마. 내가 한 말 잊어버려. 별 뜻 없었어."

당시 나는 수년간 양극성장애로 진단받은 상태였다. 이전에는 조울증으로 알려졌던 병인데, 당시 기준이었던 DSM-IV에서 꼽는 주요한 특징으로는 조증 삽화와 우울 삽화가 번갈아 나타나는 것이다. 조증 삽화는 몇몇 증상이 일주일 이상 지속될 경우를 말하는데, 자신이 마법적인 힘을 가지고 있다고 믿는 식의 과대망상, 수면의 필요성이 극도로 줄어들거나 전혀 존재하지 않는 상태, 빠른 사고 전환, 위험한 행동, 손상, 드물지만 정신증 등이 있다. 우울 삽화는 우울한 기분, 거의 모든 행위에 대한 흥미나 즐거움 감소, 피로, 무가치하다는 느낌과 같은 증상이 2주 이상 나타나는 것이 특징이다. 하지만 책에서 설명하는 양극성장애는 보통 실제 경험과 일치하지 않는다. 임상 심리학자 케이 레드필드 제이미슨은 이렇게 썼다. "양극성장애의 광기에는 그 특유의 고통, 의욕 과다, 외로움, 두려움이 있다." 나는 예일대 입학 직전에 양극성장애를 진단받았고, 그로부터 12년 후에야 조현정동장애라는 새로운 진단명을 받게 된다.

— —

여섯 시 정각에 나는 스튜어트가 먹는 모습을 지켜보았다. 그는 제한된 식단을 따라야 해서 시무룩해 보였다. 다른 아이들은 비교적 무난했던 캠프 첫째 날 이야기를 하며 떠들고 있었다. 다소 공격적인 행동, 가벼운 말싸움, 두드러진 기분 변화가 있긴 했지만, 적어도 아이들을 쫓아다니는 일은 내가 우려했던 것만큼 힘들지 않았다. 다른 아이들이 축구를 하는 동안 줄리언과 함께 야생 칠면조를 볼 때 꽤 즐거웠다. 다만 스튜어트가 걱정되었다.

"1리터는 몇 갤런이야?" 그는 로봇같이 딱딱한 말투로 크게 말했다.

다른 아이들이 의아한 표정으로 쳐다봤다.

"0.264! 제일 큰 공룡은?"

에런이 킥킥거렸다.

"아르젠티노사우르스!"

"너는 왜 그런 시시한 질문을 하는 거야?" 알렉스가 물었다.

"이건 시시한 질문이 아니야. 이건 과학적 사실이야." 스튜어트가 정색하며 말했다.

마크와 스튜어트는 양극성장애와 함께 전반적 발달장애를 가지고 있었다. 가장 잘 알려진 전반적 발달장애는 자폐스펙트럼장애이다. 모든 전반적 발달장애는 사회적 상호작용, 소통의 속도 저하와 연관되어 있다. 마크는 자폐스펙트럼장애의 고기능적 형태로 여겨지는 아스퍼거장애를, 스튜어트는 비전형적 전반적 발달장애를 가지고 있었다. 하지만 스튜어트가 과학적 사실을 외치거나 서번트 신드롬처럼 영화 〈해리 포터〉의 줄거리를 세세하게 늘어놓지 않고서는 대화를 지속할 수 없는 것과 달리, 마크는 그에 비해 훨씬 고기능이었다. 에런이 처음으로 이 점을 지적했다.

"스튜어트는 좀 모자란 바보 같아." 우리가 접시를 나르고 있는데, 에런이 큰소리로 말했다.

"그만해!" 스튜어트가 상기된 얼굴로 말했다.

"너 바보 맞잖아? 아 참, 울보기도 하지." 그날 있었던 분노 발작은 거의 다 스튜어트가 보인 것으로, 주로 게임 규칙을 두고 실랑이할 때였다. 스튜어트는 신나게 게임을 하다가도 자신의 상황이 불리하게 돌아간다 싶으면 폭발했다.

에런이 자신들의 리더라고 암묵적으로 합의한 나머지 남자애들이 스튜어트 놀리기에 동참했다. 지도사들이 개입해 "얘들아, 친구끼리 그러는 거 아니야"라고 했지만, 그런 말이 통할 리가 없었다. 그때는 준비도 미숙하고 여러모로 엉성했지만, 사실 지금도 그런 상황에서 어떻게 했어야 했을지 여전히 모르겠다.

– –

내 남동생 부부는 2016년에 아이를 가졌다. 이제 나는 고모,

C는 고모부가 되었다. 우리는 조카딸이 태어난 날, 고급스러운 병실에 도착해 신생아를 바라보며 사진을 찍었다. 나는 조카를 안지 않았다. 사실 아직까지도 안아 본 적이 없다. 이제 조카는 나를 보면 내가 누구인지 알아보고 미소를 짓고 손을 흔든다. 기쁨에 찬 아기의 눈은 반달 모양이 되고 코에는 주름이 잡힌다. 시간이 흐를수록 나는 점점 더 조카를 사랑하고, 조카는 점점 자율적인 한 인간이 되어 간다.

조카 K가 세상에 오면서 나는 불안감으로 속이 뒤틀린다. 세상은 혼돈의 도가니이다. 2017년 초, 외국인 혐오증과 인종차별주의를 등에 업은 사람이 대통령으로 취임했다. 나는 내가 조현병 유전자를 갖게 된 것처럼 내 동생의 딸도 혹시 물려받은 건 아닐까 하는 걱정이 된다. 나는 언젠가 "아이를 갖는다는 것은 영원히 두려워할 일을 갖는 것"이라는 글귀를 읽은 적이 있다. 물론 이는 소수의 부모만 느끼는 마음일 수도 있으나, K의 고모로서 나는 그녀의 정신건강에 관한 한 경계를 늦추지 말아야겠다고 생각한다. 운이 좋다면, 언젠가 K는 10대가 되고, 또한 밝고 활기찬 성격을 가질지도 모른다. 하지만 K가 어떤 사람이 될지는 두고 봐야 알 수 있을 것이다.

— —

캠프 위시에서 지도사들은 대다수 부모들이 그런 것처럼, 거의 아무런 훈련을 받지 않고 별다른 지침도 없이 활동했다. 캠프 운영진은 우리가 성인이었으므로 신중하게 직감을 발휘하여 행동할 것이라고 가정했다. 그들은 우리가 감당할 수 없는 상황에 부딪히면 상급자에게 연락을 취하라고 말했다.

수영장 테이블에서 다툼이 있었던 오후, C는 스튜어트를 진정시키려고 산책에 나섰다. 스튜어트는 C에게 자신은 캠프에 친구가 하나도 없다고 말했다. 엄마가 캠프 위시에서는 다른 아이들도 모두 그와 같으므로 친구를 사귈 수 있을 것이라고 말했는데, 캠프에서도 집이랑 별반 다를 게 없다고 했다. C와 나는 이 상황을 어떻게 풀어 나가야 할지 알 수 없었다.

"선생님이 너의 친구야." C가 말했다.

"선생님은 제 또래 친구가 아니잖아요."

저녁에 드디어 우리 둘만 있게 되었을 때, C는 내게 말했다. "스튜어트가 가을에 중학교에 가면 과연 잘 지낼 수 있을지 계속 생각하게 돼. 지금까지 살면서 한 번도 친구가 없었다고 하더라. 제길, 그냥 너무 슬펐어."

― ―

어느 날 나는 캠프 위시 양호실 바깥에 있는 낮은 담벼락에서 벌새 한 마리를 발견했다. 내가 새를 가리키자, 스튜어트가 소리쳤다. "벌새는 1초에 50번 날개를 퍼덕여!"

아침 여덟 시가 되면 각 방마다 양호실로 향했다. 캠프에 참가한 아이들은 모두 약을 복용해야 했으므로 줄을 서서 약을 받았다. 그곳에는 커다란 통 속에 보관된 플라스틱 병과 가방에 다양한 종류의 알약이 있었다. 테그레톨과 데파코트와 리튬 같은 기분 안정제, 불안증을 위한 벤조디아제핀, 항정신병 약물, 그리고 심지어 조증을 유발할 수 있는 항우울제까지 있었다. 나는 이제껏 살면서 모두 일곱 가지의 항정신병 약물을 복용했는데 그해 여름에 네 가지를 먹고 있었다. 나는 아이들 앞에서 약을 복용해도 되는지 몰랐기 때문에, '약 시간'에 내 약을 먹지 않고, 그 대신 오후에 양호실에 가는 방법을 택했다. 나는 아이들이 눈 하나 깜빡하지 않고 스스럼없이 약을 먹고는 간호사들에게 인사를 건네고 신선한 공기 속으로 다시 돌아오는 모습을 지켜보았다. 캠프 노래를 부를 때보다 더 함께라는 생각이 들었다.

"바보"라고 알렉스가 중얼거리자, 아이들은 스튜어트를 가리키며 히죽거렸다.

C는 놀림이 시작된 이후 스튜어트에 관해서 메건, 운영진과 정기적으로 이야기를 주고받고 있었다. 아이들의 괴롭힘이 갈수록 심해지자, 운영진은 마침내 스튜어트를 10대 초반의 소년들이 있는 방으로 보내기로 했다. C와 나는 스튜어트를 따로 불러서 옆에 있는 방으로 가게 될 것이며 그곳에서는 괜찮을 것이라고 말했다. 나는 스튜어트와 함께 자리를 옮기기로 했고 그의 개인 보호자로 배정되었다. 알렉스는 C를 물고 발로 차는 바람에 캠프가 끝나고 몇 주가 지나도록 가시지 않는 상처를 C에게 남겼고, 줄리언은 약을 먹는데도 지속적인 환각에 시달리고 있었지만, 그래도 가

장 많은 보살핌이 필요한 아이는 스튜어트였다.

C와 내가 옮길 준비를 하는 동안, 스튜어트는 창밖으로 에런, 줄리언, 마크, 알렉스가 터치 풋볼을 하는 것을 보고 말했다. "저도 놀고 싶어요." C와 나는 걱정스러운 표정으로 서로를 바라보았지만, C는 결국 스튜어트를 데리고 나갔고, 나는 조금 떨어진 거리에서 있었다. 나는 스튜어트가 재빨리 터치다운하는 모습을 지켜보았다. 그가 신이 나서 의기양양하게 필드 위를 누비는 모습에 반가운 마음이 가득 차올랐다. 심지어 다른 아이들도 스튜어트의 뛰어난 발재간에 환호했다. 하지만 게임 도중 스튜어트가 다른 아이와 부딪히자 비명을 질렀다. C는 스튜어트가 고함을 지르고 팔다리를 휘저어 대자 운동장에서 데리고 나왔다. 다른 아이들이 뒤에서 소리쳤다. "울보래요, 울보!"

— – —

C는 스튜어트와 함께 방 안으로 들어왔다. "지금 다른 방으로 갈 거야." C가 분위기를 밝게 만들려고 노력하며 말했다. 메건과 정신과 의사는 다른 아이들이 딴 데 정신이 팔려 있을 때 방을 옮기라고 했었다. "아이들은 스튜어트가 없어졌다는 것을 눈치채지 못할 거예요. 설사 알아챈다고 해도 별다른 말을 하지 않을 거예요. 자기들이 하는 일에 흠뻑 빠져 있을 테니까요." 메건이 했던 말이다.

그래서 나는 짐을 들고 스튜어트와 다른 방으로 갔다. 스튜어트는 긴장한 눈빛으로 나를 바라보았지만 전반적 발달장애의 일반적인 증상이 그렇듯 눈을 맞추지 못했다. 나는 게임 상자에서 스튜어트의 발작을 유발할 가능성이 가장 낮은 게임을 찾고 있었다.

그때 스튜어트와 같은 방을 쓰던 아이들이 방으로 돌아가는 소리가 들렸다.

"야, 걔 없어졌네?"

"울보가 사라졌다!"

"드디어!"

"우와!"

엄청난 환호가 옆방에서 흘러나왔다. C와 다른 지도사들이 아이들에게 그만하라고 말했다. 스튜어트의 얼굴이 일그러졌고, 나는 급히 스튜어트를 데리고 저녁 식사를 하러 갔다. 우리가 없는 사이 메건이 C의 방으로 가서 아이들에게 괴롭힘에 관해 이야기했다. 알고 보니 아이들 모두 각자 학교에서 괴롭힘을 당하고 있었다.

— —

나는 《뉴욕 타임스》에서 양극성장애를 가진 부모의 아이는 그렇지 않은 부모의 아이보다 장애가 생길 가능성이 열세 배 더 높다는 내용을 읽었다. 《살롱》에는 양극성장애를 가진 여성이 광기와 모성애에 관해 쓴 글이 실렸는데, 이 글에 대한 독자들의 반응은 다음과 같았다. "나는 양극성장애를 가진 엄마 밑에서 자랐는데 내 어린 시절은 악몽 같았다.", "나를 이 세상에 태어나게 해 줘서 감사하다고 말해야겠지만 [양극성장애를 가진 엄마로부터 양극성 장애를 물려받은 아이로서는] 그럴 수 없다.", "항정신병 약물을 복용해야 할 정도로 정신적으로 불안정한 사람은 어떤 상황에서든 아이를 가질지 고민조차 해서는 안 된다." 68개의 댓글 가운데 가장 기억에 남는 것들이었다.

이들 인터넷 논평가들이 이구동성으로 하는 말에는, 나를 임신했을 때 가족력인 정신질환을 앓고 있던 나의 엄마도 포함된다. 엄마는 신경쇠약과 자살에 대해 한마디도 꺼낸 적이 없었는데, 내가 자라면서 증상이 심해지자 이따금 내게 이런 '고통'을 물려준 것에 대해 깊은 후회와 죄책감을 표시했고, 지금은 내가 아이를 가지지 않는 편이 나을 것이라고 말한다. 여기에는 두 가지 중요한 지점이 있다. 하나는 유전적인 부담을 지우는 행위에 관한 것이고, 다른 하나는 심각한 정신질환을 가진 여자로서 내가 좋은 엄마가 될 수 있는 능력이 있느냐에 관한 것이다.

예일대와 스탠퍼드대에 다닐 때 나는 《예일 데일리 뉴스》, 《예일 헤럴드》, 《스탠퍼드 데일리》에서 난자 기증에 관한 뒷면 광고를 심심치 않게 보았다. 광고에는 훌륭한 비축 자산이 될 만한 난자를 기증하면 수백만 원을 보상해 준다는 내용이 실려 있었다. 나는 SAT 점수와 교과 평점 요건은 거의 언제나 충족하는 편이었고, 윤리 요건도 때마다 다르지만 대체로 충족했다. 내 겉모습과 이력서만 보면 충분히 난자를 기증하고도 남았겠지만, "건강한"

기증자라는 요건 때문에 거절당할 게 분명했다.

C와 그의 엄마가 내 유전적·정서적 건강에 대한 걱정을 털어놨을 때 그게 그렇게까지 잔인하다는 생각은 들지 않았다. 당시 내 증세는 유독 심했다. 조증을 겪고 있었으므로 밤에 두세 시간 이상 자지 않거나 혹은 아예 자지 않은 채 일주일을 보냈고, 하나의 생각이 곧바로 다른 생각으로 널을 뛰었고, 수업 중에 문법이 하나도 맞지 않는 무의미한 말들을 휘갈겨 썼으며, 크로스 캠퍼스에서 주먹으로 나무를 때렸다. 그러다 조증이 물러간 후에는 움직이지도 않고 우울감에 젖어서 자살할 생각에 빠졌다. 나는 총 20일간 두 번에 걸쳐 정신병동에 입원했다. 한번은 약물을 과다복용하겠다고 위협했고, 거기서 더 나아가 실제로 약물을 과다복용했고, 응급실 침대에 신체 구속을 당했으며, 수도 없이 내 몸을 칼로 긋거나 화상을 입혔다. C와 그의 엄마는 놀랍게도 내가 미처 상상하지 못 했지만 곧 내게 닥칠 결과에 관해 생각했을 뿐이다.

— —

새로 옮긴 방에서 스튜어트는 전보다 잘 지냈다. 새로운 방의 남자애들은 스튜어트가 겪는 대인 관계의 어려움을 훨씬 잘 이해해 주었다. 스튜어트는 여전히 분노 발작을 일으켰고, 터치 풋볼 경기 중 잘난 척하며 필드를 돌아다녔지만, 무엇보다도 나는 스튜어트가 캠프에 여러 번 참여했다는 유독 차분한 성정의 아이와 벌였던 30분간의 커넥트포 보드게임이 아직도 기억에 생생하다. 누가 이기고 졌는지는 까먹었지만.

스튜어트는 재밌는 아이이기도 했다. 그는 밧줄 타기를 계속 안 한다고 버티다 결국 올라갔다 내려오면서 "공사장에 있는 1톤짜리 벽돌"이 된 것 같다는 농담을 던지기도 했다. 스튜어트는 농담을 던지고 나서 어김없이 "하!" 하는 웃음을 짓는 습관이 있었다.

C는 남들 모르게 스튜어트와 알렉스를 풀장에서 만나게 했고, 나는 그들을 지켜봤다. 셋은 별 탈 없이 몇 시간을 함께 잘 놀았다. 어떤 지도사가 내게 말했다. "C가 아이들과 함께 있는 모습 참 귀엽지 않아요? 나중에 두 분이 결혼해서 아이를 낳으면 어떨지 궁금하네요!"

캠프 2일 차 마지막 밤에 스튜어트는 호흡기 문제로 고통스러워하기 시작했다. 침이 너무 끈적하고 '숨을 제대로 쉴 수 없다'라고 통증을 호소했다. 그리고 엉엉 울며 말했다. "늘 이래요."

스튜어트를 양호실에 데려갔더니 담당 의사는 약과 흡입기를 주었고 일찍 잠자리에 들라고 말했다. 우리는 함께 빈방으로 갔고 스튜어트는 눈물을 흘리며 이층 침대 맨 꼭대기 자리로 올라갔다.

"기분이 너무 안 좋아요."

"나라도 그럴 것 같아. 이제 푹 자렴."

내 키는 까치발로 섰을 때 겨우 2층 침대에 닿을 정도였지만, 스튜어트를 보기 위해서 몸을 최대한 길게 늘렸다. 그리고 나직이 말했다. "괜찮아." 스튜어트는 눈을 꼭 감은 채 작은 손등으로 연신 눈물을 훔치며 불편함에 몸을 떨었다. 나는 긴장을 풀라고 말하며 손바닥으로 그의 앞머리를 쓰다듬었다. 중국 자장가를 콧노래로 불러 주었다. 그렇게 계속 거기 서서 쓰다듬고 콧노래를 하고 속삭여 주자, 스튜어트는 점점 차분해지더니 이윽고 잠들었다. 어느 순간 방 창문으로 C의 얼굴이 눈에 들어왔다. 나중에 C가 말했다.

"넌 좋은 엄마가 될 거야."

"그날만 그랬던 거야."

— —

다음 날 아침 폐회식을 하는 동안 캠프 운영진은 아이들에게 차례대로 돌아가면서 캠프 위시에서 보낸 소감을 물어보았다. 아침 식사 시간은 혼돈의 도가니였다. 캠프 내내 스튜어트를 놀렸던 에런은 식당 구석에서 몸을 말고 앉아 꼼짝하지 않았고 스튜어트가 옮긴 방의 남자아이 하나는 '당장' 집에 가야 한다며 소리를 지르고 울기 시작했다.

나는 접이식 의자에 앉아 캠프에 참가한 아이들이 동그랗게 둘러앉아 '친구 사귀기'와 '소속감'에 대해 이야기하는 것을 듣고 있었다. 스튜어트의 차례가 되었다. 그는 호주머니에 손을 넣은 채 자리에서 일어났다. "처음에는 캠프가 싫었어요. 애들이 나한테 못되게 굴었어요. 그리고 친구도 사귀지 못할 것 같았어요. 하지만 재밌었고 친구도 좀 생겼어요. 그리고 내년에 다시 오고 싶어요."

나는 선글라스를 쓰고 있어 다행이라고 생각했다. 눈물이 나왔기 때문이다.

— — —

나는 정신질환이 있기 때문에 좋은 엄마가 될 수 없는 것일까? 나는 캠프에서 잘 해냈다. 남자애들을 돌보았고, 첫 번째 방에서 옮긴 후에는 스튜어트를 잘 돌보았다. 하지만 그때는 조증이나 우울증을 앓지 않았고, 만약 그랬더라면 다른 사람의 아이들을 돌보는 일이 애초에 허용되지 않았을 것이다. 그리고 그 이후 정신증 증상이 나타나 내 진단명이 조현정동장애 양극형으로 바뀌고서, 나는 내 반려견에게 먹이를 주는 것조차 잊어버리곤 했다. 먹이를 주어야 한다는 것은 기억하고 있었지만, 행동으로 옮길 만큼 신경을 쓰지 못했다. 어떤 때에는 두 마디 이상 말을 못 하거나 움직이지도 못한다. 어쩌다 한 번씩은 내 남편이 생김새만 같은 로봇으로 교체되었다고 생각하기도 한다.

내 친구 어맨다의 엄마는 양극성장애가 있다. 그녀는 어맨다가 어릴 적 크리스마스 날 정신병동에 입원했고, 그 이후로 어맨다는 크리스마스를 싫어하게 되었다. 정신질환을 앓았던 고모할머니는 갓난아기였던 아들을 심하게 방치하는 바람에 양육권을 박탈당했다. 그녀는 정신병동에서 숨을 거뒀다. 내 고모 중 한 명은 남편을 식칼로 죽이려고 했다. 나도 이들처럼 될까?

다시 말하지만, 엄마란 으레 그릇된 행동을 하기 마련이다. 그러니까 조현정동장애를 가졌든 아니든, 양육의 문제라는 것이다.

나는 조중, 우울증, 정신증과는 관계없이 잘못된 양육으로 내 미래의 아이들에게 해를 끼칠 수 있다. 그런가 하면, 수많은 육아 서적을 읽고 가정에서 나타날 수 있는 이상 행동에 관해 아이에게 조기교육을 하는 좋은 엄마가 되어 신경적 결함을 메꿀 수도 있다.

— —

스튜어트의 엄마는 혼자서 아이를 데리러 왔다. 그녀는 활발하고 생기 넘치는 여성으로, C와 나에게 스튜어트의 승마 수업에 대해 이야기했다. 나중에 C와 나는 그녀가 스튜어트에게 최고의 삶을 주기 위해 애쓰는 싱글맘이 아닐까 짐작했다. 그녀가 스튜어트의 약과 서류를 가지러 양호실로 가자마자 스튜어트는 에어 하키를 두고 다른 아이들과 말싸움을 시작했다.

"내가 해 볼래." 스튜어트는 방금 테이블에 자리를 잡은 두 여자아이에게 말했다.

"우리도 지금 막 시작했어."

"친구들이 하는 거 보다가 끝나면 해 보자." 내가 제안했다.

"지금 바로 할래요!" 스튜어트가 목청을 높이며 말했다.

이런 것이 스튜어트 혹은 장애를 가진 아이와 함께 있을 때의 현실일 것이다. 캠프처럼 하루, 사흘 만에 끝나는 게 아니다. 하루 24시간, 1년 365일, 평생 감당해야 할 일이다. 이윽고 스튜어트의 엄마가 물건들을 가지고 돌아와서 스튜어트를 꼬옥 안아 주며 이제 갈 시간이라고 말했다.

스튜어트는 C와 나에게 작별 인사를 하지 않았다. 그는 그냥 떠났고, 우리는 그 이후로 그를 보지 못했다.

집으로 돌아오는 길에 C와 나는 처음에는 아무 말도 하지 않았다.

"우리도 그런 아이를 가지게 될 수 있겠지." 내가 침묵을 깨고 말했다.

— — —

내 엄마가 품은 후회와 죄책감과 비슷하게, 나도 마음속으로 엄마에게 하고 싶은 질문이 하나 있다. 내가 태어나지 않았더라면 더 좋았을까? 내가 부모님을 자랑스럽게 만들기도 했지만, 수년에 걸쳐 망가지는 내 모습을 지켜보는 것은 그런 자랑스러움을 뛰어넘는 고통이 아닐까 생각하지 않을 수 없다. 만약 엄마가 내 유전자를 선택할 수 있었더라면, 아마 다른 선택을 했을 것이다. 그랬다면 나는 완전히 다른 사람으로 태어났을 텐데.

정신질환 또는 다른 심각한 장애가 있는 아이를 계속 돌봐야한다는 나의 두려움에도 불구하고, 내가 아이들을 원하지 않는다고 생각했던 바로 그 이유가 어쩌면 내 마음을 바꾸게 한 궁극적인 요인이었다. 나는 스튜어트에게로 향하는 내 애정에 놀랐다. 그는 영리하고 재밌었고, 여러 가지 흥미로운 상식이 풍부했다. 우리는 진단명이 같았고, 무엇보다도 나는 아마 그런 이유에서 그의 분노 발작과 특이함을 참아낼 수 있었다. "우리도 그런 아이를 가지게 될 수 있겠지." 나는 말했다. 정말, 그럴 수 있겠다 싶었다.

— — —

의학적인 이유로 내가 자궁 내 피임 기구를 제거한 후, C와 나는 영구적인 형태의 피임에 관해 의논하기 시작했다. 우리는 난관결찰술, 에슈어, 정관절제술에 대해 이야기를 나눈다. 하지만 나는 난관결찰술이나 에슈어는 원하지 않는다. 나는 C에게 정관절제술이 그나마 원상회복 가능성이 높다고 말한다. 왜 그런 가능성에 대해서 신경 쓰는지 자문해 보지만, 나도 내가 왜 그러는지 잘 모르겠다.

나는 20대 후반에 복강 수술을 했다. 내 왼쪽 난소에 커다란 낭종이 있어서 제거해야 했다. 낭종과 함께 난소를 잃을 가능성도 있었다. 수술이 끝나고 깨어났을 때, 내가 간호사에게 제일 먼저 물은 말은 "제 난소 괜찮나요?"였다.

"난소는 괜찮아요." 간호사가 고개를 끄덕이며 말했다. 그리고 이렇게 덧붙였다. "환자분이 아까 이미 물어봤어요. 전신 마취에서 깨어나자마자 제일 먼저 한 질문이 그거였어요."

병동에서

2002년, 내가 비자발적으로 입원했던 정신병원에서는 1급 특권이 있는 환자는 아침 식사 시간을 병동 밖에서 보낼 수 있었다. 나는 첫째 날 절반을 내 방 옷장 속에 숨어서 흐느끼면서 보냈기 때문에 나 자신을 포함해 그 누구도 내가 남들에게 위험하지 않다는 사실을 몰랐고, 그래서 나는 간호사실 근처로 불려 가 둥근 플라스틱 테이블에서 첫 번째 아침을 먹었다. 나는 다양한 것들이 든 상자에서 레이즌 브랜 시리얼을 골랐다. 나는 감시를 받으며 플라스틱 스푼으로 시리얼을 먹었다. 그리고 팩에 딸린 빨대로 사과 주스를 마셨다. 나보다 먼저 입원한 사람들 중에 차분하게 행동하는 것처럼 보이는 환자들도 그곳에서 아침을 먹고 있었다. 그런 사람들의 방문에는 전기충격요법을 받았다는 표시가 되어 있었는데, 아침 치료를 받기 전에는 금식이라는 뜻이었다.

둘째 날 아침에 내 활력 징후를 확인했던 간호사는 내가 1급으로 승급되었다고 알려 주었고, 그것은 좋은 징조로 여겨졌다. 나는 다른 환자들과 함께 한동안 TV 옆에 앉아 있었다. 그들은 모두 항정신병 약물의 부작용으로 몸을 제대로 가누지 못하고 의사소통도 하지 못했다.

이윽고 1급 환자들은 마치 공항 탑승구에서 한시라도 빨리 비행기에 올라타려고 안달복달하는 승객들처럼 병동 출구를 서성이기 시작했다. 간호사들이 서로 웃고 놀리며 다가왔다. "내 말이. 한번 해 보라니까." "그래, 그렇다니까." 한 간호사가 카드로 이중문을 열어 환자들을 병동 밖으로 내보냈고, 우리는 둘씩 짝을 지어 또 다른 카드가 필요한 엘리베이터를 타고 카페테리아로 들어갔다. 카페테리아는 내가 살면서 무수히 봐 온 학교 구내식당과 비슷하되 그보다 규모가 조금 작았고, 따뜻한 음식들과 원형 테이블들이 몇 개 있었다. 다른 환자들은 이 생소한 공간에서 초조해하면서도 투덜거리고 서로 밀치며 걸어갔다.

우리는 음식을 직접 담지 않고, 직원에게 원하는 메뉴를 말했다. 나는 달걀과 버터 감자조림을 달라고 했고, 내 접시에 떨궈진 한 주걱의 노란 음식물이 건조식품을 조리한 것임을 단번에 알 수 있었다. 보자마자 뱃속이 울렁거렸지만 몇 주 동안 거의 먹은 것이 없던 터라 배는 고팠다.

어디에 앉을지 고민이 되었다. 어떤 환자들은 피해야 하고 어떤 환자들 옆에는 앉아도 될지를 직감적으로 알 수 있었는데, 간호사들과 함께 앉아 있는 환자들이 멀쩡해 보여 순간 마음이 동했다. 나는 위험을 감수하고 빈 테이블에 앉았고, 내 앞의 음식에 집중했다. 포크 겸용 숟가락으로 달걀을 조금 먹어 보았다. 거의 아무 맛도 나지 않았다. 달걀을 싫어하는 사람들이 역하게 느끼는 유황 비린내는 없었지만, 아무 맛도 나지 않아서 먹기가 쉽지 않았다. 나는 처음 한입에 목이 꽉 막힌 것 같아 나머지는 손을 대지도 않았다. 버터 감자조림은 따뜻했고 혀에 기름칠한 기분이었다. 감자조림과 사과 주스를 다 먹고 주위를 둘러보았다. 유리문과 창을 통해 우리가 닿을 수 없는 청명한 파란 하늘이 보였다. 간호사들이 먹고 수다 떠는 모습을 보면 마치 우리가 어디든 갈 수 있는 사람들인 것처럼 느껴졌다.

어사일럼asylum[1]은 옥스퍼드 사전에 따르면 "쉼 또는 안전한 공간"을 뜻한다. 비록 이 케케묵은 단어가 정신병원이라는 뜻을 가지게 되면서 지금은 공포를 자아내는 말로 사용되지만 말이다. 『귀신 들린 피난처』는 "저주받은 사람들의 이야기: 귀신 들린 감옥, 병동, 정신병원에서"라는 부제를 가진 책으로, 초자연적 현상에 열광하는 저자 로저 P. 밀스는 정신병원이 "세상에서 가장 심하게 귀신 들린 장소"라고 주장한다. FX 호러 시리즈 〈아메리칸 호러 스토리〉의 두 번째 시즌 '어사일럼'에서는 브라이어클리프 매너에 위치한 가상의 요양원을 배경으로 살인마, 비밀 나치, 강간, 기괴한 과학 실험 등의 이야기가 펼쳐진다. 드라마 속 엘리자베스 아컴 어사일럼에는 잠깐이지만 배트맨 시리즈의 최악의 악당들이 수용된다. '어사일럼'이라는 단어는 영화 〈뻐꾸기 둥지 위로 날아간 새〉에서 다룬 정신병 환자들에 대한 끔찍하고 잔인한 치료와

---

[1]   망명, 피난처, 정신병원, 보호 수용소 등으로 번역된다.

같은 문화적 연상을 촉발시킨다. 하지만 이 단어가 정말 무서운 점은 그 시대의 정신병 치료가 효과적이지 않았다는 사실과 더 관계가 깊다. 당시의 치료로는 환자들의 불가해하고 위험하고 폭력적인 행동을 억제할 수 없었다.

— —

"[환자들은] 잘못이 없는데도 감옥에 보내지고 있었고, 아마도 평생을 그렇게 갇혀 있게 될 터였다. 비유하자면, 이 살아 있는 인간들의 무덤보다는 차라리 단두대로 걸어가는 편이 훨씬 더 낫지 않을는지!" 이는 「정신병원에서 보낸 열흘」이라는 기사의 내용으로, 탐사 보도 기자 넬리 블라이가 뉴욕에 있는 '광란의 정신병원'의 내막을 폭로하는 글이다. 블라이는 거짓으로 연기하여 그 병원에 들어갈 수 있었다.

병원에 입원한 후 블라이는 자신의 노트와 연필을 달라고 여러 번 요청한다. 담당 간호사 미스 그레이디는 블라이에게 책 한 권만 가지고 왔을 뿐 연필은 없었다고 한다. "나는 화가 났고, 분명히 가지고 왔다고 주장했다. 그러자 그들은 뇌에서 만들어 내는 착각을 믿지 말라고 충고했다."

기사에는 이런 내용도 있다. "나는 거듭 의사들에게 정신이 멀쩡하니 나가게 해 달라고 분명히 말했지만, 내 정신이 온전하다는 것을 증명하려고 노력하면 할수록 그들은 나를 점점 더 의심했다."

나는 처음으로 입원했던 병원에 다시 입원해 있는 동안 한 간호사를 지나쳤다.

"잘 지내고 있어요?" 그녀가 물었다.

"네." 내가 대답했다. 나는 정말 괜찮았다. 조증과 빈번한 우울증은 병원에 입원하기 직전에 과다 복용한 약으로 인해 잠잠해진 듯했고, WS2 병동으로 돌아왔다는 사실이 절망스러운 것 외에는 삶이 더 이상 참을 수 없는 형벌처럼 느껴지지는 않았다.

간호사는 미소를 지었다. "그런데 '정말로' 잘 지내고 있어요?"

"네, '정말' 괜찮아요."

예일정신병원 의료진이 쓴 나에 관한 메모를 보게 된 적이 있는데, 이런 말이 적혀 있었다. "환자의 통찰력이 결여된 것으로 보인다."

- -

블라이의 기사와 내가 간호사와 나눈 대화에서 알 수 있듯이, 정신병원에서 지내는 일이 어떤 것인지 가장 잘 보여 주는 특징은 아무도 환자의 말을 믿지 않는다는 것이다. 이에 따른 필연적인 결과는, 사람들이 당신에 관해 전혀 사실이 아닌 것들을 사실로 믿는다는 것이다.

나는 루이지애나 외곽에 있는 병원에서 세 번째 입원 치료를 받게 되었다. 나는 의사에게 내가 작가이고 예일대와 스탠퍼드 대에서 심리학을 공부했다고 말했지만, 그것은 마치 내가 우주 비행사이고 러시아 대사와 일란성 쌍둥이라고 말하는 것이나 마찬가지로 받아들여졌다. 나중에 의무 그룹 치료에서 단어 게임을 할 때 나는 보란 듯이 나 말고 아무도 득점을 하지 못하게 하면서 다른 환자들을 완파했다. 유치한 행동이었지만, 멍청한 인간으로 취급받는 게 지긋지긋했다. 내 행동이 간호사와 의사들의 눈에는 어떻게 보였을지 모르겠다. 내가 지능이 좋거나, 책으로 배운 지식이 많다는 식으로 비쳤을지 모르지만, 정신병원에서 이런 모습은 수상쩍은 것으로 여겨진다. 가장 확실한 사실은 내가 고집 센 또라이로 밝혀졌다는 것이다.

아주 드물게 이루어진 면담에서 의사가 말하길, 내가 응급실에 들어왔을 때 사람들이 나를 해하려는 "음모를 꾸미고" 있다고 말했었다고 했다.

"저는 그렇게 말한 적이 없는데요. 저는 '안전하지 않은' 느낌이라고 말했어요"라고 나는 말했지만, 별것도 아닌 것 혹은 거의 모든 것에서 느끼는 공포를 전달하고자 '안전하지 않은 느낌'이라는 표현을 사용한 것이 불운이었다. 정신의학적으로 '안전하지 않다'는 '자살 충동이 있다'를 의미한다. 나는 여러 증상들이 있긴 했어도, 딱히 자살 충동이 있지는 않았다. 그리고 음모라는 말도 사용한 적이 없었다. 의료진은 내가 나를 해치려는 사람들의 음모를 편집증적으로 믿음으로써 안전하지 않다고 느끼는 것이라고 했지만, 그것 또한 병원 측의 자체적인 망상이었다.

그 이후 내가 퇴원할 때까지 병원에서는 내게 그러한 피해망상이 있다는 판단을 바꾸지 않았다. 안전하지 않다는 말이 자살 충동이 있다는 말로도 쓰인다는 점에서, 나는 스스로에게 위해를 가할 수 있는 환자로 분류되었다. 나는 도움이 필요해서 자발적으로 응급실에 걸어 들어갔음에도, '안전하지 않다'는 것은 내가 '비자발적으로 입원했다'는 의미가 되었고, 이는 또한 의사가 퇴원을 허가할 때까지 폰차트레인 호수 북쪽 기슭에 위치한 루이지애나 병원에 갇혀 있어야 한다는 의미가 되어 버렸다. 나는 이곳에 얼마나 오래 있어야 할지 알 수 없었다.

— —

내가 세 번째로 입원하게 된 것은 메터리 호텔 방에서 혼자서 시간을 보내면서 상태가 나빠진 직후였다.

나는 그해에 이미 다른 호텔에서 비슷한 문제를 겪은 적이 있었다. 한번은, 리노에 가는 C의 출장길에 동행했다가 C가 콘퍼런스에 참석하는 동안 나 혼자 방에 있던 적이 있었다. 그사이 엄청난 두려움이 나를 덮쳤다. 나는 수건으로 모든 거울을 가렸고, 그것으로도 마음이 진정되지 않자 작은 옷장 속에 숨었다. C가 돌아와 수건으로 가린 거울을 보았고 내 이름을 부르기 시작했다. 그리고 내가 숨어 있던 옷장 문을 열려고 했고 나는 작게 비명을 내질렀다.

"문 열지 마." 내가 훌쩍이며 말했다.

나의 내면에서 어떤 일이 일어났는지를 생략한 채 그날의 일을 표면적으로만 이야기한다면, 나는 그때 영락없는 미친 사람이었고 리노에서 내 정신이 이상해 보였다고 누군가 말해도 반박하지 못할 것이다. 하지만 나는 그날의 나를 찬찬히 되돌아보았다. 나는 옷장에 노트북을 가지고 들어가 내가 어쩌다가 그 안에 있게 되었는지를 메신저로 친구에게 조리 있게 설명했다. 내가 거울을 덮은 것은 거기 비친 내 얼굴이 무서웠기 때문이다. 공포를 불러일으킨 특별한 이야기도, 찢기고 부패한 육신에 대한 환각도, 내 영혼을 거울 속 존재에 빼앗기는 망상도 없었다. 그로부터 몇 달 뒤 루이지애나에서도 그랬지만, 나는 내 얼굴, 카펫과 이불의 무늬, 건조한 먼지투성이 창밖 풍경과 같이 취약한 대상물 주위로 혈액처럼 걷잡을 수 없이 퍼지고 엉겨 붙는 공포심에 압도당했다. 유일한 해결책은 나 자신을 작고 어두운 장소, 바로 옷장 속에 구겨 넣는 것뿐이었다. 노트북으로 그런 상황을 친구에게 설명하려고 애썼다. 어쩌면 나는 그런대로 용인되는 도구를 이용해 내 시각에서 본 이야기를 증명하려 시도하고 있었거나, 혹은 나 자신에게도 혼란스러운 상황을 이해해 보려 노력하고 있었다. 작은 채팅창에서는 일대일 상호작용이 불러일으키는 두려움을 느끼지 않았다.

나는 "방금 C가 돌아왔어. 나 무서워"라고 썼다.

마침내 나는 옷장 문을 열었다. 차분해지긴 했지만 쇠약한 상태였다. 아주 작은 압력만으로도 부서지기에 충분했다. 언제, 어떤 식으로 압력이 찾아올지 알 수 없었다.

나는 샌프란시스코로 돌아와 업무에 복귀했다. 평일 오전 10시부터 오후 6시까지, 나는 간단한 주간 회의에 참석하고 발표를 하고 컴퓨터로 작업을 하면서 탕비실에서 몰래 술을 들이켰다. 나는 업무를 하는 내내 나를 물고 있는 소름 끼치는 환영에 대해서는 입 밖에 내지 않았다. 때때로 여기저기서 나타나는 형체를 보았지만 무시했다. 그래도 나는 그렇게 무시할 수 있는 환각이라서 운이 좋다고 여겼다.

이렇게 내 정신증적 증상이 통제되지 않는 상황에서 C와 나는 뉴올리언스에 있는 C의 부모님 댁에 가는 일정을 앞두고 있었다. 우리는 일정을 취소하고 샌프란시스코에 머물 것인지에 대해 의논했다. 하지만 휴일 동안 가족들 곁에 있으면 스트레스가 가중되기보다는 오히려 우리 두 사람에게 좋을 수도 있다는 생각이 들었다. 이 기나긴 위기의 시기에 결국 나를 돌보는 주요한 책임을 C가 홀로 맡고 있었으므로, 사랑하는 사람들로 이루어진 안정적인 집단에 그 책임이 분산된다면 C의 부담을 덜 수 있을 것이라고 나는 내심 기대했다.

그래서 우리는 비행기 창문으로 올리브 빛깔의 습지대를 바라보며 남쪽으로 향했고, 교외에 있는 그의 부모님 집 근처 모텔에 짐을 풀었다. 우리를 환영하는 가족들의 품에서 안도감에 젖었다.

그러던 어느 날, 공기가 습하고 쌀쌀하던 밤에 C는 아빠와 초대형 경기장에서 열리는 축구 경기를 보러 나갔고, 나는 낯선 모텔에 혼자 남게 되었다. 나는 C에게 편히 축구 경기를 보고 오라고 말했다. 그가 나와 떨어져 그만의 시간을 즐기길 바랐기 때문이다. 하지만 그의 부재는 단단히 잠겨 있어야 할 어떤 빗장을 풀었고, 그 틈으로 공포가 스며들었다. 나는 주섬주섬 수건을 모으기 시작했다. 논리정연한 현실이 나를 저버리겠다고 위협했다. 곧 내 정신은 블랙홀이 되었고, 소멸된 빛은 고집스럽게 모든 감각의 조각을 낚아챘고, 세상의 가장자리를 찢어 놓았다. 나는 고심 끝에 도움을 청하기로 작정하고 C의 엄마에게 전화를 걸었다. 나는 최대한 침착한 어조로 병원에 가야 할 것 같다고 말했다.

"그래, 알겠어." 전직 병원 간호사였던 C의 엄마는 위급한 상황에서도 침착한 태도를 유지할 줄 알았다. "얼른 병원에 가 보자꾸나."

— —

정신병 환자가 하는 말은 거의 대부분 믿음을 얻지 못하지만, 정신이상을 선포하는 말만은 예외다.

"나는 죽고 싶어요"라는 말은 신뢰할 만하다고 여겨지며, 이 말을 들은 상담가는 환자가 스스로 위해를 가하는 것을 예방하기 위해 그 사실을 공개하도록 되어 있다. 데이비드 로젠한의 연구팀은 특정한 조건에서는 정신질환이 없는 사람들의 강제 입원도 쉽게 이루어질 수 있다는 가설을 전제로 실험을 진행했다. 실험에 참여한 가짜 환자들이 환청을 경험했다고 보고하자 실제로 평균 19일간 각기 다른 정신병동에 수용되었다. 입원해 있는 동안 별다른 증상을 나타내지 않고 멀쩡하게 행동했는데도 그렇게나 오래 병원에 있어야 했다. 이들 중 한 명만 제외하고는 조현병이라는 진단을 받고 풀려났는데, 다만 항정신병 약물을 복용해야 한다는 조건부적 승인이었다. 만약 로젠한이 신뢰받는 과학자가 아니었다면, 그리고 이 연구를 토대로「정신이상의 장소에서 온전한 정신으로 지내는 것에 관하여」라는 논문을 발표하지 않았다면, 그들이 받은 진단은 로젠한과 그의 동료들을 평생토록 따라다녔을 것이다. 나와 달리 로젠한은 실험이 끝날 무렵에 자신이 속인 의사들에게 그가 정말로 진짜 스탠퍼드대 연구자라는 것을 증명했다.

— — —

나는 루이지애나 병원 카페테리아에서 길게 늘어선 줄에 서 있었다. 따뜻하고 기름진 아침 식사를 건네줄 직원 앞에 도착하기를 기다리고 있는데, 내 앞에 서 있던 룸메이트 메라가 내 코트(수년간 내가 아껴 온, 아주 잘 만들어진 아름다운 트위드 외투)를 입고 있는 것을 발견했다.

"메라, 지금 제 코트 입고 있는 거예요?"

메라는 아무 반응도 보이지 않았다. 나는 메라가 극심한 우울증에 빠져 있거나, 항정신병 약물 때문에 기진맥진한 사람의 느릿느릿한 태도를 가지고 있음을 이미 인지하고 있었다. 메라는 고개를 돌렸지만 내 눈을 마주치지는 않고 느릿한 몸짓으로 코트를 벗기 시작했다.

"괜찮아요. 지금은 입고 있어도 돼요. 방에 올라가면 그때 돌려줘요."

내 말에도 메라는 아무 말 없이 코트를 벗어 나에게 옷을 건네주었다.

다음 날 아침에는 예상치 못한 일로 잠에서 깼다. 간호사가 우리 방에 들어와 메라의 침대 옆에 쭈그려 앉아 친절한 말투로 말했다. "메라, 거기 베개가 세 개 있는데 혹시 남는 베개가 있을까요?"

몸을 일으켜 앉아 고개를 돌려 보니 내 침대에 베개가 하나밖에 없었다. 내가 자는 사이에 메라가 내 베개를 하나 가지고 간 것이었다.

"제 베개가 하나 없어졌어요."

간호사는 메라가 가져갔던 베개를 내게 돌려주었고, 나는 메라가 내 코트를 입은 일에 대해 들려주었다. 메라를 곤란하게 할 의도는 없었다. 그 일은 참으로 희한했고 메라도 악의가 없었기 때문에 어차피 그 일로 메라의 잘못을 따지기란 불가능해 보였다. 다만 나는 병원 관계자가 무슨 일이 벌어졌는지를 알았으면 했다.

"메라가 일부러 그런 건 아닐 거예요. 자신도 모르게 그랬을 거예요. 하지만 혹시 중요한 소지품이 있다면 간호사실 책상에 보관하세요." 간호사는 조심스럽게 말했다.

나에게는 만약 잃어버린다면 크게 울적해질 만한 소중한 물건이 하나 있었다. 바로 악어가죽으로 된 초록색 수첩이었다. 그 수첩은 자해하거나 남을 해하는 데 사용할 수도 있을 나선형 철사가 없이 완벽하게 제본이 되어 있어서 내가 언제나 가지고 다닐 수 있었기 때문이다. 수첩에 워낙 강한 애착을 보이는 나를 보고 어느 환자는 내가 위장 잠입한 기자일 것이라 여기며 로이스 레인[2]이라는 별명까지 붙여 주었다. 정신병원 탐사 기사로 뉴욕시 공공 자선 및 교정부 예산을 약 11억 원이나 증액시킨 넬리 블라이가 아니고, 로이스 레인이란다. 나는 나를 레인이라고 부른 젊은 남자의 병명을 몰랐고, 그는 자신이 왜 병원에 있는지 모르겠다고 주장했다. 겉으로만 봐서는 그가 어떤 병을 겪고 있는지 전혀 알 수 없었다.

「정신병원에서 보낸 열흘」이라는 기사에서 블라이는 이렇게 쓰고 있다. "맨해튼 블랙웰스 아일랜드에 있는 정신병원은 인간 쥐덫이다. 들어오기는 쉽지만, 한번 들어오면 나가기가 불가능하다."

– –

데이비드 로젠한과 넬리 블라이는 자신들이 그 쥐덫에 갇혀 있더라도 한계치를 넘어서는 일은 없을 것임을 미리 알고 있었다.

---

[2]   미국 DC 코믹스 슈퍼맨 시리즈의 등장인물로,《데일리 플래닛》의 기자이자 슈퍼맨의 여자친구이다.

밖으로 나가고 싶으면 속임수를 써서 입원했다는 사실을 언제든지 밝히기만 하면 되었으니 말이다. 로젠한과 블라이는 언제 나가게 될지 모르는, 아니 나갈 수 있는지조차 모르는 절대적인 공포를 느끼지 못했을 거라고 나는 확신한다.

정신병원에서 밖으로 나가는 것은 '퇴원'이라 일컬어지고 이는 신성한 단어이다. 병원에서는 어떤 환자가 곧 퇴원한다더라, 혹은 언제 퇴원한다더라 하는 소문이 돈다. 오전에 있는 그룹 치료에서는 그날 퇴원하게 될 환자를 발표하고 축하해 준다. 매우 드물지만 여러 정신과 의사들이 함께하는 회진, 혹은 전체 병동을 한 명의 정신과 의사가 살피는 일반적인 회진은 환자의 잠재적 퇴원 날짜에 근거하여 이루어진다. 퇴원이 며칠 동안 화제에 오르지 않는 날도 있지만, 언제 퇴원할 것인지는 환자가 병원에 들어오는 그 순간부터 내내 가장 큰 관심사이다.

퇴원에 대한 집착은 나처럼 비자발적으로 입원한 사람들 사이에서 특히 두드러졌다. 자발적으로 병원에 들어온 사람들은 언제든 병원을 나갈 수 있기 때문이다. 본인의 의지로 입원한 사람들은 정신 상태가 나와 엇비슷해 보이는데도, 관찰당하는 일이나 무엇을 하고 언제 어디서 잘지 지시받는 일을 잘 참지 못했다. 그리고 기분이 조금 나아졌다고 느껴지면 마치 호텔에서 체크아웃하는 것처럼 쉽게 병원을 떠났다. 반면에 우리는 그곳에 남아서 끝없는 시간, 끝없는 날들을 하염없이 세고 있어야 했다.

— — —

2003년 겨울, 엄밀히 말해 항경련제를 과다복용했다는 이유로(약간 과다복용한 정도라서 활성탄 투여나 위 세척이 필요하지는 않았지만) 나는 응급실에서 구급차를 기다리는 동안 침대에 묶여 있었다. 가죽으로 된 전용 침대에 한쪽 손목과 한쪽 발이 고정된 채, 주변에서 고통스러워하는 환자들의 비명과 환자들을 돕기 위해 이리 뛰고 저리 뛰는 의료진들의 소리를 들었다.

몇 시간을 그 상태로 기다리자 지루해졌고 묶인 손을 빼내려고 이리저리 꿈틀거렸다. 나는 얇고 힘이 센 손목과 이른바 피아노 손으로 불릴 정도로 가느다란 손가락을 가지고 있어서 묶인 손을 빼낼 수 있었다. 간호사는 내가 손을 푼 것을 발견하고는 도로 묶고 꽉 조였다. 그는 내게 얌전히 있지 않으면 두 손 두 발을 다 묶는 침대로 옮기겠다고 으름장을 놓고 갔다.

— — —

조현병에서 2세대 항정신병 약물은 공격(보는 관점에 따라 방어)의 최전선으로 간주되는데, 여기에는 아빌리파이·사프리스·렉설티·브레일라·클로라질·파납트·라투다·자이프렉사·인베가·쎄로켈·리스페달·지오돈 등이 있다. 이들보다 선호도가 좀 낮은 약물은 1세대 항정신병 약물인 클로르프로마진·플루페나진·할로페리돌·페르나진인데, 이들은 신경학적 부작용을 유발하는 것으로 알려져 있다. 특히 지연성 운동장애로 알려진, 얼굴과 사지의 불수의

적 움직임을 야기할 수 있다. 지연성 운동장애가 한번 나타나면, 그 원인이 된 약물 복용을 중단한 뒤에도 부작용이 지속될 수 있다.

조현병으로 입원하는 사람은 불가피하게 2세대 항정신병 약물을 복용하기 마련이다. 예를 들어 자이프렉사는 조증 활성에 제동을 거는 것으로 알려져 있다. 일반적으로 입원한다는 것은 정신의학적으로 위급한 상황에 처해 있을 가능성이 높으므로, 자이프렉사 혹은 그와 같은 약물을 통해 폭력적인 행위를 차단할 수 있다.

하지만 약물 처방은 이상적인 치료 계획 가운데 일부에 불과하다. 미국정신의학회의 「조현병 환자 치료 실무 지침」 제2판에 따르면, 그 치료 계획은 크게 세 가지로 이루어져 있다. "첫째, 증상을 줄이거나 없애기. 둘째, 삶의 질 확보와 적합한 기능 최대화하기. 셋째, 질병으로 인한 기능 저하로부터 최대한 회복을 증진하고 유지하기." 이 세 가지는 모두 신속하게 이루어져야 한다. 연구에 따르면, 정신병원 평균 입원 기간은 열흘(나의 세 차례 입원 일수와 정확히 일치하는 기간)이다. 요즘 정신병원은 환자들을 안정시키고, 외부 세계에서 회복할 준비를 하도록 하는 것을 목표로 삼는다.

— —

주립 정신병원(어사일럼이라 지칭되며, 넬리 블라이의 기념비적 저서에서 기술된 것과 같은 유형)은 예전부터 끔찍하고 무서운 곳으로 인식되었으나, 그와 동시에 그곳에 수용된 정신질환자와 발달장애인을 위해 없어서는 안 될 장소로 여겨졌다. 그럼에도 앨버트 Q.

메이젤이 《라이프》에 게재한 고발 기사 「베들럼 1946: 미국의 정신병원 대부분은 수치와 오욕의 장소이다」는 미국인들에게 그러한 정신병원의 참혹성을 전례 없이 일깨우는 계기가 되었다. 메이젤은 "미국의 모든 주는 하나같이 정신병 환자들의 돌봄과 치료를 위한 시설이 나치 독일의 벨젠 강제 수용소로 변질되는 것을 방관해 왔다"라고 폭로했다. 로버트 H. 펠릭스 박사(1950년대 미국 국립 정신건강연구소의 초대 소장)와 같은 옹호론자들이 앨버트 메이젤의 뒤를 이었다. 펠릭스 박사는 주립 정신병원을 연방 기금으로 운영하는 지역사회 보건센터로 반드시 전환해야 하며 그렇게 할 만한 여건이 된다고 주장했다. 또한 지역사회 보건센터는 인도주의적일 뿐만 아니라 정신건강 치료 회복 모델의 기틀을 마련할 것이라고 말했다.

주립 정신병원을 폐지하기로 한 결정은 여전히 논란거리로 남아 있으며, 노숙 생활에서부터 살인에 이르는 온갖 문제의 요인으로 지목되고 있다. E. 풀러 토리는 『미국의 정신병: 연방 정부는 어떻게 정신병 치료 체계를 붕괴시켰는가』에서 존 F. 케네디 정부에서 단행된 주립 정신병원 폐쇄에 관해 다음과 같이 비판하고 있다.

안타깝게도 의회가 통과시킨 정신건강센터 법안에는 치명적인 결함이 있었다. 이 법안은 주립 정신병원의 폐쇄만 목적으로 할 뿐, 폐쇄의 결과로 갑작스레 병원에서 나가야만 하는 환자들이 겪게 될 문제를 고려하지 않았다.

특히, 약이 필요한 상태지만 복용을 거부하는 환자들을 어떻게 치료할 것인지에 대한 논의가 전혀 이뤄지지 않았다. [지역사회] 정신건강센터의 향후 자금 조달 계획도 마련하지 않았다. 정신질환을 예방하는 방법에 대한 지식이 전무한 상태에서 오로지 자원 확보에만 초점을 맞췄다. 또한 각 주의 의견을 수렴하는 과정을 생략함으로써, 시스템이 지속적으로 유지되기 어려울 수밖에 없는 환경이 초래됐다.

치료옹호센터를 창설한 정신과 의사 토리는 입원을 포함한 비자발적 치료를 적극적으로 지지한다. 그는 병세가 심각한 이들에게 거짓 희망을 주는 '회복 운동'을 공개적으로 비판했다. 한편, '회복 운동' 지지자들은 토리가 환자들에게 약을 먹이고 감금한다며 반대의 목소리를 냈다.

비자발적 입원법은 견고한 근거들을 토대로 삼고 있는데, 그중 하나는 심각한 정신질환이 있는 사람들은 스스로를 위한 합리적인 선택을 할 수 없게 되는 상황이 존재한다는 것이다. 미국정신질환연합은 그 정책 강령을 다음과 같이 규정하고 있다. "적절한 전문의의 상담을 제공할 뿐만 아니라, 심각한 정신질환이 있는 사람 중 자신의 치료를 관리할 수 있는 능력과 역량이 있는 모든 사람에게는 그렇게 할 기회를 부여해야 한다. 하지만 심각한 정신질환으로 인해 능력과 역량이 없을 때는 … 치료와 입원을 결정하는 데 있어 다른 이들의 대리 판단이 … 정당화될 수 있다." 비자발적 입원에 관해 미국정신질환연합은 "조현병과 양극성장애처럼 심각한 정신질환을 가진 사람들은 때때로 질환으로 인해 자신에게 의학적 치료가 필요하다는 통찰이나 판단을 하지 못할 수 있다"라고 분명히 언급하고 있다. 조현병과 양극성장애가 결합된 조현정동장애가 있는 여성으로서 나는 자발적으로 입원을 했다. 비자발적 입원은 때때로 정당화될 수 있을지 모르나, 나는 결코 필요하다고 느껴 본 적이 없었다.

– –

캘리포니아 복지기관법 제5150조에 따르면, "정신건강 장애의 결과로 타인이나 자신에게 위험하거나 상당한 장애가 있는 사람"은 "검사·평가·위급 상황 개입을 위해 수 시간 동안 구금될 수 있고, 주 보건서비스국이 인증한 기관에서 평가·치료를 받기 위해 수감될 수 있다". 모든 주에 이러한 형태의 법이 있기는 하지만, '제5150조'는 비자발적 정신병동 입원을 포괄적으로 가리키는 비공식 용어로 자리 잡았다. 정신보건 제도에 빠삭한 친구 한 명은 자신의 ATM 카드 비밀번호가 5150이라고 이야기한 적이 있다. 우리는 쓸쓸한 웃음을 지었다.

제5150조 (g)(1)항에 따르면, 법에 따라 구금되는 사람에게는 다음의 정보가 구두 혹은 서면으로 제공되어야 한다.

제 이름은 _ _ _입니다.

저는 [기관명]의 [경찰/정신건강 전문의]입니다.

당신은 범죄 행위로 체포된 것은 아니지만, 저는 [기관명] 정신건강 전문의의 검진을 위해 당신을 데리고 갈 예정입니다.

당신은 정신건강 관리자로부터 당신의 권리에 관해 듣게 될 것입니다.

집에 있을 때 구금된다면, 다음의 정보도 제공되어야 한다.

당신은 승인받은 물품에 한해 몇몇 소지품을 가지고 갈 수 있습니다. 가전제품을 끄거나 수도를 잠그는 등 도움이 필요하다면 알려 주시기 바랍니다. 당신은 친구들이나 가족들에게 전화를 걸거나 메모를 남겨 당신이 어디에 있는지 알릴 수 있습니다.

나는 여태까지 거의 캘리포니아에서만 살았지만, 제5150조의 적용을 받았던 적은 없다. 나는 제5150조의 마지막 문장에서 영화 속 납치 장면을 떠올렸다. "친구들이나 가족들에게 전화를 걸거나 메모를 남겨 당신이 어디에 있는지 알릴 수 있습니다." 강압하에 적은 이 메모가 과연 어떻게 보일까? 그런 메시지를 작성하는 데 얼마만큼의 시간이 주어질까?

예전에 나는 한 젊은 여성이 겪은 일에 관해 인터뷰를 진행한 적이 있다. 여기서는 그녀를 케이트라고 칭하겠다. 케이트는 2012년에 캘리포니아 오클랜드의 복지관에서 근무하던 사회복지사에게 자살하고 싶다는 생각을 발설했다가 제5150조의 적용을 받게 되었다고 말했다. 퇴거 명령을 받았고 상황이 어떻게 돌아가는지 전혀 알지 못했다고 회상했다. 사회복지사는 케이트에게 상담사와 의논해 볼 것을 권했고, 케이트는 도움을 받을 수 있으리란 생각에 안도하며 그 제안에 응했다. 하지만 근무 중인 상담사가 없다는 이유로 사회복지사는 케이트에게 제5150조를 적용했다. 케이트는 제5150조 (g)(1)항의 내용을 들은 기억이 없으며, 경찰을 포함한 그 누구도 자신이 병원에 수감될 때까지 아무 말을 하지 않았다고 했다.

"저는 사람이 어떻게 [그런 곳에서] 더 나아질 수 있다는 건지 모르겠어요. 그들은 저를 난장판 같은 대기실에 집어넣었어요. 거기 모여 있는 사람들 대부분은 며칠쯤 거리를 벗어나 지붕 아래서 잠도 자고 끼니도 적당히 해결하려는 노숙자처럼 보였어요. 어떤 사람들은 횡설수설하며 소리를 질렀고, 어떤 사람들은 마치 단골손님들 같았죠. 그곳을 신경 쓰는 사람은 전혀 없었어요. 나는 간호사들에게 가서 제발 내보내 달라고 빌었어요." 케이트는 그때 이후로 정신의학적 위기에 처한 사람들을 바라보는 관점에 변화가 생겼다고 말한다. "이제 저는 사람들이 비자발적으로 잡혀가지 않도록 제가 할 수 있는 모든 일을 하고 그들을 응급실에 직접 데

려다줍니다. … 저는 사람들을 진정시켜서 자발적으로 입원하도록 유도하는 방법을 터득했어요."

제5150조의 적용을 받는 것이 체포당하는 것과 같지는 않겠지만("당신은 범죄 행위로 체포되는 것이 아니"라고 했으므로), 비자발적 입원과 수감 사이에는 어쩔 수 없는 유사성이 있다. 감금된 사람은 자신의 생활과 신체에 대한 통제력을 현저히 상실하게 된다는 것이다. 또한 통제권을 가진 사람들의 손에 좌지우지된다. 특혜를 받기 위해, 달리 말해 풀려나기 위해 시키는 대로 행동해야 한다. 실제로 정신질환과 수감이라는 교집합에 포함된 사람들이 많이 있다. 사법부에 따르면, "정신질환이 있는 약 130만 명의 사람들이 연방·주 교도소와 감옥에 감금되어 있다".

— —

심각한 정신질환을 가지고 살아가는 우리와 같은 이들에게, 세상은 언제라도 우리를 가두어 놓을 수 있는 새장으로 가득한 곳이다.

만약 자살만이 유일한 해결책처럼 느껴져서 자발적으로 정신병동에 들어가는 한이 있더라도, 앞으로는 죽을 때까지 그 편견이 만든 새장에 갇히지 않기를 바란다. 몇 년이 지나서 생각해도, 세 번의 비자발적 입원은 전부 다 나에게 아무런 도움이 되지 못했다. 내 의지에 반하여 정신병동에 갇혀 있었던 경험이 무서운 트라우마로 남았을 뿐이다.

자신의 ATM 카드 비밀번호가 5150이라고 말한 친구와 이제는 연락하지 않지만, 한창 친하게 지낼 때는 그에게 자살하지 말라고 설득하느라 보낸 시간이 셀 수 없이 많았다. 그가 자신의 삶을 마감하려 할 것만 같은 캄캄한 밤이면, 나는 그를 구슬려 자발적으로 입원하게 하려고 노력했다. 병원에 들어가 있으면 누군가가 그를 계속 지켜볼 것이라는 생각에서였다. 한번은 그가 심한 증세를 보이길래 경찰을 부르겠다고 했더니, 그는 웃으면서 정신병원으로 속절없이 끌려가느니 차라리 경찰의 총에 맞겠다고 말했다. 그에게는 병원도 지긋지긋했고, 사는 것도 지긋지긋했다. 나는 그에게 왜 그렇게 입원을 거부하냐고 물은 적이 단 한 번도 없었다. 나 역시 병동에 들어가는 게 두려웠으니까.

슬렌더맨, 아무것도 아닌 자, 그리고 나

취조실에서 안경을 쓴 금발의 모건 게이저는 무심한 투로 페이튼 벨라 류트너에 관해 말한다. "그 애가 칼에 찔린 애예요. 그 앤 죽었나요? 그냥 궁금했어요." 모건의 말은, '슬렌더맨'ᵗʰᵉ ˢˡᵉⁿᵈᵉʳ ᴹᵃⁿ 괴담의 영향으로 열두 살 여자아이 두 명이 친구를 칼로 찌른 사건을 다룬 HBO 다큐멘터리 영화 〈슬렌더맨을 조심해〉에 담겼다. 전해지는 괴담에 따르면, 슬렌더맨은 아이들을 납치해서 잡아먹으며 수 세기에 걸쳐 존재해 온 것으로 알려져 있다. 두 가해자 중 한 명인 애니사 와이어는 공범 모건에게 "분노를 표출하라"라는 지령을 내려 페이튼을 열아홉 번이나 칼로 찌르게 했다고 한다. 숲에서 기어 나온 페이튼을 발견한 남성이 "누가 이랬니?"라고 물었을 때, 페이튼은 "제일 친한 친구"라고 대답했다.

카메라가 모건의 아빠 맷에게로 옮겨 가자 나는 두려워지기 시작했다. 사건 발생 시점은 맷이 자신의 딸에게도 자신처럼 조현병이 있음을 알게 된 지 얼마 지나지 않은 때였다. 그는 상심하여 눈물을 글썽이며 말한다. "그 애에게 … 말했더라면 좋았을 텐데. 나는 그 애도 그걸 보는지 늘 알고 싶었어요. … 차 뒷자석에 아무도 없다는 걸 알지만, 내 눈에는 늘 악마가 보였거든요."

슬렌더맨 괴담은 막연한 믿음에서 구전되는 무시무시한 판타지 같은 이야기로 가득한 문서와 커뮤니티가 모여 있는 웹사이트 크리피파스타 위키Creepypasta Wiki에서 생겨났다. 문서의 편집 권한이 누구에게나 부여되는 위키피디아는 점점 성장하도록 설계되어 있다. 공포 이야기를 가장한 도시 전설의 속성을 고려하면, 누구나 위키피디아에 참여할 수 있다는 사실은 유념해야 할 아주 중요한 특징이다. 크리피파스타 위키에 따르면, 얼굴이 없는 슬렌더맨은 양복을 입고 있고, 팔다리가 길고 가느다랗다. 등에서는 촉수가 튀어나온다. 모자를 썼는데, 구전되는 이야기에 따라 모자의 종류는 다양하다. 그는 특히 아이들을 납치하고 잡아먹는다.

위키에는 브라질 동굴벽화에서 이집트 상형문자, 독일 목판화까지 다양한 역사 자료가 수록되어 있다. 슬렌더맨은 전 세계(스코틀랜드, 네덜란드, 독일)의 전설과 연결되어 있다. 잘 알려진 어느 슬렌더맨 파일에는 흑백 사진이 하나 실려 있는데, 야영 중인 듯한 아이들을 배경으로 시무룩한 표정의 여자아이 하나가 맨 앞에 서 있다. 해상도가 낮은 이 사진은 1980년대 졸업 앨범으로 추정된다. 맨 뒤에는 마치 조각상처럼 키가 크고 마른 하얀 형체가 서 있는데 이것을 슬렌더맨이라고 부른다. 이 사진에는 "1986년 메리 토머스 촬영(1986년 실종)"이라는 설명이 달려 있다.

커뮤니티의 한 유저는 말한다. "이 이야기는 가장 고전적인 인터넷 괴담이다. 다만 이야기가 너무 상투적이라 제프더킬러Jeff the Killer처럼 한때 유행한 이야기로 취급받는다. 그래도 대단히 인기를 끈 괴담이다." 이에 대해 다른 유저가 말한다. "사진 앞 여자아이가 슬렌더맨을 '기쁘게 하려고' 친구를 죽였다는 뉴스 기사 기억하는 분 있나요?" 또 다른 유저가 맞장구친다. "그 사건 기억해요. 그 시절이 그립네요." 〈슬렌더맨을 조심해〉에서 민속학자 트레버 J. 블랭크는 이렇게 말한다. "우리는 종종 어른들을 위한 세계에서 아이로 사는 것이 얼마나 엿 같은지 잊어버리죠."

— —

　수사관들은 페이튼 살인미수 사건의 원인을 규명하는 과정에서 다른 청소년 폭력 사례를 찾아보았다. 콜럼바인 고등학교 총기 난사범의 경우와 같이, 애니사와 모건은 따돌림을 당했던 것일까? 따돌림은 주요한 원인으로 보이지 않았다. 두 소녀에게는 서로가 있었고, 페이튼도 있었다. 게다가 그 사건은 모건의 생일을 맞아 파티를 하고 함께 잔 다음 날 발생했다. 나는 따돌림이나 학대가 없을 때조차도 아이로 사는 것이 "엿 같다"라는 말에 충분히 공감한다. 아이는 자신의 삶에 선택권이 없다. 어른들의 행동을 도무지 이해할 수 없을 때도 많다. 인터넷은 일종의 자유에 다가가는 통로이다. 내 아빠의 직업이 컴퓨터 엔지니어였기 때문에, 나는 월드와이드웹이 대중에 보급되기 전부터 인터넷을 사용하고 있었고, 내 또래들이 아무도 그런 것(드라마, 데이팅, '인터넷 사람들'과의 값비싼 장거리 전화)을 알지 못할 때 프로디지 게시판에서 '친구 사귀는 법'을 배웠다. 나는 특히 애니사의 삶에서 인터넷이 해 온 역할에 주목한다. 애니사의 아이패드 방문 기록에는 "정상성 검사", "사이코패스 검사", "소시오패스 검사"를 포함해 여러 검색을 한 흔적이 있었다. 시청 기록에는 뱀이 쥐를 잡아먹는 영상도 있었다. 애니사는 이 세상에서 자신의 위치를 탐색하는 경로에 있었던 것이다. 애니사의 엄마는 말한다. "그 애는 자기 방에서 혼자 노는 걸 좋아했어요. … 제가 아이패드를 준 게 너무 후회되네요." 물론 인터넷은 애니사가 슬렌더맨에 대해 알게 된 곳이기도 하다.

슬렌더맨의 존재를 증명하는 수많은 자료들이 인터넷에 퍼져 있다. 그중 하나는 1993년에 작성된 "경찰 보고서"로, 그 위에는 '피'가 흩뿌려져 있다. 보고서 맨 위에는 어린아이 글씨로 이렇게 쓰여 있다. "슬렌더맨은 우리를 죽인다 이미 우리를 죽인다 죽인다 죽인다 죽인다." 또 다른 이야기는 "동네 소년 사라지다"로, 조악한 포토샵 솜씨로 가공된 신문 스크랩이다. "학교 관계자들은 남자아이가 실종되기 몇 주 전부터, 온통 새까맣게 입은 키가 크고 깡마른 남자에 대해 이야기하며 민감하게 굴었다고 진술했으며 경찰은 이에 대해 노코멘트했다." 기사 맨 아래에는 이런 말이 적혀 있다. "**주의**주의**전개 요청**안티에스워커 유닛이----위치타---캔사스로 전개." 하지만 대충 꿰맞춘 이 '주요 문서들'은 진실하고 정확한 유물로 제시되어 있다. 슬렌더맨 이야기를 더 실감나게 진짜처럼 만드는 데 열을 올리는 사람들이 창작한 PDF와 이미지 말이다.

"나는 [모건에게 슬렌더맨에 대해서] 말했어요." 애니사가 증언했다.

"애니사는 우리가 그 애를 죽여야 한다고 했어요. 그렇지 않으면 슬렌더맨이 우리의 가족을 죽일 거라고 말했어요." 모건이 말했다.

슬렌더맨을 발견한 사람은 애니사였는지 모르지만, 불온한 슬렌더맨의 그림을 수도 없이 그린 사람은 모건이었다. 모건은 슬렌더맨에 대한 인터넷 자료들을 보기 훨씬 전인 다섯 살 때 그 괴물을 실제로 보았다고 주장한다. 하지만 애니사 와이어와 모건 게이저가 슬렌더맨에 대한 집착으로 친구 페이튼 류트너를 죽이기로 공모하게 된 것은 그들이 그런 인터넷 자료들의 열성적인 독자였기 때문이다. 세 친구는 모건의 생일을 축하하기 위해 스케이트장에 갔고, 그 후 모건네 지하실에서 밤샘 파티를 하기로 했다. 애초 계획은 페이튼을 죽이고 침대 밑에 숨기는 것이었다. 그렇게 하면 애니사와 모건은 슬렌더맨의 '부하'가 될 것이고, 그의 저택에서 영원히 슬렌더맨과 살게 될 것이었다.

— —

페이튼은 칼에 찔리고도 죽지 않았다. 물론 내가 주변 사람들에게 이 주제로 글을 쓰고 있다고 말했을 때 대다수는 페이튼이 사망했다고 기억하는 듯했다. 실제로 벌어진 일은 다음과 같다. 2014년 5월 31일, 위스콘신 워키쇼에서 열두 살의 애니사 와이어와 모건 게이저는 당시 모건의 친한 친구였던 페이튼 벨라 류트너를 죽이기로 공모했다. 밤샘 생일파티 다음 날 아침, 셋은 놀이터에 갔다가 공중화장실에 들렀다. 그 근처 숲에서 애니사는 모건에게 "분노를 표출하라"라는 지령하에 가져온 칼로 페이튼을 죽이라고 말했다. 모건은 페이튼을 열아홉 번 찔렀다. ("저는 비명 지르는 걸 좋아하지 않아요." 나중에 애니사가 말했다.) 숲에서 기어 나온 페이튼을 발견한 행인이 911에 신고했다. 경찰은 마침내 주 경계선을 걸어가던 애니사와 모건을 찾아냈다.

— — —

1984년에 개봉한 〈네버엔딩 스토리〉라는 유명한 영화가 있다. 나에게는 이 영화가 슬렌더맨이라는 잘 만들어진 위키피디아 괴담과도 같은 존재였다. 영화를 본 것은 초등학교 2학년 때였다. 환상적인 생명체들로 가득한 이 서독 영화는 책을 좋아하지만 못된 아이들에게 시달리는 바스티안이 먼지 쌓인 서점에서 우연히 발견한 신비로운 책을 통해 판타지아라고 불리는 세계로 들어가게 되면서 펼쳐지는 모험을 그리고 있다. 판타지아에서는 신비로운 '순수한 황후'가 병에 걸리자, 어린 영웅 아트레유가 치료약을 찾기 위한 탐험에 나선다. 한편, '아무것도 아닌 자'라고 불리는 끔찍한 존재가 세상을 파괴하고 있다. 순수한 황후가 살아남으면, 판타지아도 살아남게 된다. 영화의 막바지에 바스티안과 아트레유의 세계는 서로 교차하는데, 바스티안이 순수한 황후에게 새로운 이름을 부여하면 판타지아를 구할 수 있었기 때문이다. 결국 바스티안은 격렬한 폭풍우가 휘몰아치는 창밖으로 새로운 이름을 크게 외친다.

나는 '판타지아'와 '아무것도 아닌 자'를 내 삶에서 실현시키려고 했다. 그렇게 하는 방법이 딱히 있는 것도 아니었다. 다만 내가 어쩌면 거대한 서사의 일부일지도 모른다는 생각에 푹 빠져 있었다. 나는 가장 친한 친구 제시카에게 우리가 책 속 등장인물이고 책 내용이 우리의 행동에 따라 바뀌고 있다고 말했다. 제시카는 손질하기 힘든 곱슬곱슬한 머리를 가진 아이였는데, 잘 우는 경향이 있어서 나를 좀 지치게 했다.

우리는 또 다른 친구 케이티를 점점 더 정교하게 만들어지고 있는 우리만의 게임에 끌어들였다. '아무것도 아닌 자'라고 말하거나, 그늘에서 햇빛으로 나가면 최면에 걸려 좀비처럼 걸어 다녀야 했다. 우리는 또 다른 세상에서 누군가가 우리에 대한 책을 읽고 있다는 이야기를 끊임없이 했고, 하늘을 가리키며 우리는 어떤 다른 존재의 이야기 속의 작은 이야기일 뿐이라고 생각했다. 이 게임은 케이티가 마침내 이건 그냥 장난일 뿐이라고 말했을 때도 계속되었다. 제시카와 나는 장난이 아니라고 반박했다. 이 모든 건 진짜였다. 우리는 케이티가 울면서 도망친 후에도 그 이야기에 빠져 있었다. 이 무렵 제시카와 나는 '아무것도 아닌 자'가 우리 삶의 중요한 일부이고, 어떤 대가를 치르더라도 그를 저버리지 않을 것이라는 무언의 믿음을 가지고 있었다. 다음 날 케이티는 어제 집으로 돌아가 부모님에게 우리의 게임에 대해 이야기하니 부모님이 제시카와 내가 그저 장난친 거라며 걱정하지 말라 했다고 말했다.

하지만 그 이후로도 우리는 멈추지 않았다. 제시카와 나는 계속해서 빛 속으로 발을 디딜 때면 의식을 잃은 척을 하거나, '아무것도 아닌 자'의 이름을 발설하지 않으려고 조심했다.

— —

그렇게 계속되던 게임은, 우리가 장난치고 있다며 케이티가 우리 사이에서 빠져나간 지 얼마 지나지 않아 제시카와 나 사이에 중요한 갈등이 발생하면서 끝나게 되었다. 제시카는 조심스럽게 다가와 속삭였다.

"우리 그냥 게임하고 있는 거잖아, 맞지?"

"이건 게임이 아니야. 이건 진짜야."

"아니, 진짜는 아니지."

"우리는 게임을 하는 게 아니야." 나는 같은 말을 되풀이했다.

제시카는 내게 진실을 말하라고 다그쳤다. 내가 태연하게 계속 아니라고 하자, 제시카는 신경질적으로 변했고 결국 울면서 가 버렸다. 나는 내 상상의 세계를 믿어 의심치 않았다.

— —

상상력은 나이가 들면 사라지게 마련이지만 어린 시절에는 그 위력을 발휘한다. 만약 내가 애니사와 모건처럼 내 상상의 세계를 지지하는 수많은 인터넷 이야기를 볼 수 있었다면, 어린 시절의 망상에 끝도 없이 깊숙이 빠져들었을 것이다. 만약 내가 유튜브에서 다른 아이들이 '아무것도 아닌 자'의 힘에 이끌리는 것을 목격했다면 어떤 일이 벌어졌을까? 만약 내가 그 진실성을 증명하는 수많은 커뮤니티 글을 읽으며 시간을 보냈다면, 나는 그 서사에 더욱더 몰입하고 사로잡혀서 위험한 지경까지 이르렀을까?

그 후로도 내가 조현정동장애를 진단받기까지는 한참의 시간이 걸렸지만, 당시 나만의 비현실 세계를 지키기 위해 우정마저 포기한 어린 시절의 굳은 믿음이 실로 흥미롭게 느껴진다. 내 마음 깊은 곳에 이미 뭔가 깨어질 듯한 취약성이 있었던 것일까? 아니면 단순히 내가 웬만한 사람들보다 더 고집스러웠던 것일까? 과연 내가 나만의 소설을 얼마나 진심으로 믿고 있었던 것인지 자문해 본다. 대답을 찾기가 까다로운 이유는 아이들이 으레 '가짜와 진짜' 사이의 경계를 넘나드는 성향을 가지고 있기 때문이다. 지금까지도 C와 나는 봉제 동물 인형들에게 마음이 있다고 믿었던 어린 시절의 추억을 어느 정도 간직하고서 인형들을 부드럽게 다룬다. 하지만 누군가 우리에게 정말로 그 인형들을 마치 『헝겊 토끼』에서처럼 생각할 줄 아는 생명체로 여기냐고 묻는다면 아니라고 답할 것이다. (물론 속으로는 우리의 봉제 인형 친구를 배신한 데에 죄의식을 느낄 것이다.)

나중에 나는 제시카와 다시 친해졌다. 우정을 회복하기 위해서 우리의 판타지아에 대한 내 집착을 버리는 희생을 치르고 난

후였다. 간단한 일처럼 들리지만, 우리가 함께 창조한 세계로부터 벗어나는 것이 당시 나에게는 그리 손쉬운 일이 아니었다. 격렬하게 몰입한 시기에 모든 것을 불태우고 재만 남은 듯했다. 내가 어떻게 그 가공의 이야기를 버렸는지 떠올려 보려 해도, 그 당시의 과정은 머릿속에서 깡그리 지워진 듯하다. 내가 제시카에게 '아무것도 아닌 자'도, 판타지아도 없다고 말한 기억이 전혀 없다. 마치 그 상상의 세계를 떠나보내는 트라우마가 너무 큰 나머지, 내 기억이 산산이 흩어진 것처럼.

나는 이 글을 쓰기로 마음먹고 몇 주간 〈슬렌더맨을 조심해〉를 보기를 미뤘다. 내가 현실에 단단히 매여 있게 나만의 닻이 되어 줄 C와 함께 보려고 했다. 그리고 내 성인의 자아가 혹시나 슬렌더맨에 홀릴까 두려워 꼭 낮에 볼 심산이었다. 그러다가 나는 친구 미리암의 집에 놀러 갔을 때 그 영화를 보게 되었다. 창밖으로 브루클린과 맨해튼이 어른거리는 아파트에서 우리는 소파 침대에 기대어 내 노트북으로 영화를 보기 시작했다. 나는 그 끔찍한 이야기가 전개되는 동안, 조그만 초록색 수첩에 필기를 하면서 스스로 그 이야기로부터 거리를 두려고 노력했다.

영화 속에서 정신과 의사로서 증언을 맡은 케네스 캐시미어 박사는 "조현병은 인류의 가장 심각한 병 중 하나이자 가장 많이 연구된 정신질환 중 하나"라고 말한다. "조현병 그 자체는 위험한 질환이 아닙니다. 35세인 사람들 중에는 조현병이 있더라도 감금될 필요 없이 지역사회에서 도움을 받으며 살아갈 수 있는 사람들이 많습니다. 물론 그렇지 않은 상황도 있습니다. 사람들을 죽이라는 망상이 심할 때, 스스로 치료를 받을 만한 판단력이 없을 때, 조현병은 위험한 병이 됩니다." 미리엄과 이 영화를 볼 때 내 나이는 서른넷이었다. 나는 '지역사회에서 도움을 받고 살아간다'고 말할 수 있다. 나는 나 자신이 위험하다고 생각하지 않는다.

- - -

애니사 와이어와 모건 게이저의 선고 공판은 2017년 9월과 10월에 그들이 사는 위스콘신 워키쇼에서 열렸다. 두 사람은 모두 성인으로서 모건은 1급 살인, 애니사는 2급 살인으로 기소되었다. 둘은 정신착란성 방위를 주장했다. 정신장애 방위는 다음 두 가지 범주 중 하나에 해당해야 한다. 스스로 멈출 수 없는 '저항할 수 없는 충동'에서 비롯된 행위인 경우, 아니면 정신장애로 인해 자신이 그릇된 행동을 하고 있음을 인지하지 못한 경우이다. 지방 검사 케빈 오즈본은 두 사람에 대해 이렇게 말했다. "그들은 이것이 잘못된 것임을 알았습니다. 잘못된 일을 벌이고 있음을 알고 있었습니다."

오즈본은 애니사가 슬렌더맨을 진짜라고 믿었을 수도 있으나, 자신이 범죄를 저지르고 있음을 알 만한 정신적 능력은 있었다고 말했다. 애니사 와이어는 조현병의 온건한 형태인 '공유 망상장애'shared delusional disorder로 진단받았다. 이 장애의 특징 중 하나는 마술적 사고로, 이는 슬렌더맨을 완전히 믿기에 충분한 조건이었다.

애니사가 이 사건의 주범으로 여겨졌지만, 사건 발생 후 몇 달이 지나 조현병을 진단받은 것은 모건이었다. "[칼로 찌르는 걸] 해야만 했어요." 모건은 녹화된 취조 영상에서 말한다. 취조실에서 팔로 몸을 감싸고 우는 애니사와 달리, 모건은 무덤덤한 모습에 전혀 울지 않는다.

9월 22일 금요일, 열두 명의 배심원 중 열 명이 열다섯 살 애니사에게 범죄의 책임이 없다고 판단했다. 그녀는 현재 주립 정신병원에 있는데 3년 혹은 최대 25년 후 풀려나게 된다. 《밀워키 저널 센티널》은 10월에 역시 열다섯 살인 모건이 정신질환으로 인한 정상참작을 받는 대신 유죄를 인정하기로 했다고 보도했다. 모건도 보건서비스국에 의해 최대 40년간의 구금 명령을 받았다.

— —

누군가는 어린 시절의 나에 대해 그저 상상력이 풍부한 아이였다고 말할 수도 있다. 활발한 아이, 스토리텔링에 능숙한 아이, 그래서 이미 소설가, 작가의 소질이 엿보였던 아이. 아이들은 자신들이 진짜라고 여기는 것들을 믿는 경향이 있다. 예를 들어, 침대 밑의 요괴 또는 장롱 속의 괴물을 정말로 무서워하는 아이들이 얼마나 많은가? 방에서 유령을 보는 아이들은 또 얼마나 많은가?

애니사와 모건이 페이튼을 공격하지 않았다면, 그들은 10대 초반에 어떤 형태이든 간에 조현병 진단을 받지 않았을 수도 있다. 그로부터 몇 년이 지나 균열된 현실 속에서 헤매는 모습을 어쩔 수 없이 드러내기 전까지는 그저 발랄하고, 활발하고, 상상력이 풍부하다는 말을 들었을 수도 있다. 그들의 우정과 공유된 망상이 없었다면, 또는 크리피파스타 위키와 슬렌더맨에 관한 그림, 영상, 그리고 다른 자료가 없었다면, 그들의 불안정한 성향이 그렇게 암울한 상황을 만들지 않았을 수도 있다. 내가 그랬듯이, 그들은 어른이 된 후에 진단을 받았을 수도 있고 조현병을 다루는 방법을 배웠을 수도 있다. 부디 그들에게 아직 그럴 기회가 있기를 바란다.

현실, 영화

2014년 7월의 마지막 목요일, 뤼크 베송이 연출한 액션·스릴러·공상과학 영화 〈루시〉가 개봉했다. 이 영화는 루시(스칼릿 조핸슨 분)에게 우연히 대부분의 인간이 사용하는 용량을 훨씬 뛰어넘는 수준으로 뇌를 사용할 수 있는 능력이 생긴다는 설정을 바탕으로 하고 있다. 이러한 초능력 덕에 그녀는 궁극적으로 인류를 이끌 수 있는 지혜를 발휘하게 된다. 나는 C에게 이 영화가 설령 실패작이 될지라도 꼭 보고 싶다고 말했는데, 〈루시〉는 개봉 전부터 많은 찬사를 받았다. 몇 달간 기대에 차서 기다린 끝에 마침내 예고편이 나왔다. 나는 루시가 손목을 한 번 팅겨 폭력배들을 물리치거나 공항을 걸어 나가며 금발에서 흑발로 변신하는 장면에서 C의 팔을 치며 감탄을 연발했다. 우리는 금요일 영화를 예매했다.

그날 샌프란시스코 메트레온에서 우리는 친구와 함께 〈루시〉를 보았다. C와 나는 라이언과 에디를 불렀고, 그들은 퇴근길에 극장으로 왔다. 나는 에디가 십여 년 전에 조현병을 진단받았다는 사실을 한 달 전쯤 알게 된 터였다. 에디는 가끔 우리 집에 와서 〈던전 앤 드래곤〉 게임을 한 적이 있지만, 나는 그에 대해 잘 알지 못했다. 나는 그를 1년 전에 한 바비큐 파티에서 만났는데, 몸에 타투가 많고 한껏 취해 있던 빨강 머리 남자라는 이미지 정도만 가지고 있었다. 조현병군에 속하는 진단을 받았다는 사실을 미리 알고 만난 사람은 그가 처음이었다. 하지만 에디와 나는 진단이나 정신증을 겪은 경험에 대해 단둘이 이야기해 본 적이 없었고, 엄밀히 말해 그는 내 친구가 아니라 안면이 있는 사람 정도였다.

— —

〈루시〉의 어느 장면을 보다가 내게 문제가 생겨났는지 모르겠다. 영화 초반에 루시의 배 속에서 마약이 든 비닐봉지가 터지고 그녀가 격렬한 반응을 나타내며 평범한 20대에서 초인간적인 존재로 변모하는 장면이 나오는데, 그때 라이언이 내게 바짝 다가와 괜찮냐고 물었다. 내가 가족처럼 생각하는 라이언은 그 누구보다도 내 정신 상태를 면밀하게 잘 파악하는 친구로, 내가 미처 깨닫기도 전에 조증이나 우울증이 발병한 것을 알려 준 적도 여러 번 있었다. 러닝 타임은 90분 정도였는데, 영화 중반 무렵 나는 정신증을 완화하기 위해 응급약을 꺼냈고 C의 체리 맛 콜라를 마시며 삼켰다. 밖으로 나갈까도 생각해 봤지만, 루시에게 무슨 일이 벌어지는지 보고 싶었다. 내가 그 약을 먹었던 것은 어느새 자제력을 잃고서 나 자신을 내버려 둔 채 영화 속으로 빨려 들어가는 기분이 들었기 때문이다. 나도 루시처럼 보통 사람들보다 두뇌 사용량이 늘어나고 있으며, 내가 노력한다면 그 힘으로 물체를 파괴할 수 있다는 믿음으로 내 뇌가 움찔대는 것을 느낄 수 있었다. 영화가 끝났을 때, 나는 자리에서 일어나 앞이 안 보이는 어둠 속에서 나머지 세 사람을 제치고 서둘러 밖으로 나갔다.

다음으로 에디가 복도로 나왔다. 나는 괜찮은 척 애쓰면서 그에게 물었다. "혹시 지금 나만큼 힘들어요?"

"음, 지금 뇌의 20퍼센트만 사용하고 있는 것 같아요."

영화에서는 뇌를 20퍼센트 가까이 사용하게 되면 무려 음파 탐지가 가능하다.

– –

지난겨울 나는 C와 함께 〈닥터 후〉를 보고 있었는데 정신증 삽화가 시작됐다. 삽화가 끝날 무렵, 나는 무슨 상황인지 전혀 이해할 수 없었다. "텔레비전에 나오는 일이 지금 어딘가에서 일어나고 있는 거야? 저거 다른 곳에서 있었던 일이야?"

C는 나에게 텔레비전의 개념을 설명해 주었다. 그 드라마에 나온 배우들은 다른 드라마와 영화에도 출연했고, 배우들의 삶은 드라마와 영화에서 일어난 사건과는 아무 관련이 없고, 배우들은 드라마와 영화 속 비현실과는 별개인 현실 세계에서 살아가고, 드라마와 영화는 현실을 살아가는 사람들이 작성한 대본을 토대로 만들어지고, 그 사람들은 나와 같은 작가들이라고 말해 주었다. 나는 괴롭고 혼란스러운 상태로 지내다가, 내가 마땅히 믿어야 할 세계와 흡사한 요리 리얼리티 프로그램 〈마스터 셰프〉를 시청하

고서야 좀 나아졌다.

　한번은 활성 정신증 삽화가 찾아온 아픈 시기에 이런 일이 일어나기도 했다. 예를 들어, 우리는 〈헝거 게임: 캣칭 파이어〉(당시 극장에서 상영 중이었고 내가 보고 싶었던 영화)를 보지 말아야 한다는 것을 직관적으로 알았다. 영화 속 세계는 현실 세계가 아니었고, 극장에서 영화를 보는 경험은 혼란에 빠진 내 뇌가 감당하기에는 벅찬 몰입감을 줄 것이기 때문이었다. 거대한 스크린을 마주하고 돌비 서라운드 음향에 둘러싸이게 되면 내가 동요하게 되리라는 것을 우리는 알았다. 나는 헝거 게임을 실제로 믿게 될 것이다. 그리고 어느 쪽이든 내가 속했다고 믿는 쪽을 걱정할 것이다. 나에게 과연 승리자가 될 만한 정신적·육체적 민첩성이 있는지도 궁리하게 될 것이다. 우리가 〈루시〉를 보기로 결정한 것은 내가 그 대체 현실의 힘을 견뎌 낼 수 있을 거라고 믿었기 때문이다.

－ －

　나는 정신증이 나타날 때의 느낌을 알아채지 못했다. 정신 이상 상태가 '된다'는 게 어떤 것인지 이해하지 못했기 때문이다. 하지만 그 붕괴되는 양상에 치닫기를 반복하다 보니 이제는 내 정신증 삽화에 선행하는 징후를 알고 있다. 다른 경로로 가거나, 걷지 않고 날아 다니는 사람들까지 대변할 수는 없지만, 내 정신이 급속도로 균열 상태에 접어드는 느낌은 꽤나 익숙해졌기 때문에 잘 묘사할 수 있다. 다만 "피가 벽을 타고 흘러내리는 것을 보았어",

"집주인이 내 아파트에 카메라를 설치했어"라는 식으로 환각 자체를 이야기하기는 쉽지만, 현실이 아닌 것을 보고 믿게 되는 그 환각의 과정을 설명하는 것은 어렵다. 나는 공황 발작의 증상을 줄줄 읊을 수 있다. 짧은 호흡, 사지 마비, 빠른 심장 박동, 죽음이 임박한 느낌 등이 있지만, 정신증의 느낌을 나열해 보려고 하면 막상 떠오르는 표현이 없다. '전형적인 정신장애'로서 조현병의 증상에는 증상군 I의 망상, 환각, 와해된 언어(양성 증상)와 증상군 II의 무감동, 감정 결핍(음성 증상), 그리고 심각하게 와해된 행위 또는 긴장증적 행위가 포함된다. 이런 증상은 대체로 타인도 식별할 수 있다. 의료인에게는 다행스러운 일로, 만약 그렇지 않았다면 소통이 거의 불가능하고 논리적으로 의사를 전달하기 힘든 환자를 치료하기가 어려웠을 것이다. 정신증을 겪고 있는 사람은 현재 자신에게 일어나고 있는 혼란을 조리 있게 이야기할 수 없지만, 정신증이 지나간 뒤에는 그게 어땠는지 설명할 수 있다.

〈루시〉를 보다가 그랬던 것처럼, 나는 정신증이 시작되려 하면 뭔가 잘못되고 있다는 불안감을 느낀다. 그 감각은 내 안에서 변이되는 그로테스크함에 국한되는 것이 아니라 세상 곳곳으로 뻗어 나간다. 일은 왜 이런 식으로 돌아가는지, 내가 어떻게 하면 나아질지 의문을 품는다. 하지만 그렇게 초조한 마음으로 일상을 어떻게든 관통해야만 하는 것에 그치지 않는다. 하늘, 벽, 나무, 반려견, 창문, 커튼, 바닥처럼 일상의 사소한 부분이지만 내 시선을 잡아끄는 추상적이면서 실재적인 모든 것을 감당해야 한다. 하지만 그런 능력은 차츰 줄어들다가 결국엔 아예 없어져 버린다. 세상에 신경을 쓰면 쓸수록, 응집성이 더는 존재하지 않음을, 혹은 빠르게 사라지고 있음을 여실히 깨닫는다. 세상이 산산이 흩어지고 있기 때문에, 애초에 응집되어 있었던 적이 없기 때문에, 내 정신이 더는 온전히 일관성을 유지하지 못하기 때문에, 혹은 이 모든 경우가 한데 뒤섞여 있기 때문에. 가령 하늘과 커튼은 둘 다 하나의 세상에 속해 있지만 나는 한 번에 하나씩만 이해할 수 있고, 방안에 개가 들어오면 그 개는 내가 다루어 내야 하는 완전히 새로운 대상으로서 내 시선을 끈다. 사람들은 발달장애인들이 세상 복잡한 일을 모르고 사니 평온할 것이라고 쉽게 말하고, 미친 사람은 생각이 없을 테니 안락할 것이라고 무신경하게 말하지만, 소위 미친 사람인 나도 정상과 비정상 사이의 리미널 스페이스^{liminal space}[1]에서 뭔가 잘못되어 가고 있다는 것 정도는 충분히 인지한다.

뭔가가 잘못되어 간다. 그러다 '완전히' 잘못되어 버린다. 전구기가 지나면 나는 거의 참을 수 없는 상태에 돌입한다. 하나의 단계에서 또 다른 단계로 옮겨 가는 순간은 보통 급격하고 뚜렷하다. 나는 고개를 돌려 일순간에 내 동료들이 모두 그들과 똑같이 생긴 로봇으로 대체되었다고 생각한다. 혹은 내 재봉틀을 흘끗 보다가 내가 죽었다는 생각에 잠긴다. 이런 식으로 나는 몇 달에 한 번씩 망상에 빠진 채 지내게 되는데, 마치 얇은 장벽을 뚫고 이리

[1] 어떤 공간이 제공하던 의미와 기능, 세계성, 인간 활동이 상실된, 즉 사적 공간과 공적 공간의 경계가 허물어진 상태를 뜻한다.

저리 마구 흔들리는 세계로 들어간 것 같다. 하지만 아무리 많은 약을 삼켜도, 혹은 아무리 되돌아가려고 몸부림쳐도 다시는 제자리로 돌아갈 수 없을 것 같은 기분이다. 내가 아는 것(이 사람들은 로봇이 아니라 진짜 사람들이고, 나는 죽지 않고 살아 있다는 것)이 사실이라는 말을 앵무새처럼 되뇔 줄 아는데도, 내가 믿는 것이 그 무엇이건 진실이 된다. 현실의 원리를 차분히 되풀이하다 보면 무언가를 '믿는다'는 개념은 공허해진다. 환각을 경험할 때, 무언가를 '본다'거나 '듣는다'는 개념도 마찬가지로 신뢰할 수 없다. 나는 몸을 획 수그리거나 뛰어올라서 피할 수 있을 정도로 '그것'을 잘 본다. 하지만 나는 으스스한 악마가 갑자기 나타나는 비밀의 문 따위는 없다는 진실을 잘 알고 있다.

– –

대체로 영화는 하고자 하는 이야기를 보여 주기 위해 만들어지며, 그런 힘이 효과적으로 발휘되었을 때 우리는 찬사를 보낸다. 오스카상을 받은 영화에 눈물을 흘리고 경탄을 보내는 것은 우리가 어느 정도 영화 속 이야기를 믿기 때문이다. 영화를 볼 때 우리는 불신을 버리기로 암묵적으로 합의한다. 이야기가 흡인력 있고 감독의 솜씨가 뛰어나면, 우리는 영화 속에서 배우가 사랑하는 사람을 떠나려 하는 장면을 믿는다. 그 배우가 자신의 고통을 우리에게 이입시킬 만큼 노련한 연기를 펼치면 우리는 함께 아파하고 그의 슬픔은 우리의 슬픔이 된다(물론 우리가 공감하는 고통은 어느 정도 거리를 둔 것이지만, 그래도 움찔하게 될 만큼 가깝다). 아무리 진부한 멜로드라마일지라도 그것이 우리의 가장 부드러운 곳을 파고들어 우리 자신의 공감 능력을 재발견하는 즐거움을 주기만 한다면, 눈물을 짜내는 신파 영화조차도 인상적으로 느껴질 수 있다.

영화의 기술적 진보는 어떻게든 좀 더 나은 리얼리즘을 구현하려는 데서 탄생한다. 뒤편에서 필름의 릴이 덜컹대며 돌아가는 소리와 함께, 혹은 오르간 연주자의 라이브와 함께 영사되는 영화를 보는 것은, 대형 아이맥스 스크린으로 영화를 보는 것과는 다른 경험을 선사한다. 나는 〈루시〉의 도입부에서 선사시대의 루시가 등장하는 유명한 장면을 보며 경탄하지 않을 수 없었다. 신기원을 이룬 〈터미네이터 2〉나 〈쥬라기공원〉은 말할 것도 없이, 〈매트릭스〉(개봉 시 내가 보았던, 그리고 지금은 감히 다시 볼 엄두가 나지 않는, 현실과 비현실의 경계를 와해시키는 영화) 이후 컴퓨터그래픽이미지(CGI)가 얼마나 뛰어나게 발전했는지를 실감했기 때문이다. 1993년 CD-ROM에 담겨 발매된 교육용 영상인 〈마이크로소프트 공룡〉을 어린 시절에 보고 무척 열광했다. 그것은 내가 처음으로 경험한 3D 컴퓨터 애니메이션이었다. CGI가 익숙해진 이 시대에 이런 궁금증이 생긴다. 만약 20년 후쯤에 〈미이라〉나 〈우주전쟁〉과 같은 영화들을 다시 본다면, 옛날에는 어떻게 이런 걸음마 수준에 불과한 기술에 쉽게 속아 넘어갔을까 하며 멋쩍은 웃음을 짓게 될까? 인터넷에서는 '역대 가장 뛰어난 CGI 영화 장면들'만큼이나 쉽게 '역대 가장 어설픈 CGI 영화 캐릭터들' 목록을 찾아볼 수 있다. 루시는 시간 여행을 통해 과거로 가서 최초의 유인원인 루시를 만난다. 이 선사시대의 루시는 말을 하고, 표정을 짓는다. 이 장면에는 진짜인 것들과 그래픽으로 만들어 낸 가짜인 것들이 섞여 있다. 진짜 또는 가짜 강, 진짜 또는 가짜 하늘. 하지만 나는 그 차이를 구별할 수가 없다.

다음 날 아침, 식사를 하면서 나는 C에게 〈루시〉에 대해 이야기를 나누자고 했다. 내가 어떤 부분 때문에 혼란을 겪었는지를 파악할 수 있다면 다음부터는 어떤 영화를 피해야 할지 분간할 수 있을 것 같았다.

C가 말했다. "만약 누군가 현실에서 루시처럼 초능력을 쓸 수 있다고 말한다면 정신이 이상한 사람 취급을 받을 거야. 하지만 영화에서 루시는 그런 취급을 받지 않고 실제로 그런 능력을 썼다는 점이 네 안의 무언가를 건드린 게 아닐까 싶어." 〈루시〉는 내 현실(그리고 정신증이 발현됐을 때 내가 믿어야 하는 내 주변의 현실)이 진짜가 아니라는 느낌을 준 것 같다. 또한 생생한 영화적 장치로 마치 영화 속 현실이 실제로 존재한다는 착각을 불러일으킨 듯하다.

– –

2001년에 개봉한 영화 〈뷰티풀 마인드〉는 러셀 크로가 연기한 수학자 존 내시의 삶을 그린 작품으로, 조현병이 그의 인간관계와 일에 미친 영향을 중점적으로 다루고 있다. 관객을 내시의 '뷰티풀 마인드' 속으로 이끌기 위해, 론 하워드 감독은 샤말란 감독이 자주 구사하는 기법을 사용한다. 존 내시가 프린스턴대에 다닐 때부터 그의 곁을 지킨 오랜 친구, 친구의 매력적인 조카, 국방부의 근엄한 상사가 모두 가상의 인물로 밝혀지는 반전이 그것이다. 〈뷰티풀 마인드〉에서 정신증은 어린 시절 상상 속의 우정이 심화된 형태 이상도 이하도 아니며, 그가 회복된 후에도 그를 따라다닌다. 노벨 경제학상을 받는 마지막 장면에서 내시는 세 명의 상상 속 친구들을 바라본다. '조현병은 영원하다'는 점을 암시한 셈이다.

　〈뷰티풀 마인드〉는 조현병을 너무 평면적으로 묘사했다는 비판을 받곤 한다. 나는 이 영화를 예일대 이상심리학 수업에서 열린 추천 영화 상영회에서 처음 보았다. 이 영화를 선정한 목적은 우리에게 할리우드 영화가 정신증을 얼마나 그릇되게 묘사하는지를 보여 주려는 것이었지만, 하워드 감독이 영화적 허구를 사용한 방식은 망상의 은유라는 시각에서 볼 때 전혀 조악하지 않다. 에드 해리스가 연기한 국방부 상사 윌리엄 파처는 엄밀히 말하면 반복적으로 나타나는 환각(걷고 말할 수 있는 감각의 트릭)이지만, 공산주의자들로부터 미국을 지키기 위해서는 정교한 소련의 암호를 해독해야 한다는 내시의 편집증적 믿음의 발단이 된 인물이기도 하다. 그의 불길한 출현이 없었다면, 관객들은 내시가 국가 안보 문제에 얽혀 있다는 설정을 믿지 않았을 것이다.

　그로부터 몇 년 후, 나는 처음으로 환각을 경험하게 되었다. 그것은 〈뷰티풀 마인드〉에서 나타난 허구의 인물들과는 전혀 달랐다. 그리고 얼마 뒤 망상도 찾아왔다. 이제 나도 노벨상을 한번 기대해 봐도 좋지 않을까 싶다.

— —

나는 결국 극장에서 〈헝거 게임: 캣칭 파이어〉를 봤다. 그때는 정신증이 나타나지 않은 상태였기에 C와 함께 저녁 7시 영화를 보기로 했다. 우리는 샌프란시스코 일본인 타운에 있는 가부키 극장의 안락한 의자에 앉아서 주인공 캣니스 에버딘이 생존을 위해 벌이는 사투를 지켜보았다. 특히 인상 깊었던 장면은 재잘어치라는 새의 공격이었다. 한 전투에서 에버딘은 유전자가 조작된 재잘어치들에게 둘러싸여 공격을 받는다. 그 새들은 에버딘 동생의 비명 소리를 흉내 내는데, 이에 에버딘은 당황하며 패닉 상태에 빠지게 된다. 그러자 그녀의 동료 피타는 그건 진짜가 아니라고 말하지만, 보이지 않는 장벽 때문에 가로막힌다. 피타가 아무리 애써도 에버딘은 그의 설명을 듣지 못한다. 이 장면은 너무나 많은 것들을 상징하는 것처럼 느껴졌다. 나중에 주차장으로 걸어가면서 C가 말했다. "재잘어치가 공격하는 장면 기억나?"

나는 기억난다고 대답했다.

"보기가 힘들더라." 그가 말했다.

극장에서 우리는 영화에 몰입해 그 서사에 흠뻑 젖으려 했지만, 현실과 영화의 경계는 단단했다. 나는 영화 속에 매몰되지 않은 채 충분히 영화를 즐길 수 있었다. 상영관에 조명이 켜지고 관객들이 움직이기 시작했을 때, 나는 집으로 돌아갈 채비를 하는 여느 연인들처럼 C의 손을 잡았다.

존 도, 정신증

환각

나는 생각지 못한 공교로운 순간에 존을 보곤 했다. 존의 환영은 내가 그를 마주칠 수도 있을 법한 낯선 도시에서 나타나곤 했다. 그는 내가 집 근처에 있을 때도 나타났다. 누군가의 생일을 축하하기 위해 어느 바에 있던 밤에 그랬듯이 말이다. 그날 밤 나는 존과 너무 닮아서 도저히 눈을 뗄 수 없었던 한 남자를 줄곧 쳐다보고 따라다니며 시간을 보냈다. 마치 존의 도플갱어 같은 그 남자는 어떤 여자와 함께 있었는데, 한 손에는 갈색 술이 담긴 잔을 들고 다른 한 손은 여자의 몸에 얹은 채 웃고 있었다. 나는 바에서 나와 몸을 떨며 인도에 서 있으면서도 열린 창문으로 계속 그를 쳐다보았다.

그 일은 2006년 어느 바에서 일어났다. 존은 약 10년 전 고등학교를 다닐 때 사귄 남자친구였고, 2003년 이후 그와 연락이 끊긴 상태였다.

이런 종류의 신기루는 학대와 강간 생존자들에게서 드물지 않게 나타난다. 강간 생존자들을 위한 온라인 커뮤니티에서 사람들은 이런 이야기를 나눈다. "저는 2년 전 거의 죽을 뻔했던 제 아파트에서 계속 살고 있어요. 핏자국도 여전히 있어요." "이상하지만 아직도 그의 냄새를 맡을 때가 있어요. … 자러 가기가 무서워요."

두 여성은 마치 합창이라도 하듯 이렇게 말한다. "어디를 가든 그의 얼굴이 보여요." 어떤 영화에서는 한 여자가 퇴근해서 집으로 가고 있다. 그녀는 인파를 헤치며 걷다가 그를 본다. 그녀는 공포에 질려 다시 확인한다. 그러면 거기에는 기껏해야 열두 살도 채 안 된 소년이나, 아니면 그녀의 기억 속 잔혹한 포식자의 모습과는 딴판인 중년의 신임 CEO가 서 있다. 뇌리에서 사라지지 않는 생각 때문에 헛것을 본 것이다. 그를 생각하고 있지 않아도, 그에 대한 생각이 떠나지 않는다. 그는 내 마음속에서 가장 엉망진창으로 황폐해진 곳에 있는 부서진 주유소에서 기다리고 있다. 나는 이따금 침대에 누워 남편을 올려다보면서 그의 머리카락을 연신 어루만진다. 남편의 얼굴이 존으로 변해 버리기 때문이다. 그럴 때는 남편의 머리칼을 매만지는 것이 시각적인 혼란을 멈출 수 있는 유일한 방법이다.

— —

전쟁 이후 한 군인이 살아가는 모습을 연대기적으로 그린 제니퍼 퍼시의 『데몬 캠프』에서, 한 익명의 신경심리학자는 퍼시에게 트라우마의 신경학적 영향에 대해 말한다. "때로는 편도체가 커지고, 해마가 줄어듭니다. 트라우마는 염증, 위축, 뉴런 사멸 및 수축을 유발할 수 있습니다. 뇌의 일부분이 약해지고, 재배열되고, 죽을 수도 있습니다." 조현병이 뇌에 생리적 손상을 가한다는 것은 널리 알려진 사실이다. 한 연구에 따르면, 가장 큰 조직 손실은 초기 삽화 후 2년 이내에 발생하고, 그 이후에는 속도가 더뎌질 수 있어도 손실은 계속된다. 따라서 트라우마와 조현정동장애가 결합되면 강력한 신경학적 시한폭탄이 될 수도 있다.

나는 2014년 봄에 외상후스트레스장애(PTSD)가 발병했다. 그전까지 PTSD에 대해 내가 알던 것이라고는 분쟁 지역에서 공습을 당한 친구의 경험과 소설 속 인물들의 이야기가 전부였다. 나는 밤마다 찾아오는 한기와 식은땀, 소리와 냄새에 관한 극도의 예민함, 그 밖의 육체적 고통이 모두 만성질환의 합병증 때문이라고 생각했다. 하지만 나는 악몽을 꾸기 시작했고, 그런 날에는 공포에 질린 채 어둠 속에서 과호흡을 하며 침대에 앉아 밤을 꼴딱 지새웠다. 어떤 밤에는 아무 소리에나 소스라치게 놀라곤 했다. 거리의 개 짖는 소리에도, 오디오북에서 '엘레건트'라는 단어를 발음하는 소리에도 깜짝깜짝 놀랐다. 하룻밤에 대략 스무 번씩은 놀랐는데, 놀랄 때마다 과잉 각성이 점점 심해져서 온 신경이 곤두서는 지경까지 이르렀다. 반듯이 누워 있으면 증상이 급속도로 나빠지는 바람에 침대 머리에 기대어 앉은 채로 잠을 자기 시작했다. 나는 내 정신과 담당의에게 이메일을 보냈다. 내용은 이렇게 시작했다. "제가 PTSD 같은 걸 겪고 있는 것 같아요."

M박사는 가능한 치료에 대한 설명과 함께 내가 겪은 증상이 '만성 PTSD'라는 답변을 보냈다. "당신의 경우는 조현정동장애로 인해 훨씬 더 복잡합니다. PTSD가 조현정동장애보다 더 심각한 질환은 아니더라도, 그 자체로 추가적 요인입니다." 나는 더 이상 약물도 효과가 없는 조현정동장애를 가지고 있었기 때문에, PTSD는 몹시 고통스럽기는 해도 조현정동장애와는 달리 고칠 수 있는 병처럼 느껴졌다. M박사는 내게 트라우마에 특화된 요법을 찾아볼 것을 권장했다. 내 증상이 수면을 방해하므로, 주의력결핍 과잉행동장애를 위한 비자극 치료제이자 과잉 각성 및 악몽에도 비공식적으로 사용되는 인튜니브도 처방해 주었다. 나는 이러한 새로운 약과 새로운 형태의 요법이 있어서, 이런 상태를 없앨 수 있다는 희망이 있어서 다행스러웠다.

그 시기에 내 문학 취향이 바뀌었다. 『스노우맨』을 시작으로 요 네스뵈의 스릴러를 읽기 시작했다. 연쇄 살인마가 여성들을 고문하고, 절단하고, 죽여서 '스노우맨'으로 만드는 이 소설은 내가 요 네스뵈의 〈해리 홀레〉 시리즈 중 처음으로 읽었던 책이다. 나는 그 시리즈를 전부 다 읽고, 오디오북으로 고문을 묘사하는 소리를 들으며 잠들거나, 개수대에 핸드폰을 세워 놓고 샤워하면서 부검 장면을 들었다. 이 책 속의 희생자들, 특히 그로테스크한 폭력에 노출되는 희생자들은 거의 다 여성들이었다.

하지만 그의 책들이 워낙 많아서, 나는 깨어 있는 거의 모든 순간을 폭력으로 채워야 했다. 나는 『더 킬링』과 『한니발』에 이어

『더 폴』까지 연이어 보았는데, 이는 『더 킬링』과 『한니발』에서 특히 잔인했던 에피소드를 다시 반복해서 읽는 셈이기도 했다. 나는 비슷한 장르의 다른 책들도 오디오북으로 들었다. 그중 몇몇 책은 형편없는 문장으로 쓰여 있어서 조현정동장애나 트라우마보다 더 빠른 속도로 내 뇌세포를 죽이고 있는 것 같았다. 나는 스티그 라르손의 〈밀레니엄〉 시리즈 3부작을 읽고, 스웨덴어로 된 영화도 보았다. 여자의 몸이 조각조각 잘려 있거나 여기저기 흩어져 있거나 형체를 알아볼 수 없는 상태로 쓰레기 봉지 안에서 발견되는 비유를 사용하는 작가들이 그렇게나 많다는 것은 참 인상적이고 소름 끼치는 일이다. 이 정도면 서점에 '미스터리'나 '흑인 문학' 매대 대신에 '곤경에 처한 여자들' 매대가 생겨도 이상하지 않을 것 같다.

그런데 내가 왜 그러고 있었을까? PTSD 환자들 중에는 트라우마를 '고치기' 위해 의식적 또는 무의식적으로 자신을 위험에 빠뜨리는 사람들이 있다. 나는 이 여성들의 삶을 간접 체험하면서 그렇게 하고 있었던 것 같다. 어쩌면 그것은 일종의 노출 요법이었다. 내가 폭력을 충분히 경험한다면, 여자들의 몸이 조각난 채로 발견되는 묘사를 충분히 듣는다면, 내 교감신경계가 그 지옥을 좀 진정시키도록 유도할 수 있을 것 같았다.

나는 스탠퍼드대 4학년 때 처음으로 정신증 증상을 경험했다. 창밖에서 여자아이들이 도와 달라고 소리 지르는 환각이었다. 맨 처음 환각이 찾아왔을 때 경찰을 불렀다. 경찰은 현장을 수색

하고 나에게 아무도 없다고 말했다. 두 번째에는 엄마를 불렀다. 엄마는 다시는 경찰을 부르지 말라고 했다. 도와 달라는 아이들이 환각이라고 대놓고 말하진 않았지만, 그런 뜻이었다. 아이들은 예기치 못한 순간에 나타나 내 혼을 빼놓았다. 이제 그들을 끝까지 추적한다. 이제 나는 그들을 찾아낸다.

사고장애

안구운동 민감소실 재처리 요법(EMDR)은 트라우마로 인한 심리적 상태를 치료하는 데 자주 사용되는 방법이다. 프랜신 샤피로 박사가 고안한 대로 '진정한' EMDR 치료를 하려면, 국제 EMDR 협회나 EMDR 유럽의 수련 지침과 기준을 준수해야 한다. 그러한 수련 지침과 기준은 샤피로 교수의 『EMDR: 기본 원칙, 프로토콜, 절차』에 수록되어 있다.

이 책은 현재 emdr.com에서 70달러에 구매할 수 있다. 샤피로 박사의 『과거 극복하기: EMDR 요법을 통한 자기 계발 기술로 주도적인 삶을 영위하라』도 17달러라는 부담 없는 가격에 구매할 수 있다.

내가 20대 초반이었을 때 한 상담사는 내가 트라우마에 "꼼짝없이 사로잡혀" 있다며 간단한 버전의 EMDR 치료를 한 적이 있다. 나는 그때도 그녀의 생각이 틀렸다고 생각하지 않았는데, 지금도 마찬가지이다. 당시 존과의 관계는 수년 전에 끝났고, 그에게 당한 강간과 학대로 인한 '대문자 T 트라우마'¹는 그로부터도 수년 전에 발생한 것이었지만, 나는 거의 모든 치료 모임마다 존에 대해 말했다. 같은 이야기를 여러 가지로 변주해 말하는 등, 그 화제에서 벗어나지 못하는 바람에 현재에 관한 고민은 꺼내지도 못했다. 상담사는 EMDR를 시도해 보자고 제안했다. 그녀는 자신이 EMDR를 따로 배우지 않았지만 내 치료를 위해 배울 용의가 있다고 말했다. 나는 무엇이 됐든 해 볼 생각이었다.

EMDR의 체계는 이렇다. 샤피로 박사가 확립한 바와 같이 총 여덟 단계를 통해, 환자는 대상 사건과 그와 결부된 사진이나 장면을 평가하고, 대상 이면의 인식을 탐험하고, 주관적 고통 지수 등급이 0 혹은 0에 가깝게 감소할 때까지 안구 운동을 수행함으로써 트라우마를 처리하는 법을 배운다. 《뉴욕타임스》와의 인터뷰에서 샤피로 박사는 말했다. "목표는 환자가 생각, 감정, 기억, 그 밖의 연상들에 집중하는 동안 뇌의 정보 처리 체계가 새로운 내부적 연결을 형성하도록 하는 것입니다." 다시 말해, 정해진 방식으로 눈을 움직이는 동안 다른 생각에 집중하는 것이 뇌를 새롭게 한다는 것이다. EMDR의 탄생 비화에 따르면, 샤피로 박사는 숲속에서 산책하다가 눈동자가 이쪽에서 저쪽으로 움직일 때 부정적인 감정이 극도로 줄어드는 것을 발견했다.

EMDR 연구소에 따르면 환자들이 EMDR 요법을 통해 거의

I   재난, 테러 공격, 총기 난사 등의 극단적 쇼크 트라우마를 가리킨다.

즉각적으로 안도감을 느낄 수 있다고 한다. 나는 몇 번의 EMDR 모임을 마친 후 존에게 '사로잡힌' 내 상태가 눈 녹듯 사그라졌다고 말했다. EMDR 결과를 읽고 따라 하다 보니 마치 존의 사진이 컬러에서 흑백으로 변한 것 같았다. 존은 여전히 있었지만 흐릿해진 느낌이었다. 나중에 와서 보니, 그냥 『과거 극복하기』를 구매해서 스스로 EMDR를 시도했더라면 수십만 원의 비용을 아끼면서도 똑같은 결과를 얻지 않았을까 하는 생각이 든다.

— —

주관적 고통 지수(SUDS)는 심리학자 조셉 볼프가 개발한 체계이다. 그런데 우리가 경험한 고통 중 주관적이지 않은 것이 있을까? 내가 마침내 존과 관계를 끊은 지 얼마 지나지 않아 한 친구는 나와 존을 모두 아는 어떤 사람이 내가 존에게 강간당했다는 사실을 믿지 않았다는 이야기를 전해 주었다.

"정말 강간당했다면, 아직도 그와 연락을 할 리가 없어"라고 그 사람이 말했다고 한다.

주관적 고통 지수 8: 불안이 매우 높아져 그 생각이 머릿속을 끊임없이 지배하는 상태를 뜻한다.

망상

2006년, 나는 EMDR을 통해 치료가 되었다고 생각했다. 트

라우마가 완전히 사라지지 않았어도 그저 하나의 상처로 남은 것
같았다. 그로부터 8년 후, 나는 트위터에서 '존 도[2] 28'을 찾고 있다
는 글을 봤다.

> 현재 FBI에서는 아동 성범죄자 검거를 위해 여러분의
>
> 제보를 받고 있습니다.
>
> pic.twitter.com/w3GzJ77Fya
>
> fbi.gov/news/st

한 페미니스트 블로거가 공유한 이 글을 처음 보았을 때 나는
그저 읽고 넘겼다. 하지만 다음 날 같은 내용이 그녀의 트위터에
올라왔기에 링크를 눌러 봤다. 그 글에는 세 가지 흐릿한 사진이
합쳐진 JPEG 파일 하나가 있었다. 한 남자의 클로즈업된 옆얼굴,
정면에서 클로즈업된 얼굴과 남자 앞 파란색의 작은 형체, 그리고
남자의 티셔츠 가슴팍에 상어로 보이는 물고기 문양이 클로즈업
된 사진이었다.

"젠장" 소리가 저절로 나왔다. 아니, 어쩌면 머릿속으로 생각
한 말인지도 모르겠다. FBI에 따르면, 존 도 28은 금속재 안경을
쓰고 머리가 다소 벗어진 30~40대 남자로, 소재 파악이 안 되고

---

2   미국과 캐나다 등지에서 신원 미상의 남자를 지칭할 때 사용하는 단어이
다. 이 책에서는 저자의 남자친구였던 존을 나타내는 중의적 표현으로 쓰
이고 있다.

있었다. 또한 그의 얼굴이 나온 아동 포르노에서 "조심해" 하고 영어로 말했다는 점에서 미국인일 것으로 추정되었다. 존 도 28 영상은 내가 사는 샌프란시스코의 어느 집을 급습하는 과정에서 발견되었다. 현상 수배 글은 FBI 샌디에이고 지부에서 작성한 것으로, 나는 이 트윗을 보기 6개월쯤 전에 존이 샌디에이고에 산다는 소식을 들은 터였다.

영상 속 남자가 존인지 알 수 없었다. 영상은 흐릿했고, 얼굴도 제대로 보이지 않았다. 나는 앞으로 어떻게 해야 할지 친구와 의논하기도 하고, 사진에서 직감적으로 익숙한 느낌이나 공포심이 드는지 확인하기 위해 계속 들여다보기도 했다. 또한 존이 그 남자가 입은 버건디 셔츠 같은 옷을 입었었는지 곰곰 생각해 보았다. 존이 가슴께에 상어가 그려진 셔츠를 가지고 있었던가? 나는 그에게 진한 분홍색 바지를 선물한 적이 있었는데, 그는 엄마가 버릴 때까지 그 바지를 입었다고 말한 적이 있었다.

나는 FBI에 전화를 걸었다. 케이블 인터넷 업체에 전화하는 것과 별반 다르지 않았다. 활기찬 음성이 흘러나왔다. 녹음된 여성의 목소리로 전화를 줘서 감사하고 조금만 기다려 달라는 말이 들렸다. 상담원과 연결이 되자 나는 내가 아는 사실을 이야기했다. 내 전 남자친구이자 성범죄자로 등록된 사람이 용의자 존 도 28을 닮았다는 내용이었다. 상담원은 내 연락처를 받고 도움이 필요하면 연락을 주겠다고 말했다. 요즘도 나는 존 도 28의 정체가 밝혀졌는지 확인한다. 물론 FBI에까지 전화를 걸어 두 남자가 비슷하게 생겼다고 말하는 게 이상한 행동처럼 보일지도 모르지만, 내 주변에는 그 두 사람이 비슷한지 확인해 줄 사람이 없다. 이는 마치 내가 환각을 경험하고 있다는 의심이 들 때, 친구에게 "너 저거 들었어?"라고 묻는 것과 비슷하다. 현실 체크^{reality check}는 정신장애를 가진 사람들이 흔히 사용하는 방법이다. 하지만 이제 내 주변에는 존이 어떻게 생겼는지 아는 사람이 아무도 없다. 그동안 나는 할 수 있는 모든 방법을 동원해 그를 내 인생에서 지우려고 노력해 왔기 때문이다.

긴장증

몇 년 동안 나는 C에게 과거의 일들에 대해 말하고자 했으나, 그가 듣는 걸 원치 않아 했다. 나는 길에서 지나가는 사람들을 붙들고 내 이야기를 들려주고 싶었다. 하지만 그것은 불가능할뿐더러 현명한 일도 아니었다.

내게 일어났던 일을 이야기할 때, 나는 무덤덤하게, 때로는 태연하게 말하고 있는 나 자신을 마주친다. 고등학교 때 사귀던 사람이 있었다. 그 사람은 나를 학대하고 강간했다. 나중에 그는 아동 포르노를 소유하고 미성년자를 유혹하려 한 혐의로 체포·수감되었는데, 그는 경찰 신분이었으므로 메건법에 따라 성범죄자로 등록되었다. 마침내 2003년, 나는 그에게 우리 관계는 끝이라고 말했다. 하지만 여기에는 생략된 이야기가 있다. 나는 그를 사랑한 반면, 그는 나를 전혀 사랑하지 않았다. 그는 나를 착취했지만 나는 그것을 애써 외면하고 있었다. 허구적 서사에서 모순은 미묘한 의미를 품은 것이지만, 트라우마 서사에서 모순은 적절치 않은 것으로 여겨진다.

요즘 나는 존 도와 나 사이에 벌어진 일을 상세하게 이야기하기가 망설여진다. 그간 내가 별것도 아닌 것에 너무 예민하게 반응한 결과로 실제보다 더 큰 상처를 자초하면서 울고불고한다는 말을 들어 왔기 때문이다. 여기서 강간에 대해서는 구구절절 이야기하지 않겠다. 그렇게 하면 판사이자 배심원인 독자 앞에서 증언하는 기분이 들기 때문이고, 서툴고 어설픈 증언을 해야 했던 악몽은 이미 충분히 경험했기 때문이다. 내가 그 일이 끔찍했다고 말한다고 해서 듣는 사람이 그 말을 꼭 믿으라는 법도 없지만, 애당초 그런 이야기는 꺼내지 않으려고 한다. 이제는 내 안에만 담아 두려 한다. 그때 그 가로등의 불빛과 그의 눈빛을.

사회 인지의 결함

언젠가 존은 이런 말을 했다. "난 내 문제가 뭔지 알아. 뭐가 문제인지 알아보러 굳이 정신과에 갈 필요도 없지." 그는 가방에서 액체와 허브가 들어 있는 작은 병을 꺼냈다. "대신에 난 이걸 마시고 있어."

나는 너무 겁이 나서 그가 무엇을 마시는지, 그의 문제가 무엇인지 묻지 못했다. 겉으로 보이는 그의 상태로 짐작하건대 양극성장애를 이야기하는 것 같았다. 예를 들어, 그는 걷다가 멈춰서 벽돌을 집어 들고 가까이 있는 창문에 던진 다음, 아무 일도 없었다는 듯이 다시 걸었다. 누군들 그가 겪는 문제를 알았을까? 무엇이 그에게 그렇게 끔찍한 일을 하게 만들었을까? 그와 연락을 끊기 얼마 전 받았던 편지에는 "너를 강간해서 미안해"라는 구절이 있었다. 그는 자신이 한 행동의 원인을 약물 탓으로 돌렸다.

그와 연락을 끊은 후, 나는 지인으로부터 그가 마침내 중독치료센터에 들어갔다는 소식을 들었다. 나중에 그가 다시 인터넷 접속을 할 수 있게 된 후, 그의 페이스북 페이지를 발견한 적이 있다. 그는 사람들이 경찰과 사법 체계를 맹목적으로 신뢰하며, 그곳에서 나온 정보로만 그와 그의 인생을 판단한다고 강한 욕설과 불만이 담긴 글을 적어 놓았다.

나 역시 그의 인생에 대해 꼬치꼬치 살피는, 그가 원치 않는 사람들 가운데 하나였다.

그는 미안해했다. 아니, 그는 미안해하지 않았다. 그는 화가 단단히 나 있었는데, 특히 구글에서 자신을 검색하면 가장 먼저 "[존 도의] 성범죄자 등록 정보"라는 부제가 붙게 만든 지역사회에 분노했다. 메건법에 따라 2004년부터 그러한 정보를 인터넷에 공개하는 것이 허용되었기 때문이다. 그의 범죄 기록은 영구적으로 남게 되었고 컴퓨터에 접근할 수 있는 사람이라면 누구든 볼 수 있다. 나는 20대 초반에 특정 범죄를 저지른 한 남자의 정보를 영구적으로 공개하는 것이 정의로운지에 대해 생각해 보았다. 메건 법 웹사이트에는 "이 법은 등록된 사람을 처벌하기 위한 것이 아니며, 등록된 사람을 괴롭히거나 그에게 범죄를 저지르기 위해 정보를 사용하는 것을 금한다"라고 규정되어 있다.

반면에 나는, 화가 나지는 않았다. 치유가 가능한 지점에 도달하기까지 여러 상담사들을 거치며 오랫동안 힘든 시간을 겪어야 했지만 말이다. 그 대신에 용서가 내게 평화를 가져다줄 것이라 믿으며 그를 용서했다. 2013년 말, 나는 10년간의 침묵을 깨고 그에게 메일을 보냈다. 나는 잘 지내고 있으며 당신도 그러기를 바란다고. 또한 그 당시에는 우리 둘 다 할 수 있는 최선을 다했노라고.

존이 답장을 보냈다. 내 소식을 듣게 되어 기쁘다고 말했다. 그는 사과를 하고 싶었지만 내 연락처를 잃어버렸다며 진심으로 계속 연락을 하고 싶다고 말했다. 나는 친구 미리엄에게 그의 말에 대해 어떻게 생각하냐고 물었다. "그도 행복한 삶을 살 권리는 있겠지. 하지만 너와 함께 행복한 삶을 누릴 자격은 없어."

이 용서의 메시지가 오고 간 것은 PTSD가 시작되기 전이었다. 악몽과 끝없는 공포의 물결이 밀려오기 전이었고, 내가 FBI의 글에서 그를 닮은 사람을 보기 전이었다. 용서는 선형적인 성질의 것이 아니다. 치유도 그렇다. 둘은 확 타올랐다가 사그라졌다가 한다. 내 조현정동장애의 증상도 마찬가지다. 나는 내 정신과 담당의의 표현대로, 이런 "오락가락하는" 상태를 통제하려고 노력해 왔지만, 진정 통제할 수 있는 게 있기는 한 것일까?

아직도 어떤 밤이면 칼날 끝에 서 있는 기분이 들고, PTSD의 공포와 알쏭달쏭한 비현실이 한데 섞인다. 그런 기분은 종이에 잉크가 물들 듯이 내 안에 퍼지고, 그러면 나는 예기치 않게 모든 종류의 자극에 취약해진다. 예를 들어, 영화 예고편은 내 원초적인 부분을 건드리는 동시에 아드레날린을 분출시키는 충격을 줘서 내가 현실이라 느끼는 감각에 허구를 끌어들인다. 이 위험한 상황으로부터 나를 안전하게 지키는 일을 보란 듯이 해낼 때도 가끔은 있다. 공포심을 누그러뜨리고 현실에 발을 딛는 방법으로 〈그레이트 브리티시 베이크 오프〉를 시청하곤 했다. C는 기가 막힌 타이밍에 지난 에피소드를 보자는 말을 건넨다. 우리가 소파에 앉아 서로에게 엉긴 채 앉아 있으면 반려견은 우리 둘 사이에 자연스레 자리를 잡는다. 그리고 적절한 점도를 지닌 크렘 파티시에르 만드는 법을 배운다. 요리를 망치지 않으면서 패션푸르트나 장미수를 레시피에 넣는 것이 얼마나 어려운지 알게 되었다. 서서히 세상은 현실과 더 긴밀하게 닮아 있는 무언가로 응집된다. 공포심이 밀려올 가능성이 여전히 높지만, 그래도 사소한 자극에 촉발되지는 않는다. 이때쯤 나는 그에게 키스한다. 그리고 잠에 든다.

— — —

FBI에 전화한 날로부터 반년쯤 지난 어느 날, 나는 주방 테이블에 앉아 책을 읽고 있었고, C는 계란 프라이를 하고 있었다. 갑자기 C가 비명을 질렀다. 나중에 알고 보니 튀어 오른 기름에 덴 사소한 사고였지만, 나는 무의식적으로 자리에서 일어나 달음질 쳤다. 욕실에 들어가 문을 닫고는, 내가 뭘 하고 있는지, 그리고 무슨 일이 일어났는지를 간신히 생각하면서 변기 옆에 웅크리고 있었다. C가 덴 부위를 가라앉히려 안으로 들어왔다. 문이 열리자, 나는 네발로 기어서 C를 지나쳐 침실로 갔다. 침실 옷장 문을 열었다. 그러고는 빨지 않은 옷들이 깔린, 빛이 들지 않는 옷장 안으로 들어가 문을 닫았다.

칠흑같이 깜깜한 침실 옷장 안에서 울며 핸드폰으로 예전에 읽었던 존의 메일을 다시 찾아 읽었다. "우리 연락하면서 좀 더 많은 이야기를 나눌 수 있을까? 고마워, 행복하길." 내가 왜 그가 보낸 메시지를 읽고 있는지 알 수 없었다. 나는 뭔가 잃어버린 것, 뭔가 빼앗긴 것을 찾으려 하고 있었다. 나는 안전, 혹은 안전과 비슷한 무언가를 찾기를 바라고 있었다. 그는 나와 멀리 떨어져 있었기에 그가 나를 해할 일은 없었다. 하지만 나는 오래전에 내가 안전하다는 환상을 잃어버렸다.

지옥의 나날들

이 글을 쓰고 있는 지금 나는 코타르 증후군으로 알려진 정신증의 한 유형을 경험하는 중이다. 코타르 증후군은 자신이 이미 죽었다고 믿는 망상을 뜻한다. 작가가 혼란스러운 상태에 있다는 것이 곧 요점에서 벗어난 글을 쓴다는 의미는 아니다. 왜냐하면 요점에서 벗어나 있다는 사실이 바로 요점이기 때문이다. 나는 여기, 어딘가에 있다. 나는 생각한다, 고로 존재한다^{cogito ergo sum}.

— —

2013년 10월, 나는 샌프란시스코 정신건강협회에서 강연자 연수를 받고 있었다. 사무국의 신규 직원으로서 2014년부터 샌프란시스코 전역의 학교, 정부 기관, 기타 단체 등에서 정신장애인을 향한 반낙인^{anti-stigma} 캠페인 강연을 펼칠 예정이었다. 강연자 연수에서는 적절한 언어 사용에 대한 수업도 들었다. 양극성장애인^{bipolar}이라는 용어처럼 한 단어가 아니라, 양극성장애가 있는 사람, 양극성장애를 가지고 살아가는 사람, 혹은 양극성장애 진단을 받은 사람과 같이 풀어서 표현하는 것이 적절하다는 내용이었다. 강사들은 우리 자체를 질병과 동급으로 취급해서는 안 된다고 말했다. 우리는 장애와 기능 이상을 가진 개인들이다. 우리의 장애는 마치 천연두 담요[1]처럼 우리를 덮고 있다. 우리와 우리의 질환은 별개의 것이다.

나는 2012년 2월부터 8월까지 내 인생에서 가장 긴 정신증을 겪었고, 시중에 나와 있는 차세대 항정신병 약물들을 모두 복용한 이후에 1세대 항정신병 약물인 할돌을 복용하기 시작했다. 11월 4일이 되자 망상이 없어졌다. 그날 아침, 나는 사무실의 앤티크 재봉틀이 올려진 탁자를 물끄러미 보았다. 사실 온전히 그것을 쳐다보았다기보다는 무심코 붉은 목재를 보다가, 익숙한 비현실의 불안이 밀려오는 것을 느꼈다. 다음 날까지 완전한 형태의 망상이 찾아오지는 않았지만, 지금 내가 어떤 상태인지 알 수 있었다. 지난 몇 주 동안 남들에게 입이 닳도록 말했던 것처럼 내가 '흩어지는' 듯한 느낌은 없었으나 정신증 이전 단계의 신호와 경고가 있었기 때문이다.

그런 신호는 나뿐만 아니라 다른 사람들에게서도 일반적으로 나타나는 듯하다. 나의 경우, 스튜디오가 마음에 들지 않아 책상을 재배치하고 황금색 작약 무늬 포인트 벽지를 붙이는 식이었다. 또 다른 신호는 내 자아의 개념에 근원적으로 접근해 존재론적인 질문을 던지는 것인데, 이는 좀 더 명확한 고통의 신호로 볼

---

[1]   영국군이 신대륙 정복 전쟁을 벌일 때 영국군이 원주민 제압을 목적으로 천연두에 오염된 담요를 선물로 위장해 주었다.

수 있었다. 나는 내 근원적인 가치에 의구심이 들었다. 그래서 대니얼 라포르테의 『욕망 지도: 목표를 세우기 위한 마음 지침서』를 다시 읽었고, 나의 핵심적인 욕망의 감정을 발견했다. 그다음으로 파일로팩스에서 나온 플래너용 격자무늬 포스트잇에 다양한 색깔의 르펜 필기구로 그 감정들을 정성껏 적었다. 나는 나의 '기능적 뮤즈' 역할을 하는 친구와 함께 작업에 착수했고, 그 과정에서 '예술이란 무엇이고 그 기능은 무엇인가?'라는 질문을 계속해서 던지며 글쓰기와 예술과 나의 관계에 대한 탐색을 시작했다.

지나고 보니 그때 왜 그랬는지 이해가 간다. 과거에는 정신증 삽화가 나타나면 지푸라기라도 잡는 심정으로 정신증적 균열이나 연상이완에 대한 불안감을 어떻게든 떨치려고 의식이나 구조에 기대어 조합하고자 했다. 균열되기 시작한(뇌가 흐트러져 버리는) 내 정신의 조각들을 일관성 있게 모으려고 한 것이다.

하지만 이런 탐색은 문제를 해결해 주지 않았다. 내 파일로팩스 플래너를 위한 새로운 칸막이도, 내가 주문해서 쓰고 버린 다섯 개의 플래너도 그랬다. 나중에 상담사는 의식을 수행하는 것이 도움이 될 수 있다고 말했지만, 그것도 해결책은 아니었다. 해결책은 없었다.

— —

코타르 증후군은 쥘 코타르 박사가 1882년 처음 밝혀낸 질환으로, 그는 이를 '부정 망상증'이라 일컬었다. 그 이후 이 장애의 몇

몇 사례들이 세계 곳곳에서 보고된 바 있다. 한 예로, 한 53세 여성은 필리핀에서 미국으로 이주하고 얼마 지나지 않아 "자신이 죽었고, 부패한 살냄새가 나며, 죽은 사람들과 함께 있을 수 있게 시체 안치소로 옮겨지길 원한다고 [하소연했다]". 우리가 이 증후군에 대해 알고 있는 바는 전 세계적으로 얼마 안 되는 소수의 사례에 의존하는 것으로, 이는 《마인드 앤 브레인》에 실린 한스 더브라위너와 동료들의 비평 논문에 잘 요약되어 있다.

더브라위너와 그의 동료들은 코타르 증후군이 카그라스 증후군(내가 자주 경험해 온 또 다른 망상)과 관련이 있음을 시사한다. 이들 망상증은 흔하지 않은 장애로, 둘 다 방추형 얼굴 인식 영역과 감정을 처리하는 편도체에 영향을 끼친다. 이 망상증이 나타나면 나는 사랑하는 사람의 얼굴을 볼 때 드는 정상적인 감정을 느끼지 못하게 된다. 코타르 증후군을 앓는 사람도 친숙한 얼굴을 볼 때 드는 감정을 느낄 수 없다. 카그라스 증후군이 있는 사람이 망상으로 인해 자신이 사랑하는 사람들이 복제된 다른 존재들로 대체되었다는 결론에 이른다면, 코타르 증후군이 있는 사람은 자신이 죽었다는 결론에 이르는 것으로 보인다. 제임스 번 박사는 《사이언티픽 아메리칸》에서 코타르 증후군에 대해 이렇게 기술하고 있다. "우스꽝스럽게 보일 수 있지만, 이는 분명히 심각한 감정적 문제 혹은 뇌기능장애의 징후이다." 이들 망상증을 바라보는 경솔한 태도는 "시체 도둑의 침입"과 "역좀비 신드롬"과 같은 헤드라인(이들 망상증의 실제적인 공포와 아무 관련 없는 저급한 공포물 분위기를 풍기는 대중영합적·노골적 저널리즘)을 양산하는 요인으로 작용한다.

　TV 드라마 〈한니발〉 10화 '차가운 요리'에서는, 한 젊은 여자가 킬러로 밝혀진다. 드라마의 주인공 윌에게, 더불어 시청자에게 코타르 증후군에 대해 알려 주는 사람은 렉터 박사이다. "혹시 코타르 증후군을 의심해 보셨나요? 드물게 발생하는 증후군으로, 자신이 죽었다고 생각하는 망상장애죠. … 코타르 증후군에 걸리면 자신과 가장 가까운 사람들조차도 가면을 쓴 사기꾼이라 믿을 수 있어요." 조지아라는 킬러는 수년간 코타르 증후군으로 고통받아 왔다. 조지아는 살해한 사람의 얼굴을 갈가리 찢어 놓는데, 얼굴 아래 무엇을 감추고 있는지 확인하려고 그렇게 한 것으로 추측된다. 어느 시점에 윌은 조지아와 마주치는데, 아무 도움도 되지 않는 말을 외친다. "당신은 살아 있어!"

＿ ＿

　실제로 내가 코타르 증후군을 경험하던 어느 날, 해가 뜨기 직전에 나는 남편을 깨웠다. 반려견 다프네도 깨어나 이불에 파피용 혼합종 특유의 꼬리 튕기기를 시작했다. 나는 분명히 내 스튜디오에 있었는데, 지금은 남편을 흔들어 깨우고 있다는 기쁨에 들떠 눈물을 흘리고 있었다.

　"나는 죽었어. 당신도 죽었고, 다프네도 죽었어. 이제 나는 다시 시작할 수 있어. 모르겠어? 나한테 제2의 기회가 온 거라고. 이제 더 잘할 수 있어." 나는 말했다.

"너는 죽은 적이 없어." C가 부드럽게 말했다.

물론 C의 말은 내게 아무런 의미가 없었다. 그것은 그의 의견이고, 나에게는 확고한 믿음이 있었다. 하늘이 초록색이라고 말할 수야 있지만, 그게 말하는 대로 보이겠는가? 나는 일종의 사후 세계에서 제2의 기회를 얻었다는 믿음으로 마음이 들떠 있었다. 그러자 더 친절해지고, 더 너그러워졌다. 인터넷 다운로드에 문제가 생겨도 짜증을 내지 않았다. 광고 전화가 걸려 와도 상냥하게 굴었다. 내가 죽은 것은 사실이었지만 현재 사후 세계에 있다고 믿었기 때문에 정상성을 (심지어 한층 나아진 모습으로) 연기하는 것이 의미 있게 여겨졌다. 내 망상의 논리에 따르면, 이 사후 세계는 내가 '실제' 인생에서 온정을 충분히 보이지 않았기 때문에 나에게 주어진 것이므로, 비록 지금 내가 죽었어도 나의 죽음 역시 긍정적인 기회였다.

나는 트윗을 남겼다. "만약 당신이 이미 죽었고 현재 살고 있는 삶이 제2의 기회라면 무엇을 하시겠습니까?"

누가 봐도 이상하지 않을 '만약 ○○○이라면' 식의 흔한 질문이었다. 나를 포함해 자기 계발에 열을 올리는 사람들이라면 누구나 떠올릴 만한 것일 테지만, 나에게는 가정이 아니라 진짜였다. 나는 저 망상 속에서 꼬박 하루를 보내고 빠져나왔다.

M박사는 내게 현재 복용하는 약을 유지할 것이라고 단도직입적으로 말했다. 예전에 내 정신증 삽화를 멈추게 했던 할돌을 늘리는 것은 심각한 무쾌감증뿐만 아니라 치료법이 없는 지발성 안면 마비를 초래할 위험이 있었다. 따라서 다른 여러 항정신병 약물도 시도하지 않는다는 계획이었다. 내 상담사인 L박사는 망상이 환각보다 약으로 다루기 어렵다는 점을 지적했고, M박사는 내가 가진 조현정동장애가 약물에 저항적이라고 말했다. 두 사람은 모두 내가 대처할 수 있는 체계를 터득하고 수용하는 방법을 연습하는 것이 최선이라고 입을 모았다.

어느 시점에선가 나는 말문이 막혔다. 나는 M박사에게서 다소 물러나 고동색 벨벳 의자에 몸을 기대고 있었다.

L박사가 콘퍼런스 콜을 통해 함께 하고 있던 터라, M박사는 내가 의자 등받이에 기대어 흐느끼는 동안 L박사에게 "지금 지친 것 같아요"라고 전했다.

M박사는 정신증 환자 집단을 위한 인지행동치료(CBT)를 언급했다. CBT(과제가 수반되는 요법으로도 알려진)는 그릇된 인식과 부적응 행동의 교정을 목표로 한 체계적인 과정이다. 일련의 한 연구에서는 CBT가 항우울제만큼 효과적일 수 있다는 결과가 나타났다. 이 때문에 보험회사들은 CBT를 선호한다. CBT만으로 효과를 볼 수 있다면, 상담실 소파에 앉아서 어린 시절과 꿈에 대해 주절거리고, 값비싼 약값을 지출하면서 수년을 보낼 이유가 무

엇이겠는가? 내가 흐느끼면서 들은 바에 따르면, 정신증을 위한 CBT는 장기간 정신증 증상을 가지고 살아온 사람들에게 대처법을 가르치기 위해 설계된 요법이다.

정신증을 위한 CBT는 생명을 구하는 프로그램일 수도 있다. 하지만 그 진료를 받던 시점에 나는 내가 죽었다고 확신하고 있었기 때문에, 인식을 바꾸는 요법이 과연 나를 그런 확신에서 벗어나게 할 수 있을 것인지 의심이 들었다.

어떤 종류의 요법도 내게는 불타는 건물 안에 앉아서 명상하라는 소리처럼 들렸다.

예전에 삽화가 진행될 때 M박사가 입원과 전기경련요법을 제안한 적이 있었는데, 이번에 언급하지 않은 것을 보면 아마도 나에게 적합한 방법이 아닌 듯했다. 왜냐하면 입원과 전기경련요법은 회복 이후의 여정으로 제안되는데, 나는 회복조차 되지 않았기 때문이다.

— —

이제 관건은 비율이었다.

내 인생의 몇 퍼센트를 정신증을 겪으며 살아가게 될 것인가.

나는 몇 퍼센트를 기능하며 살아갈 수 있을까. 내 인생에서 5퍼센트가 아닌 60퍼센트를 기능하며 살아갈 날이 얼마나 될까? L박사는 나에게 다시 95퍼센트나 100퍼센트까지 도달하기를 기대하는 것은 '비현실적'이라고 말했는데, 이는 성취욕이 강한 사람으로서 듣기가 심히 고통스러운 말이었다.

나는 몇 퍼센트의 통찰력을 기대할 수 있을까?

누구도 알지 못할 것이다.

그 밖의 질문들은 이렇다. 만약 내 인생에서 정신이상 상태가 98퍼센트를 차지한다면, 나는 누구인가? 만약 내가 존재하지 않거나 죽었다고 믿는다면, 그것이 내가 누구인지에 영향을 주지 않을까? 만약 정신증이 진행되어 받아들일 수밖에 없는 수준에 이르면, '정신증을 가지고 살아가는' 문제의 이 '사람'은 과연 누구인가?

질병이 자아를 삼켜 버린 상황에서, 자아가 곧 질병인 것은 아니라는 주장은 잔인하지 않은가? 영혼의 존재를 믿는다고 주장하는 사람들이 그렇게나 많은 이유가 바로 이것인가?

일기장에 적힌 목록

오후 11시 13분.

나는 에즈메이다.

나는 작가다.

나는 2009년에 결혼했다.

내 부모님은 살아 있다.

나에게는 결혼한 남동생이 있다.

내 키는 163센티미터이다.

나는 미시간에서 태어났다.

내 생일은 6월 8일이다.

내가 좋아하는 꽃은 라넌큘러스, 작약, 스위트피, 재스민, 아네모네이다.

우리에게 딸이 생긴다면, C는 매그놀리아라는 이름을 붙이기를 원한다.

우리는 결혼식장을 매그놀리아로 장식했다.

나는 치료에서 최후의 보루로 알려진 전기경련요법 상담을 청했다. 이제 망상이 더는 견딜 수 없는 불길한 얼굴을 드러냈기 때문이다. 한때 나는 낙관적인 마음으로 사후 세계를 선물 받았다고 믿었지만, 이 찬란한 믿음은 곧 끝도 없는 지옥의 형벌을 받았다는 생각으로 뒤바뀌었다. 이 시나리오에서 나는 내 것이 아닌 몸으로, 내 것이 아닌 세계를 영원히 떠돌아야 하는 운명이었다. 나는 내가 한때 알았던 아름다운 세계를 흉내 내는, 하지만 이제는 허구이며 내게 어떤 감정도 불러일으키지 않는, 소위 인간들과 생물체들에게 둘러싸여 있어야 할 운명이었다. 나는 당시 대부분의 시간을 과잉 운동 또는 무운동의 특성을 보이는 긴장성 정신증을 겪으며 보냈으며, 내가 경험한 그 어떤 육체적 아픔보다도 더 격심한 정신적 고통에 괴로워하며 침대에 누워 있었다.

'지옥의 형벌'perdition이라는 어휘는 신중하게 선택한 것이다. 이 질병의 나날에 내가 메릴린 로빈슨의 수상작 『홈』을 오디오북으로 듣기로 작정했기 때문이다. 『홈』을 구입하고 듣기까지는 복잡한 의사 결정이 필요했다. 몇 달 전에 나는 상담사로부터 망상을 겪고 있는 동안에는 소설 읽기를 피하라는 조언을 들었다. 나는 안톤 디스클라파니의 『소녀들을 위한 요너로시 승마 캠프』를 읽고 나서 혼란스러워졌고, 내가 말을 탔으며 기숙사에 있다고 믿게 되었다. 정신증은 내 현실을 뒤죽박죽으로 만든다. 거기에 허구적인 요소들을 더하는 것은 요리에 불필요한 재료를 집어넣는 꼴이며, 가뜩이나 혼란스러운 상태에 있는 나를 더욱 헤집어 놓고 불안하게 할 수 있다.

그래도 나는 『홈』의 오디오북을 구입했다. 『홈』은 내가 가장 좋아하는 책이자, 내가 읽은 가장 슬픈 책이다. 나는 길리아드[2]에 스르르 들어서게 된다고 해도 개의치 않았다. 나는 허구의 세계에 빠져들게 되리라는 것을 알면서도 『홈』을 골랐고, 실제로 그렇게 되었다. 이를테면, 나는 내 방을 나서며 내가 에임스의 현관에 아직 발을 들여놓지 않았다는 사실에 놀라곤 했다. 또한 내 스튜디오 문밖으로 걸어 나갔을 때 글로리가 자기 파괴적인 오빠 잭을 위해 아침을 준비하는 모습을 보며 놀라기도 했다. 잭은 글로리에게 사랑을 되돌려 주는 법을 모른다. 만약 내가 길을 잃고 방황하게 된다면, 나는 다른 곳보다는 차라리 길리아드에서 길을 잃었으면 좋겠다.

『홈』은 잭 보턴의 심리 상태를 묘사하는 데 많은 부분을 할애하고 있는데, 그 부분에서 나는 '지옥의 형벌'이라는 개념을 알게

---

2   『홈』에서 주인공 글로리의 옛집이 있는 아이오와의 소도시이다.

되었다. 나는 로빈슨의 작품을 관통하는 칼뱅주의를 잘 알지 못했는데,『홈』을 통해 알게 되었다. 잭 보턴이 스스로 지옥의 형벌을 받을 숙명을 가지고 태어났는지에 대해 관심을 갖는 장면이 있다. 잭은 동생 글로리에게 목사인 아빠가 잭의 구원받지 못한 영혼을 두려워하고 있는 것 같다고 말한다. 행실이 나쁘고 여러 죄를 저지른 잭은 글로리에게 마침내 사전에서 '지옥의 형벌'을 찾아보았다고 말한다. "영혼의 상실 혹은 궁극적 행복의 상실, 즉 불행으로 가득한 미래, 영원한 죽음이래. 이건 좀 잔인하다는 생각이 들지 않아?"

잔인하든 아니든, 그 표현은 내 가슴을 파고들었다. 나는 기독교를 믿은 적이 없는데도 스스로를 영원한 지옥 속에서 살아가는 존재로 생각했다. 그러지 않고서는 그동안 내게 일어난 일을 좀처럼 설명할 길이 없었기 때문이다.

— —

'지옥의 나날들'을 보내는 동안, 나는 그 어떤 것도 하고 싶지 않았다. 먹지도 않았다. 꼼짝하지 않을 때도 많았다. 책을 읽거나 메일에 답장을 쓰거나 대화를 하려고도 하지 않았다. 지옥의 형벌을 받고 있는데 무엇을 한들 의미가 있을까 싶었다. 나에게 있는 것이라고는 오직 공포심, 그리고 움직이려는 의지가 전혀 없는 마음과 따로 노는 신체적 불안뿐이었다.

캘리포니아 샌프란시스코대에서 전기경련요법 상담을 받기

로 했는데, 무슨 옷을 입고 갈지 고민이 되었다. 너무 정돈된 옷차림을 하고 가면 내가 대부분 시간을 정신적 고통으로 괴로워하며 보내고 있다는 사실을 제대로 전달할 수 없을 것이고, 그렇다고 너무 엉망으로 입고 가면 정신병동에 입원하게 될 것 같았다. 그간 정신병원이라면 충분히 경험해 보았으므로 입원은 하고 싶지도, 필요하지도 않았다.

긴장증이 발동한 상태가 아니면, 나는 빨간 립스틱과 샤넬 파운데이션을 바르고, 은백색의 짧은 헤어스타일을 유지하며, 속눈썹을 붙인다. 몇 개월 동안 샤워도 하지 않고 지낼 때도 있지만, 흐트러져 보이지는 않는다. 친구들은 내게 스타일을 추천해 달라는 문자를 보낸다. 나는 모델을 해 본 적도 있다. 물론 전문적으로 하지도, 그리 잘하지도 않았지만, 아무튼 경험은 해 봤다. 나는 내적으로 좋지 않을 때 외적으로 괜찮아 보이게 꾸미는 편이다.

작년에 13킬로그램 이상 체중이 줄면서(그다음 주말에는 4킬로그램이 추가로 줄었다), 나는 '청순한 프랑스 소녀'라는 과장된 이름이 붙은 옷을 즐겨 입었다. 또는 매우 느긋하면서도 실용적인 느낌을 자아내고자 하얀 브이넥 티셔츠와 검은 바지를 입거나 아니면 같은 브이넥 티셔츠에다 검은 펜슬 스커트를 입고 종아리까지 오는 양말을 신었다. 가지고 있던 다른 옷들은 팔거나 기증했다. 대부분 패션 저술가로서 상근직으로 일할 때 직접 구매한 것들이었다. 이를테면, 토론토의 작가 레지던시에서 입었던 벌룬 소매의 버튼다운 소니아 리키엘 드레스, 똑같은 디자인으로 사이즈만 다른 두 벌의 마크 제이콥스 실크 드레스, 내가 바지로 입었던 검정 인조가죽 레깅스 등이었다. 나는 상담하러 갈 때 앞서 말한 바지와 셔츠를 입고 화장을 했다. 내가 그 바지를 입었다고 말하는 이유는 그 바지를 입었던 게 기억나서가 아니라(정신증으로 인해 기억이 상당 부분 파괴되었다) 그 도시에서 치마를 입기에는 아마도 너무 추웠을 것이기 때문이다.

상담에 가던 날, 나는 수신호로 C가 인도에서 포드 승용차를 빼는 것을 도왔다. 주차된 차에 기대어 있는데, 젊은 남자 두 명이 그 앞을 지나쳤다. 그중 매력적인 곱슬머리를 한 남자가 고개를 돌려 나를 쳐다보았다. 그와 눈이 마주쳤을 때 나는 생각했다. "내가 섹시하게 보일 수 있지만 사실은 안타깝게도 썩어 가는 시체란다."

— —

나는 몇 주 전에 '사는 사람이 가격을 정하는 중고 장터'를 통해 엄청나게 많은 물건을 팔았다. C는 내가 중고 장터에 대해 올린 트윗과 크레이그리스트에 올린 광고를 보고는 내게 전화했다. 잘 알려진 것처럼, 소지품들을 처분하는 행동은 자살의 징후였기 때문이다. 나는 당시 이미 죽었다고 생각했기 때문에 자살하려는 마음은 없었고 단지 의미 없는 물건들을 소유하고 있다는 생각이 떠올랐을 뿐이다.

내가 개최한 중고 장터를 방문한 사람들은, 구매하는 사람이 얼마가 됐든(안 내는 것도 포함) 마음대로 값을 치르고 물건을 가져가는 개념을 이해하지 못해서 불안한 기색을 보였다. 이를테면, 섬세한 짜임의 카울넥 스카프를 얼마에 팔 생각이냐는 식으로 계속해서 나에게 가격을 물었다. 나는 딱히 대답할 말이 없었다. 나에게는 천 원이나 만 원이나 마찬가지였다. 이런 상황이 혼란스러운 나머지 그냥 가는 사람들도 더러 있었다. 그런가 하면, 두 팔에 물건들을 한 아름 안고서 내게 5달러를 주고 가는 여자도 있었다.

마지막에 남은 것은 빨간 카디건이었다. 나는 그것을 봉투에 담아 바깥에 내놓았지만, 아무도 가져가지 않았다. C는 그 카디건을 발견하고서 말했다. "좋아하는 카디건이었잖아."

내가 그 카디건을 좋아했던가? 나는 스튜디오에서 날마다 입던 그 카디건은 고사하고, 내가 엄마와 C를 사랑했는지조차 알 수 없었다. 나는 그 카디건을 결국 버렸다.

− −

전기경련요법 상담은 데카르트 리라는 이름을 가진 정신과 의사와 진행했다. 나는 C에게 말했다.

"아들에게 데카르트라는 이름을 붙이는 건, 정말이지 동양적인 사고 같아."

그의 진료실은 진료실이 있는 병원보다는 덜 끔찍했다. C는 그곳이 정신병원이라는 것을 안 순간, 혹시라도 우리가 '도망'쳐야 할 경우를 대비해 탈출 계획을 세웠다고 말했다. 그는 냄새 나는 카펫과 가구가 자아내는 1970년대풍의 실내 분위기와 여기저기서 들리는 고함에 압도되어 줄행랑을 치고 싶은 본능을 느낀 것이다. 한 번도 정신병동에서 머물러 본 적이 없는 그가 그러한 충격을 받았다는 사실에 나는 뒤틀린 쾌감을 느꼈다.

진료실에서 C는 리 박사에게 팔걸이의자가 마음에 든다고 말했다. 나는 의자에서 눈에 확 띄는 얼룩을 발견하고는 그가 왜 하필이면 눈에 거슬리는 사물을 칭찬했는지 의아했다(저 얼룩은 오랜 세월에 걸쳐 공포에 질린 환자들과 마음이 심란한 가족들이 흘린 땀 때문에 생긴 것일까?). 나는 책장 맨 위 칸에서 최근 출간된 만화 형식의 양극성장애 회고록 『마블스: 조증, 우울증, 미켈란젤로, 그리고 나』를 발견하고 말했다. "근데 그렇게 좋아하는 책은 아니에요. 그림체가 제가 선호하는 타입은 아니더라고요."

상담 시간은 60분이었다. 그중 잡담이 얼마를 차지했던가? 그는 내 정신병력에 대해 물었다. 물론 M박사가 전달한 상세한 정보를 통해 이미 많이 파악했을 터였다. 진료실 안에는 시계가 없어서 나는 정해진 시간 동안 내 이야기를 얼마나 자세히 말해야 할지, 이런 이야기까지 해야 할지 가늠하기가 어려웠다.

나는 대학원에서 초보 작가가 가장 어려워하는 점이 페이스 조절이라고 것을 배웠다. 왜냐하면 처음 글을 쓸 때는 세상의 부조리한 것들을 죄다 한꺼번에 담으려고 하기 때문이다. C의 부모님 집에서 크리스마스 휴일을 보내는 사이 내가 입원하게 된 루이지애나 커빙턴의 병원에서 한 간호사는 환자들에게 예수를 믿지 않아서 그곳에 온 것이라고 말했다. 그 간호사가 그러한 신념을 갖게 된 까닭은 그룹 치료 중 한 젊은 여성 환자가 신을 믿지 않는다고 고백했기 때문이다. 2013년 10월, 전해 듣기로 나는 비행기 안에서 기절해 몇 시간 동안 의식이 있다가 없다가를 반복했다고 한다. 여태껏 한 번도 한 적 없는 발작을 했을 수도 있지만 그렇다 해도 어찌할 도리가 없었을 것이다. 응급실에서는 집으로 갔다가 혹시라도 다시 기절하면 다시 오라고 했다. 또한 신경전달물질 검사지를 작성해서 메일로 보내라고 했지만, 결국에는 하지 않았다. 검사지 지문에 틀린 문장이나 오탈자가 많아서이기도 했지만, M박사가 그런 검사는 별 의미 없다고 말했기 때문이었다. 나는 2주 만에 몸무게가 9킬로그램이 빠졌고 내 신체적 문제는 손발에 마비와 따끔거리는 통증이 나타나는 말초신경증이라는 말을 들었다. 10월에는 이것이 비타민 B$_6$의 독성으로 인해 나타났다는 진단을 받았으나 이후 번복되었다. 나는 내 첫 번째 소설의 원고를 보낸 모든 출판사로부터 "아직 검토하는 중"이라는 아무 의미 없는 말을 들었다. 10월부터 내 삶에 금이 가기 시작했지만 그것을 알아채지 못했고, 그달에 참으로 많은 의사의 소견을 들었음에도 내 정신이 다시 이상해지고 있다는 말은 듣지 못했다.

— —

증상이 나타나면서 나는 음식에 무관심해지거나 먹는 것을 아예 잊어버렸고 결국 체중이 감소했다. 2013년 11월 말에 내 옷 사이즈는 상의 XS, 드레스 0이 되었다. 살이 그렇게나 빨리 빠지

다니 놀라웠다. 나는 거울을 보고(신경적 분열이 정서적 인지와 얼굴 사이의 단절을 초래하기 때문에 평소에 잘 하지 않는 행동이다) 내 몸이 극적으로 변했다는 것을 알았다. 욕실에 갔다가 헐렁하고 서글픈 모양의 브래지어를 들어 올렸다. 뼈가 드러난 가슴. 언젠가는 재만 남겠지만. 나는 검정 색상에 가장자리가 복숭앗빛 레이스로 되어 있는 새 브래지어를 주문했다.

브래지어가 도착해서 착용해 보니 섹시함과는 거리가 멀고 우스꽝스럽기만 했다. 사이즈는 간신히 맞았고 끈은 이상한 하네스처럼 보였다. 그 모습은 분명 나였지만, 내가 아닌 것 같았다. 나는 70년대 폴라로이드 카메라로 내 모습을 찍었다. 나는 최대한 관능적이고 매혹적인 표정을 지으려고 노력하는 모습을 담은 사진을 C에게 주었다.

그때 내가 어땠는지 지금도 눈앞에 생생히 그려진다. 무엇을 입고 있었으며, 어떤 모습이었는지. 그리고 거울을 보고, 옷을 입고, 폴라로이드를 찍고, 몸무게를 재 보면서 되뇌는 모습이. "너에게는 몸이 있어. 그 몸은 살아 있어."

하지만 나에게 피를 뿜어내는 심장과 움직이는 몸이 있다는 사실을 자각하려고 하면 할수록, 나는 더욱더 불안해졌다. 이미 죽었다는 생각이 내가 살아 있다는 증거를 짓밟고 고개를 단단히 들고 있었기 때문이다. 또한 나는 살아 있다는 증거를 외면할 수밖에 없었다. 그것은 나에게 위안이 되기보다는 내 정신이 이상하다고 말하는 것처럼 느껴졌기 때문이다.

왜 이런 일이 생기는 걸까? 절대적인 믿음의 정도는 때때로 달라지지만, 어쨌든 나는 내가 죽었다고 믿으면서도 왜 살아 있는 사람처럼 행동했을까? 코타르 증후군을 겪으면서 이게 지옥의 형벌이라는 생각에 변함은 없었지만, 내가 느끼는 절망감의 수준은 그때그때 변했다. 대부분 시간에 나는 절망감을 마음속에 꾹꾹 눌러 담아 놓고서 평소대로 행동했다. 이를 닦고, 때로는 개수대에서 머리를 감고, 자신이 내 담당의라고 말하는 환영에게 내 증상에 대해 이야기했다.

우울증이 왔을 때 그런 적이 있기는 했지만, 이번에는 자살하겠다는 생각은 하지 않았다. 자살을 선택지로 고려했다면, 아무 의미 없어 보이는 일들을 계속하지는 않았을 것이고, 자살을 시도했을 것이다. 하지만 이미 죽은 상태에서 자살에 성공한다는 것은 그냥 똑같은 상황을 마주하거나, 아니면 헤아릴 수 없이 더 깊은 지옥의 굴레에 빠지는 결과를 의미할 뿐이었다.

그래서 나는 자살하는 대신 애덤 샌들러의 〈퍼니 피플〉을 보았다. 나는 싱어송라이터 제임스 테일러가 카메오로 나왔다는 것을 모르고 있다가 그가 영화에 등장했을 때 나도 모르게 이렇게 생각했다. '오 세상에. 제임스 테일러가 아직 살아 있는데 내가 죽었다니 믿을 수 없어.'

— —

2013년 11월 24일

잠자기 전에 동화를 들려 달라고 조르는 아이처럼, 나는 오전 여섯 시에 내 스튜디오를 벗어나 C가 잠든 침대로 들어가 말했다. "무엇이 진짜인지 말해 줘."

나는 그에게 전부 물어봤다. 내가 누구인지, 어떤 사람인지, 어디 출신인지, 무슨 일을 하는지. 내 부모님에 대해서도 물어봤다. 그들은 다른 주에 사는지, 1년에 한 번 만나지만 진짜 존재하는지 물었다. 대통령과 부통령에 대해서도 물었다. C는 우리 집에 대해 이야기해 주었다. 우리가 사는 도시에 대해서도 말했다. 우리가 가구를 어디에서 샀고, 모두 내가 고른 것들이라고 말해 주었다. 주방에 있는 식탁에 대해서도 말했다.

나는 내가 살아 있음을 설명하는 그의 말에 귀를 기울였다.

"사람이 죽으면 땅에 묻히고, 다시는 볼 수 없게 돼. 올해 할아버지가 돌아가셨을 때도 그랬어. 이제 할아버지를 더는 볼 수 없지만 나는 지금 당신을 볼 수 있잖아."

C의 이야기가 내 문제를 해결한 것은 아니지만 도움은 되었다. 침대 맡에서 듣는 동화처럼 위안이 되었다. 무척 고마웠다. C는 다시 잠들었고, 나는 스튜디오로 돌아갔다.

- - -

그리스 신화에 따르면, 데메테르는 1년에 한 번 죽음의 땅으로부터 페르세포네를 불러들인다. 내가 데메테르의 그 창백한 딸이라고 상상하면, 죽은 자들 사이에서 사는 데 익숙해진 나머지 살아 있는 자들의 땅으로 오는 상황을 이해하지 못할 것이라는 생각이 든다. 코타르 증후군은 기척도 없이 어느샌가 물러간다. 내가 부활했음을 깨닫는 순간도, 지옥에서 솟아났다는 환희의 순간도 없이 사라진다. 이제 나는 식별 가능한 다른 육체적 질병으로 신음하는 환자가 된다. 신경 검사와 암 확인을 위한 MRI와 CT 촬영을 하고 걱정에 사로잡힌다. 하지만 이제는 안다. 지옥의 형벌 속에서는 죽음이라는 희망조차 없으며 지독한 고통만이 있을 뿐이라는 것을. 그래서 상실, 상처, 비탄은 그 나름대로 끔찍한 것들이지만, 지옥의 형벌을 받는 죽은 여자에게는 무척이나 인간다우며 살아 있고 아름다운 것으로 여겨진다는 것을.

추락의 욕구

프란체스카, 당신은 자신이 야심 찬 여자라는 것을 언제, 어떻게 알았나요?

당신의 마음은 언제 흔들리기 시작했나요?

당신은 이런 것들이 예술가로서의 당신의 삶을 훨씬 더 힘들게 할 것이라는 사실을 언제 알았나요?

— —

나는 2012년 초 샌프란시스코 현대미술관에서 열린 프란체스카 우드먼 회고전(그녀의 작품전 중 가장 광범위한 규모의 전시)을 관람했다. 내가 우드먼을 가장 열렬히 좋아했던 때는 그녀가 창밖으로 뛰어내려 삶을 마감했던 스물두 살이 되기도 훨씬 전이었다. 그녀의 회고전에 갔을 때 나는 스물여덟 살이었다. 내가 비자발적으로 루이지애나 교외의 병동에 입원했던 겨울이었다. 풀타임 근무를 유지하려고 애쓰면서 샌프란시스코의 외래 환자 프로그램에 참여했던 겨울이기도 하다.

우드먼은 로드아일랜드 디자인학교 재학 시절에 작업한 자화상 작품들로 가장 잘 알려져 있다. 공통된 모티브는 누드, 거울에 비친 형상, 흐릿한 움직임, 〈하우스〉 시리즈의 허름한 배경 등이다. 사진 속에서 그녀는 물체의 아래나 뒤에 있고, 풍경(벽지, 난로)의 일부가 되고, 뒤틀리고, 긴 머리칼을 가지고 있으며, 창백하다. 얼굴은 잘 보이지 않는다. 잘못된 기억일 수 있으나 전시에서는 놀랍게도 녹음된 그녀의 육성을 들을 수 있었고, 기대하지 못했던 그녀의 영상도 볼 수 있었다. 회고전을 보기 전까지 우드먼은 나에게 오로지 흑백의 망령으로 존재했는데, 전시(일반적인 흰벽과 여분의 공간이 많은 깔끔한 미술관에서 열린)에서 마주친 우드먼은 영리하고 야심이 가득하며 자신의 재능을 누구보다도 잘 알고 있는 모습으로 비춰졌다.

"화가는 구성하지만, 사진가는 드러낸다." 수전 손태그가 『사진에 관하여』에서 한 말이다. 나는 용의주도하게 기획된 우드먼의 자화상을 자세히 들여다보며 이미지의 표면 아래 내재하는 것이 무엇인지를 파악하고, 자칫 무미건조했을 태피스트리에서 조용히 반짝거리는 금빛 실처럼 그녀의 사진 속에 엮여 있는 자살의 실마리를 찾아내려고 노력했다. 자살은 서사를 요구하지만, 좀처럼 서사를 제공하지는 않는다. "10대 소녀, 부모가 검정 매니큐어 금지하자 자살하다." 어린 시절에 나를 당황스럽게 했던 뉴스 헤드라인이다. 나는 그로부터 한참 뒤에야 자기 파괴적인 충동을 이해하게 되었다. 열다섯 살 때 나는 일기장 맨 뒤에 '자살해야 할 이유들'을 적어 놓았는데, 아마도 한 가지 이유만으로는 불충분하다고 생각했기 때문일 것이다. 한 신문 기사에 따르면, 우드먼은 인정받지 못한 좌절감 때문에 창밖으로 뛰어내렸다. "프로빈스타운의 [파인아트워크 센터 펠로우십] 선정 불발 후 젊은 천재 자살하다." (물론 이 자체가 일종의 인정이었다.)

열여섯 살 때 나는 캘리포니아 예술대의 하계 프로그램 참가자로 선정되었고, 이로써 문예 창작 분야에서 캘리포니아 예술 장학생이 되기도 했다. 프로그램 첫날, 한 남자가 우리 앞에서 이름들이 적힌 두루마리 종이를 펼쳤다. 그것은 프로그램에서 탈락한 지원자들의 이름이었다. 그 이듬해 나는 또 다른 하계 프로그램에서 판화와 회화를 배우면서 훗날 가장 친한 친구가 된 짙은 금발의 클레어를 만났다. 그런데 클레어가 지난해 캘리포니아 예술대 하계 프로그램 불합격자 명단에 있었다는 사실은 나중에야 알았다.

나는 내 침실 보드판에 캘리포니아 예술 장학생 메달을 달아두었다. 〈아이즈 와이드 셧〉의 도입부가 담긴 영화 필름 슬라이드 옆에 말이다. 하지만 지금은 성취를 상징하는 물품들을 눈에 띄는 곳에 두지 않는다. 지금도 내 학위와 메달이 어딨는지 모르겠다. 더 많은 성취와 명예를 얻으려고 노력하는 건 여전한데도 말이다. 나에게 중요한 가치가 무엇인지 알아 가는 과정에서 계속 등장하는 것은 놀랍게도 '인정받는 것'이다. 나는 스스로에 대한 평가만큼이나 남들의 인정에도 신경을 쓰는데, 나의 자체적인 평가를 온전히 신뢰하지 않기 때문이다. 나는 〈아이즈 와이드 셧〉의 필름 슬라이드를 내게 준 남자아이에게 흠뻑 빠진 적이 있다. 그런데 만약 그 아이가 실은 나도 너를 좋아하고 있었다고 말했다면, 나는 과연 그 이후에도 계속 그런 감정을 유지했을지 궁금하다. 한 친구는 내게 이런 말을 한 적이 있었다. "우리는 단순한 감정을 사랑의 감정으로 착각하곤 하지."

우드먼의 친구 주세페 갈로는 이렇게 말했다. "우드먼은 항상 사진 생각뿐이었어요. 결코 딴 데 정신을 파는 일이 없었죠. 우드먼의 삶은 매 순간이 사진을 준비하는 시간이었어요." 항상 대기 중인 모델이 있다면 사진을 찍기가 훨씬 수월할 것이다. 그렇다면 자기 자신보다 더 좋은 모델이 있을까? 우드먼이 의심의 여지 없이 그랬던 것처럼, 야심 찬 예술가에게 자기 자신보다 더 좋은 주제는 없을 것이다. 그렇게 본다면 나도 작가로서 나 자신이 등장하는 에세이를 쓰지 않을 이유가 있을까?

프란체스카, 당신은 이 사진들을 어떻게 생각하나요?
내가 무엇을 하려고 했는지 의도를 알 것 같나요?
나 자신을 더 진짜처럼 보이게 하려고 노력했는데.

정신증 삽화가 진행되면서 나 자신과 나를 둘러싼 세상에 대한 엄밀한 개념이 없을 때, 나는 SX-70 폴라로이드와 콘탁스 T2 카메라로 사진을 찍으며 그런 상황에 대처했다. 특히 필름을 사용하는 것이 중요했다. 즉석 필름 카메라는 손에 잡히는 즉각적인 결과를 가져다주기에 더욱 좋았다.

『사진에 관하여』에 이런 문장이 있다. "모든 사진은 메멘토 모리이다. 사진을 찍는다는 것은 다른 사람이나 사물의 죽음, 연약함, 무상함에 동참하는 것이다." 사진을 찍는 것은 다시 말해 자기 자신의 현실에 참여하는 것이고, 사물 세계의 진정한 구성원이 되는 것이다. 나는 사진 한 장을 벽에 붙여 놓았다. 내 뒷모습을 담은 사진이었는데 나는 이 사진을 처음 봤을 때 크게 놀랐다. 내 목에 난 출생 모반(만성적으로 짧은 머리 덕에 드러난 진갈색의 얼룩 같은 점)을 잊고 있었기 때문이다. 그 징표가 사진에 담겼다는 것은 내가 기억하고 있는 자아가 존재한다는 증거였다. 정신증을 겪을 때는 모든 사람이 나라고 하는 여자가 진짜 나인지를 알려 주는 증거가 없었다. 출생 모반은 정체성을 상징하는 고전적인 징표이다. 그림 형제의 동화 『거물 도둑』에서, 거물 도둑의 부모는 도둑의 어깨에 난 콩 모양의 출생 모반을 보고 그들의 아들이 돌아왔음을 확신한다. 근본적인 차원에서 출생 모반은 내가 태어났다는 것을, 내가 언제나 여기 있지는 않았다는 것을 암시한다. 출생 모반은 한 사람이 세상으로 진입하는 것을 상징한다.

자신을 찍은 사진은 스스로에 대한 관념을 제공한다. 심각한 정신증을 겪은 긴 시간 동안 내가 찍은 내 사진은 거의 모두 흐릿하고 초점이 나가 있다. 우드먼과 달리, 나는 일부러 이런 효과를 연출한 게 아니다. 얼굴 앞으로 두 팔을 뻗기 전에 분명히 초점을 정확하게 맞췄다고 생각했다. 자화상은 분석하기가 어렵다. 찍을 때 내 모습을 인식하지 못하고, 웃음을 지어 보이려 애쓰다가

추해지게 마련인지라, 사진에 포착된 내 표정을 제정신일 때 다시 보면 민망해서 몸이 절로 움츠러든다. 지금 그 사진들을 들여다보니 '왜' 이렇게 했는지 의아하다. 렌즈에 내 얼굴이 보이는 것도 아니었는데 왜 손으로 얼굴을 가렸을까? 왜 찡그렸을까? 대체 누굴 위해서 저런 퍼포먼스를 했을까? 잭슨 폴록은 "나는 내 감정을 그려 보이기보다는 표현하는 데 관심이 있다"라고 했는데, 내 사진을 보면 표현을 찾아볼 수 없다. 대신 내가 '감정이란 이런 모습일 것이다'라고 생각한 것을 얼추 나타내거나 내보이려 한 시도만 있다.

다른 사진들은 온통 그림자(정육점 옆 벽 위에 있는 그림자, 혹은 나무 의자에 걸쳐진 카디건 위에 있는 그림자)로 되어 있다. 정신증 삽화가 지나간 후 맞은 어느 크리스마스 때, C의 엄마는 내가 꼭 피터팬 같다고 말했다. "넌 네 그림자를 잃어버렸지만, 언젠가 네 발에 그걸 도로 꿰매 놓을 방법을 찾게 될 거야." 그 말을 듣고 나는 익히 아는 피터팬 서사와, 죽으면 영혼이 발을 통해 떠나간다는 미신 사이를 관통하는 지점에 경이로움을 느꼈다. 내 몸이 세상에 남긴 흔적의 실루엣을 촬영하는 사이에 말 그대로 내 영혼을 잃어버린 것이 아닌가 하는 생각이 들었다. 몸은 그대로 있었지만, 무언가, 어떤 본질적인 것이 빠져나가는 듯했다.

제 기능을 할 수 있는 나의 능력을 이야기할 때, 사람들은 내가 병을 앓고 있으면서도 일을 잘해 온 증거로서 내 첫 번째 소설을 꼽을 때가 많다. 이는 나에게 위안이 되지 않는다. 소설을 쓸 당시 나는 우울증에 빠져 있었고, 종종 자살 충동을 느낄 만큼 불안했으며, 주기적으로 정신증을 겪었지만, 지나고 나서 보니까 『천국의 국경』을 쓴 그 저자는 상당히 건강한 여자였던 셈이다. 그때 이런 말을 했다면 전혀 공감하지 못했을 것이다. 그때는 정신적으로나 육체적으로나 내가 얼마만큼 더 나빠질 수 있는지 짐작도 하지 못했다. 리베카 솔닛은 『멀고도 가까운』에서 이렇게 말한다. "질병에도 뭔가를 해야 할 필요에서 벗어나 그 자체로 충분해지는 고요의 순간이 있다." 하지만 이는 내가 경험한 것과는 다르다. 결론적으로, 오래 지속되는 만성 질병은 급성 질병과는 다른 방식으로 삶에 병합된다. 만성 질병이 있으면, 병이 급격히 악화하지 않는 한 삶은 질병을 끌어안은 채 초연하게 이어질 뿐이다. 그때에는 1초에서 다음 1초까지 생존하자는 것이 내가 품을 수 있는 가장 대단한 야망이다. 수술과 입원을 하는 동안에는 하고 싶은 일들과 이루고 싶은 꿈들을 나중으로 미룰 수 있지만, 만성 질병을 앓고 있는 동안에는 그런 것 자체가 아예 없어진다.

최악의 정신증 삽화를 겪는 동안 사진 찍기는 내 아픈 자아가 존재하는 것들을 믿기 위해 사용하는 도구이다. 사진은 내 건강한 자아가 상실을 재경험하는 도구가 된다. 사진은 자아와 다른 이들 사이를 이어 주는 다리, 혹은 미스바[mizpah](먼 거리나 죽음으로 인해 갈라진 사람들 사이의 정서적 유대를 가리키는 히브리어 단어)이다. 건강한 사람은 아픈 사람이 증거로 남기고 떠난 사진을 해석해야 한다.

정신증 기간에 내가 찍은 사진은 족히 백 장이 넘는다. 나는 그중 아주 일부만 남들에게 보여 주었다. 어느 겨울을 담은 사진들은 유독 들여다보고 있기가 힘들다. 그 사진들은 기억이 이룰 수 있는 것과 없는 것을 인상적으로 보여 주는 듯하다. 크리스마스트리 농장 사진을 보면, 나는 곧바로 그 장소, 시간으로 되돌아간다. 그 시절에 만연했던 불안감도 돌아온다. 내 몸은 주먹으로 명치를 한 대 맞은 듯한 통증과 쿡쿡 쑤시는 사지로 반응한다. 정신증과 똑같은 증상이 다시 나타나지는 않지만, 정신증과 함께 찾아왔던 그때의 공포가 되살아난다. 악몽 같은 기억이 또렷해지면 오래도록 희미하게 묻어 있던 상처가 스트레스를 받은 몸에 다시 떠오르는 것처럼.

내가 기억하지 못하는 고통의 잔해도 많이 있는데, 급성 질환의 세상에서 살던 그때의 내가 기념이자 증표로 스냅사진을 찍어 댄 덕분에 지금에서야 그것을 알아본다. 어떤 사진에는 텁수룩한 수염을 기른 채 짙은 속눈썹에 고갈된 눈빛으로 카메라를 응시하는 C의 얼굴도 있다. 나는 어쩔 수 없이 이 사진에 눈길이 간다. 굳이 사진을 보지 않고 마음의 눈으로도 그의 얼굴에 나타난 절망을 읽을 수 있지만.

나는 C의 그 사진들을 당시에는 보지 못했던 무언의 메시지로 받아들인다. 편견 없는 카메라의 눈을 통해 조현병이 내 인생 최고의 사랑을 어떻게 망쳐 놓았는지를 보여 주기 위해 전달된 편지 같았다.

나는 내 작품, 너와 나눈 우정, 약간의 사진 필름 같은

다양한 성과물을 남긴 채 일찍 죽는 것이, 이 모든 고운
것들을 허둥지둥 지우는 것보다 더 낫다고 생각해.

우드먼이 편지에 쓴 말이다. 하지만 프란체스카, 삶에서 그런
것들을 지우는 것은 무엇일까요?

— —

우드먼은 스물두 살 때 뛰어내렸다. 비평가들은 그녀가 살아
있었더라면 이뤄 낼 수 있었을 것들에 관해 이야기한다. 예술가가
죽으면, 창작되지 못한 예술이 예술가를 향한 슬픔만큼 크게(그보
다 더 큰 슬픔까지는 아니더라도) 애도될 때가 있다. 결국 예술가는 언
젠간 소멸하는 인간이고, 영원불멸한 것은 그의 예술이다. 미술관
이라는 설정된 공간에서 경험하는 우드먼의 작품은 뭔가 빠진 느
낌을 준다. 마지막 구획을 지나 출구로 걸어 나갈 때, 뭔가가 좀 더
있으면 좋을 것 같다는 아쉬움이 남는다.

작품, 성과물, 우정의 파괴에 대해 암시하면서, 그녀가 "섬세
하다"라고 표현한 그것들을 "허둥지둥" 지운다는 말은 무슨 뜻이
었을까? 아름다운 것들은 다른 무언가에 의해 지워짐으로써 파괴
될 수 있다. 예술가의 일상성은 죽음의 방식으로 인해 가려진다.
없어짐이란 또한 서서히 진행될 수 있다. "서서히 사라지는 것보
다는 한 번에 타 버리는 것이 낫다." 커트 코베인이 자살 전 남긴
메모이다. 권총으로 스스로 생을 마감했을 때 그는 스물일곱 살

록스타였으나, 죽음을 통해서 하나의 아이콘이 되었다. 우드먼과 코베인은 종종 천재라 불린다.

> "당신은 자신이나 남을 해칠 만한 위험한 상태에
>
> 있습니까?"
>
> "당신에게는 그러한 계획이 있습니까?"

연구실 매니저로 일할 때, 나는 향후, 또는 현재의 피실험자들과 자살 예방 계약서를 작성하는 요령을 배웠다. 흰 종이에 인쇄된 계약서는 분량이 반 페이지 정도 되었다. 연구의 대상이 될 사람들은 자해하지 않기로 합의해야 했다. 또한, 그렇게 할 위험이 임박했다고 느끼면 911에 전화를 걸기로 합의해야 했다. 실제 업무에서 그런 동의서를 작성할 일이 생기지는 않았지만, 나는 그 실효성에 대해 의구심을 가졌다. 계약서는 우리를 위한 것인가, 아니면 연구 대상을 위한 것인가? 우리는 그저 뭔가 하고 있다는 기분을 느끼기 위해 그런 일을 했던 게 아니었을까?

한번은 샌프란시스코 시청에서 열린 회의에 참석한 적이 있었다. 자살을 방지하고 자살 시도자들을 구조할 수 있도록 골든게이트 교 아래에 '자살 방지 그물망'을 설치하는 문제를 논의하는 자리였다. 다큐멘터리 〈더 브리지〉는 1년간 그 상징적인 다리에서 벌어진 자살 및 자살 미수(총 24건의 자살, 그리고 훨씬 더 많은 자살 시도)를 보여 준다. 자살 방지 그물망에 반대하는 가장 흔한 이유는

다리의 조형미를 해친다는 것이었다. 그런 부수적인 설치물로 인해 낯익은 실루엣이 망가질 수 있음을 우려하는 것이다. 나는 그물망 설치에 찬성했지만, 그것을 설치한다고 해서 과연 샌프란시스코의 자살률이 줄어들지, 특히 골든게이트 교에서 뛰어내리는 건수가 줄어들지는 확신할 수 없었다. 나는 다리가 자살의 가능성을 시사하므로, 그 존재 자체가 유혹이 될 수 있다고 설명함으로써 이사회 회원 한 사람을 설득했다. 나는 집에 총을 소지하기를 원했던 내 남편의 욕망에 빗대어 이를 설명했다. 집에 총이 있으면, 그것은 자살을 향한 유혹이 됨과 동시에 편리한 자살 도구가 된다고 말이다. 2014년에 샌프란시스코는 투표를 통해 자살 방지 그물망을 설치하기로 결정했다. 공사는 2017년에 시작되었고 2023년에 완공될 예정이다.

그물망을 설치함으로써 이제 샌프란시스코는 그곳에서 발생하는 비극을 막기 위해 무언가 하고 있다고 말할 수 있다. 그물망은 일종의 자살 방지 계약이다. '자, 우린 그물망을 설치했어요. 계약을 잘 이행하고 있답니다. 그러니 그런 시도는 하지 말아요.' 〈더 브리지〉는 태드 프렌드가 《뉴요커》에 기고한 「뛰어내리는 사람들」에서 영감을 받았다. 기고문의 마지막 단락은 이렇다. "[방벽을 구축하는 것은] 우리가 서로를 이해하지 못함을 인정하는 것이고, 수많은 사람이 다리 상판 위를 거쳐 난간 아래로 떨어지고 있음을 인정하는 것이다."

비록 평범한 사람은 아니었지만, 프란체스카 우드먼도 뛰어

내린 사람이었다. 골든게이트 교에서 뛰어내리는 것으로 삶을 마감하는 이들은 대부분 유명한 사람들이 아니다. 더 많은 아름다운 것들을 탄생시키지 못하고 죽었다는 안타까움을 자아내는 예술가들의 죽음과 달리 그들의 죽음은 공개적인 애도를 받지 못한다. 그들의 죽음으로 우리의 문화가 초라해졌다고 애석해하며 잡지나 신문에 글을 쓰는 사람도 없다.

우드먼은 편지에서 "이 모든 고운 것들을 허둥지둥 [지우고]" 싶지는 않다고 말한다. 그녀의 표현에 따르면, 그녀의 삶이 남긴 것은 '공예품'artifacts이다. 우리 모두가 알듯이, 아니 아는 척하듯이, 호흡하고 심장이 뛰는 생명이야말로 그 무엇보다도 정교한 것이기 때문이다.

나는 지금 프란체스카 우드먼이 죽었을 때보다 열 살 남짓 나이가 많고, 샌프란시스코 현대미술관에서 그녀의 작품 전시를 보았을 때보다도 더 나이를 먹었다. 나는 여전히 야심만만하지만, 내 야망에 대해 신중해져야 한다. 질병이 내 인생을 뒤틀어 놓아서 그 야망이 온전히 나의 것인지 인식하는 것도 힘들어졌기 때문이다. 2015년에 나는 보험 담당자와 통화를 하면서 정신질환은 모든 보험 규정에서 '정신 신경 질병'이라고 명명된다는 것을 알게 되었다. 장애 보조금 지급이 중단돼서 알아보니, '정신 신경 질병'으로 혜택을 받을 수 있는 기간은 최대 24개월이었다. 만성 라임병[1]

---

[1]   진드기가 사람을 무는 과정에서 나선형의 보렐리아균이 신체에 침범하여 여러 기관에 병을 일으키는 감염질환이다.

을 계기로 내가 지난 5년간 얼마나 많은 질환을 경험해 왔는지를 생각하면 놀랍고, 5년 전의 내가 지금 내 삶에 드리운 한계를 보고 얼마나 몸서리칠지를 생각하면 경악스럽기도 하다. 지금 내가 할 수 있는 일은 그저 글을 잘 쓰려고 노력하면서 평온하게 죽기를 기도하는 것뿐이다. 프란체스카 우드먼은 자신의 별이 추락하는 것을 지켜볼 필요도, 야망에 대한 생각을 타협할 필요도 없다. 이미 자신의 죽음을 마주했기에, 그리고 그녀의 예술 속에 영원히 살고 있기에.

치마요

2013년 C와 함께 신경과 진료실에 들어서던 당시, 내 몸에 뭔가 이상이 생겼음이 분명하게 느껴졌다. 눈을 뜨고 있는 것도 힘들었는데, 피로해서가 아니라 근육의 힘이 약해서 생긴 문제였다. 게다가 팔을 들어 올리면 마치 뼈가 없는 것처럼 즉각적으로 아래로 축 늘어졌다. 아무 이유 없이 땀이 흐르고 오한이 나는 경우도 잦았다. 무엇보다도 그해 나는 대략 10개월간 망상을 경험하고 있었다. 내 정신과 담당의는 수재나 카할란의 회고록 『브레인 온 파이어: 내가 아니었던 시간들』을 통해 알려진 항NMDA 수용체 뇌염을 의심했지만, 그것이 내 손과 발을 습격한 말초신경증, '특발성 실신' 또는 암을 의심하게 하는 급격한 체중 감소 등을 비롯한 모든 이상 증상을 설명해 주지는 못했다. 그래서 담당의가 "똑똑하고 자신의 분야에서 뛰어난" 사람이라고 말한 신경과 의사를 찾아가게 되었다.

"당신의 차트로 보자면, 항NMDA 수용체 뇌염이라고 생각되지는 않습니다." 그 의사는 책상 건너편 의자에 앉아 있는 C와 나에게 무뚝뚝하게 말했다. 그리고 이렇게 덧붙였다. "정신과 담당의의 부탁으로 진료를 시행하고 있습니다만, 언젠가는 모든 정신질환을 자가면역질환으로 규명하는 날이 올 거예요. 아직은 아니지만요."

$-\quad-$

2017년 전까지 한 번도 가 본 적 없는 뉴멕시코의 산타페에서, 친구이자 동료 작가인 포로치스타는 치마요^{Chimayó} 순례지에 꼭 함께 가 보자고 제안하며 말했다. "너라면 그곳에 관해 근사한 걸 쓸 수 있을 거야." 우리는 통합 의료 클리닉의 링거 주사실에서 코에는 산소 튜브, 팔에는 링거 주사를 꽂은 채 장중한 가죽 의자에 앉아 서로를 마주 보고 있었다.

나는 아무 데도 가고 싶지 않았다. 그 링거 주사실에서 여러 가지 복합 영양제를 맞고 농도를 달리한 오존 식염수를 여러 번 맞았는데, 그러다 한 번은 너무 아파서 값비싼 바이오매트로 옮겨지고 종이컵 두 개를 건네받았다. 하나는 툴시 로즈티, 또 하나는 다크 초콜릿 조각들이 들어 있는 컵이었다. 포로치스타와 나는 산타페에서 9일간 의학적 처치를 받았다. 기본적인 만성질환과 고강도 진찰의 조합, 그리고 불규칙적인 식사는 생각했던 것보다도 견디기 힘들었다. 침대에 누워 있는 것보다 조금이라도 힘이 드는 활동을 하면 열과 오한, 메스꺼움, 현기증, 호흡 곤란이 찾아왔다. 산타페에서 이런 증상들의 집합은 자율신경실조증, 좀 더 구체적으로는 체위기립성빈맥증후군(POTS)의 결과라는 진단을 받았다.

포로치스타는 그 전 겨울, 대형 트럭에 접촉 사고를 당한 이후 자율신경실조증을 진단받은 상태였다. 자율신경실조증은 그녀와 내가 받은 1차 진단이자 논란이 많은 만성 라임병의 합병증으로 인식되고 있다.

"차 안에만 있어도 좋아." 포로치스타는 치마요에 관해 이야기했다. "같이 가서 둘러보자. 새로운 기분을 느낄 수 있을 거야." 여행 내내 반복된 그녀의 이 말은 사실 만성적으로 아픈 사람들이 흔히 보이는 태도이기도 하다.

— —

2013년, 신경과 의사가 나에게 몇 가지 검사를 받을 필요가 있다고 했다. 나는 MRI와 EEG(뇌파) 검사를 받았다. 지하 검사실의 담당자가 혈액 열다섯 병을 채혈했고, 일련의 검사를 마친 후 C와 나는 결과를 기다렸다. 그 결과에 따라서 나는 꽤 정확한 사망률을 알게 될 수도 있고, 새로운 진단이나 이에 따른 치료를 받게될 수도 있고, 아니면 아무것도 얻지 못할 수도 있었다.

검사가 모두 끝난 후, 가장 흥미로웠던 결과는 내 혈액에 중증 근무력증, 람베르트이튼 근무력 증후군, 또는 암의 징후로 여겨지는 칼슘 채널 Ab P/Q 타입에 대한 항체가 있다는 사실이었다. 하지만 MRI와 EEG의 결과는 별다른 이상이 없는 것으로 나왔고, 이는 신경과 의사가 나에게 내릴 진단이 없다는 의미였다. 그래서 나는 무력하고 절망적인 상태로 그저 아플 수밖에 없었고, 그러다가 2015년 IGeneX 검사를 통해 새로운 의사에게 만성 라임병 진단을 받게 되었다.

　일단 진단이 나오자, 라임병 커뮤니티에서 라임병에 정통한 의사를 뜻하는 LLMD(Lyme-literate medical doctor)였던 그 의사는 내 조현정동장애가 보렐리아 부르그도르페리 세균 감염과 관련이 있는 것으로 보인다고 말하며, 내 병을 신경 보렐리아증이라 칭했다. 세균 감염이 뇌와 중추신경계에 영향을 미쳤음을 시사하는 것이었다. 라임병 커뮤니티에 속하지 않은 의사라면 이런 진단을 내리지 않았을 테지만, 나는 그의 말을 믿고자 했다. 그 진단 전까지 나에게 내 정신질환은 자신을 규정하는 주요한 식별자이자 그 자체로 기원 설화가 있는 야수와 같은 존재였다. 그런데 세균이 내 뇌를 감염시켰다는 서사는 일순간 내 조현정동장애를 뭔가 유기적인 문제로 바꾸어 놓았다. 점점 장황해지는 내 증상들과 떼어 놓고 생각할 수 없는, 그저 무수히 많은 문제들 중의 하나로.

- - -

　만성 라임병 진단은 일종의 신념 체계이다. 나는 내가 아는 한 진드기에 물린 적이 없었고, 소눈 모양 황반 병증에 걸린 적도 없었다. 각국의 의사들에게 보편적 진단 체계를 제공하는 질병통제센터는 라임병이 '존재한다'는 사실은 인정하면서도(1970년대, 코네티컷 올드 라임의 시민들은 의학적 증상을 나타내는 전염병을 발견했고, 후에 윌리 버그도퍼 박사가 진드기 매개 세균인 스피로카에테를 그 원인으로 지목했다), "이 분야에서 [만성 라임병이라는] 용어의 사용에 따른 혼란이 있어, 전문의들은 이 용어를 사용하지 않는다"라고 밝혔다. 다시 말해, 라임병은 라임병의 증상을 나타내는 사람들에게 답이 될 수도, 답이 되지 않을 수도 있고, "현재나 과거에 보렐리아균에 감염된 흔적이 없는 사람들에게서 나타나는 증상을 기술하는 용어로 사용되는 경우가 많으므로", 질병통제센터는 만성 라임병이 타당한 진단은 아니라는 의견을 견지하고 있다.

이처럼 질병통제센터가 만성 라임병 진단을 공식적으로 지지하지 않기 때문에 이 병을 진단하고 치료하는 사람들과 앓고 있는 사람들의 세계는 주류 의학의 범위 밖에 존재한다. 이 세계는 그들만의 언어, 개념, 치료법을 가지고 있다. 많은 LLMD들이 속해 있는 국제라임병및관련질병학회(ILADS)는 강령에 따라 '라임병 및 관련 질병의 적절한 진단과 치료'에 헌신하고 있다. ILADS와 만성 라임병 커뮤니티는 기본적으로 질병통제센터가 라임병 진단의 필수 요소로 정하고 있는 효소결합면역흡착 측정법(ELISA)은 신뢰성이 떨어지며 배양 시험된 라임병의 35%를 가려내지 못한다는 믿음을 가지고 있다. 이에 따라, LLMD들은 앞서 언급한 IGeneX의 검사를 진단 기준으로 사용한다. IGeneX는 '진드기 매개 질병 검사에 특화된 [클리아(CLIA)] 인증 연구소'로 알려져 있다. ILADS가 근간으로 하는 또 다른 믿음은 라임병이 소위 '위대한 모방자'이므로 만성피로증후군(근통성 뇌척수염으로도 알려진)에서 근위축성 측삭경화증에 이르는 여러 다른 질병으로 종종 오진된다는 것이다.

만성 라임병 진단을 받아들이는 것은 부분적으로라도 이러한 믿음을 받아들이는 것이다. 만약 여유(경제적·공적·인지적·정서적 등)가 있다면, LLMD를 찾고 그 의사가 추천하는 치료를 받을 수 있겠지만, 이는 상당한 비용을 건강 관리에 지출한다는 의미이다. 설령 운이 좋게 의료보험이 있더라도, 만성 라임병 치료까지 보장해 주는 의료보험을 가진 환자는 아직 만나 보지 못했다. 나는 주립보험관리공단을 통해 보장받을 수 있다는 희망을 품었으나 몇 번이고 보상 지급을 거절당하고 나서야 이런 실정을 알게 되었다. 포로치스타는 치료에 무려 1억 8,000만 원 이상을 지출했다고 말했다. 고펀드미[1]에서 '라임'을 검색하면 5만 1,366건의 결과가 나오고, "라임병과 섬유종으로 고통받는 사라", "케일리를 라임병에서 구해 주세요", "라임병과 싸우는 아론과 니콜을 도와주세요", "라임병의 교훈: 케이든의 웃음을 찾아 주세요!" 등의 제목이 나온다. 질병통제센터가 인정하지 않거나 금지하는 치료를 위해 모금되는 액수는 수백만 원에서부터 수십억 원에까지 이른다. 질병통제센터 입장에서는 이들이 껄끄러울 수 있으나, 이들에게는 달리 의지할 곳이 없다. 이들은 어디에서도 보호받지 못하는 처지에 놓여 있다.

나는 과학과 권위에 의지하는 사람이다. 실제로 연구소에서

---

[1]   개인이나 기업이 펀딩 캠페인을 벌일 수 있는 크라우드 펀딩 사이트이다.

일하기도 했고, 패션·문화 잡지사에서 일하는 동안에는 아이디어 회의 시간에 준비한 취재 아이템이 처참하게 까이면서 편집장으로부터 "보수적"이라는 비아냥을 듣기도 했다. 하지만 너무 아파서 풀타임 업무를 계속 붙잡고 있을 수 없게 되고, 동시에 마땅한 병명이나 치료법이나 희망을 찾지 못하는 상황이었는데, IGeneX 검사에서 양성이 나오자 나는 권위 있는 의학계가 반신반의하는 만성 라임병이라는 진단을 받아들이게 되었다. 이렇듯 아픈 사람들이 대체 의학에 빠지는 것은 남들이 엉터리라고 말하는 의료 행위를 기꺼이 믿어서가 아니라 전통적인 서구 의학이 그들을 저버렸기 때문이다.

이를테면, 작가 블레어 브레버먼은 라임병 진단을 받은 내 친구인데, 나는 그녀와 일명 '버너 프로토콜'로 알려진 허브를 사용하는 라임병 대체 치료에 관해 이야기하면서, 스티븐 버너가 만성 라임병을 모겔론스병에 비유한다는 것을 알게 되었다. 모겔론스병은 《하퍼스》에세이 수상작 「악마의 미끼」에서 레슬리 제이미슨이 언급하는 가려움증을 유발하는 질환이다. 제이미슨은 스스로 모겔론스병(피부 밑으로 벌레가 기어 다니거나 모공에서 색깔이 있는 섬유가 나온다고 느끼는 병)에 걸렸다고 생각하는 사람들을 따뜻한 시선으로 바라보고 있지만, 에세이 전반에는 모겔론스병을 망상의 병으로 여기는 인식이 선명하게 드러나 있다. 제이미슨은 이렇게 쓰고 있다. "그들은 동결, 살충제, 소·말·개를 위한 방충제 등 여러 가지 검증되지 않은 치료법을 시도해 보고 결과를 비교한다."

브레버먼과 나 역시 그런 치료법을 연상시키는 '버너 프로토콜'에 혹하는 것은 그리 놀라운 일이 아니다. 브레버먼은 내게 버너의 책에 나오는 사진을 보냈다. 버너에 따르면, 미생물학자이자 균류학자인 메리앤 미들빈은 소들에게서 나타나는 발굽피부염 증상이 그 병변과 '비정상적인 (피부에서 빠져나오는) 실 형성' 등으로 볼 때 모겔론스병의 증상과 매우 유사하다고 생각한다. 병변 부위의 세균은 거의 스피로카에테로, 라임병의 경우 보렐리아균인 것과 비슷하다. 하지만 모겔론스병이 '실재'하든 아니든, 혹은 라임병과 마찬가지로 세균을 통해 발생하든 아니든 그 여부와 상관없이, 나는 이제 자신의 병을 모겔론스병이라고 진단하는 '그 사람들'이 나와는 다르다고 명쾌하게 선을 그을 수 없다. 그들이나 나나 결국 고통에서 비롯된, 그리고 그 고통을 줄여 줄 방법을 전혀 제시하지 못할 뿐만 아니라 우리를 정신적 문제가 있는 사람들로 몰아세우는 기존 의학 체계에서 비롯된 절망으로 연결되어 있으니까.

소개의 소개를 받아 찾아갔던 LLMD가 "당신은 분명히 만성 라임병을 앓고 있어요"라고 말했을 때, 나는 그의 말을 믿을 준비가 되어 있었다. 어쩌면 그의 말을 믿으려고 노력할 준비가 되어 있었다고 말하는 편이 더 정확하겠다.

－ －

나는 환각과 망상이 생긴 지 얼마 되지 않았을 때, 천주교 신자가 될지를 1년 정도 고민한 적이 있다. 이 고민은 정신증과는 관계가 없었다. 나는 천주교 신자와 결혼을 약속한 상태였고, 천주교 예식에서 결혼하는 두 사람 중 신자가 아닌 사람은 개종을 해야 하는 의무가 있었기 때문이다. 내 친구의 아내는 친구를 위해 개종했는데, 나는 뉴올리언스의 한 바에서 그녀에게 개종하는 것이 왜 합당한 선택이라고 생각했는지 물었다. 하지만 나는 질문하기에 앞서 그녀가 어떤 대답을 하든 만족스럽지 않으리라는 것을 미리 알았어야 했다. 의문이 많은 인간이 던지는 그런 심오한 질문에 걸맞은 대답은 애초에 없기 때문이다.

그래서 나는 이해할 수 없는 문제에 맞닥뜨릴 때마다 내가 늘 해 왔던 것처럼, 관련된 책을 찾아 읽기 시작했다. 나는 토머스 머튼의 책, C. S. 루이스의 책, 제임스 마틴의 『모든 것 안에서 하느님 발견하기』, 성경, 예수회 성찰 지침서, 아우구스티누스의 『고백록』, 노리치의 줄리언의 『신성한 사랑의 계시』를 읽었다. 천주교 성당 미사에 가서, 적절한 때에 맞춰 일어났다 앉았다 했고, 〈글로리아〉를 따라 불렀고, 이웃들과 평화의 인사를 나눴다. 비록 C를 포함한 다른 사람들이 성찬식을 하러 간 동안, 은총의 성역에 다가갈 용기는 내지 못했지만. C와 나는 신과 믿음에 대해 긴 대화를 했다. 나는 수많은 질문을 던졌고, 그는 이따금 책장에서 신약 성서를 꺼내 가며 최선을 다해 대답했다.

천주교 교리는 내게 매력적이었고, 지금도 그렇다. 신비주의와 의식에 뿌리를 두고 있으며 라틴어와 향, 양초를 자주 사용하는 천주교 교리의 미학은 내 마음속 현을 연주한다. 나는 그들의 지성주의를 존중했다. 미사에 가서 주위 사람들이 일제히 신앙고백을 암송하는 소리를 들었다. 신앙고백은 이렇게 시작되었다.

> 전능하신 아버지, 하늘과 땅과 유형무형한 만물의
> 창조주를 믿나이다. 또한 한 분이신 주 예수 그리스도,
> 하느님의 외아들 영원으로부터 성부에게서 나신 분을
> 믿나이다. 하느님에게서 나신 하느님, 빛에서 나신
> 빛, 참하느님에게서 나신 참하느님으로서, 창조되지
> 않고 나시어 성부와 한 본체로서 만물을 창조하셨음을
> 믿나이다⋯

나는 과연 입술 밖으로 나오는 한마디 한마디를 대담하게 믿으면서 그런 말들을 발화할 수 있을지 생각해 보았다. 분명히 신앙고백을 전부 믿지 않으면서도 개종하는 사람들이 있지만, 나는 그저 선의를 가지고 그렇게 할 수는 없는 사람이었다. 결국 나는 천주교 신자가 되지 않았다.

— —

치마요는 3만 1,700명이 사는 도시이고, 우리의 목적지인 엘 산투아리오 데 치마요는 사람들이 기적을 위해, 특히 치유의 기적을 위해 기도하러 오는 순례지이다. 기적의 장소에 세워진 엘 산투아리오에는 엘 포시토라는 작은 구덩이가 있는데, 그곳에는 치

유의 힘이 있다고 전해지는 신성한 흙이 채워져 있다. 산투아리오 웹사이트에 올라온 후기 중에는 이런 글이 있다. "나는 신성한 흙을 국제택배로 최대한 빠르게 보내겠다고 말했습니다. … 루비의 수술 예정일 전날 밤, 토니와 스티브는 그 흙을 가져다가 루비의 몸에 문지르고 기도를 했습니다. … 놀랍게도 의사가 대기실에 있던 그들에게 와서 루비가 수술할 필요가 없다고 말했습니다." 이런 글도 있었다. "처음에는 좀 무서웠지만, 엄마와 이모가 걱정하지 말라고 괜찮을 거라고 저를 다독였어요. … 정해진 단계에 따라 통증이 있는 다리 부위에 흙을 문질렀어요. … 다음 날 아침에 일어나니 다리의 통증이 거의 느껴지지 않았답니다."

병은 나를 이런 곳으로 이끈다. 작년 겨울, 뉴올리언스에 있는 C의 부모님 집을 방문하는 동안 나는 세인트 로슈 성당에 간 적이 있다. 이 성당은 피터 테비스 주교가 그의 교구 주민들을 황열병으로부터 구해 달라고 세인트 로슈에게 기도를 드린 후 지어진 곳이었다. 테비스 주교는 이 지역에 황열병이 창궐했음에도 자신의 주교만 무사히 살아남을 수 있었던 것은 기적의 힘 덕분이라고 여겼다. 그 후로 세인트 로슈 성당은 기적의 치유를 원하는 이들이 성인에게 기도할 뿐 아니라 병이 낫고 나면 병의 상징물을 공물로 남겨 두고 가는 장소가 되었다.

성당은 내가 생각했던 것보다 훨씬 작았다. 내가 이제까지 보았던 그 어떤 성당보다 작았고, 학교 카페테리아보다도 작았다. C와 C의 여동생, 그녀의 남자친구, 나 말고는 방문객이나 관광객도 없었다. 성 로슈 동상은 파스텔 색감의 근사한 모습이었다. 챙이 넓은 모자를 쓰고 콧수염에 염소수염까지 기른 그는 사뭇 온화한 정복자처럼 보였다. 그 옆 9제곱미터 정도 되는 좁은 공간에는 의족과 목발, 손으로 만들어진 명판과 개, 하트, 십자가 등의 모형이 달려 있었다. 이 물품들은 장식품이자 상징물이다. 의안은 구슬처럼 작고 먼지에 뒤덮인 유리로 된 눈이지만, 다시 얻은 시력, 고통, 그리고 그것을 알아본 이들의 희망을 상징한다.

내 침실 벽에는 잔다르크의 명언이 걸려 있다. "나는 두렵지 않다. 이 일을 위해 태어났으므로." 내 삶이 어떻게 전개되든 나는 살아가게 되어 있고, 내 삶이 어떻게 풀리든 나는 그것을 견뎌 내기 위해 창조되었다는 생각이 든다.

나는 성당에 내가 아끼는 하얀 줄무늬 돌을 하나 들고 왔다. 내가 읽은 내용에 따르면, 병이 나은 후에 무언가를 남겨 두게 되어 있지만, 나는 즉흥적으로 그런 징표를 남기고 싶은 마음이 들어서 무릎을 꿇고 빗장 너머로 돌을 던져 넣었다. 햇빛이 창을 통해 그 조그만 공간으로 쏟아지는 동안 서툰 기도를 드렸다. 돌은 여전히 같은 자리에 있을 것이다.

— —

내 신경과 담당의의 의견처럼, DSM 규정 정신질환이 신체적 질환, 특히 자가면역질환과 연관이 있을지도 모른다는 추측이 설득력을 얻고 있다. 『결핍의 전염병』을 쓴 저널리스트 모이세스

벨라스케스 마노프가 《애틀랜틱》에 기고한 「몸이 정신을 공격할 때」에는 열세 살 소녀 사샤가 갑자기 심각한 정신증 증상을 나타내기 시작하면서 에거 가족이 겪었던 악몽이 담겨 있다. 한 전문의는 사샤가 양극성장애를 가지고 있다는 진단을 내리고, 항정신병 약물을 처방했다. 소아정신과 의사였던 사샤의 엄마는 갑작스레 정신질환이 발생할 리가 없다는 생각으로 다른 신경과 의사를 찾았고, 그 의사는 뇌염의 자가면역 변종을 의심했다. 자가면역 공격을 치료하는 데 쓰는 항체가 주입되자, 사샤는 "거의 즉시 나았다". 벨라스케스 마노프는 이렇게 묻는다. "뇌의 자가면역질환이 정신질환과 매우 유사하다면, 이 질환의 실체는 무엇일까?"

점점 더 발전하는 자가면역 신경학 분야에 따르면, 면역 체계는 인간의 중추신경계나 말초신경계에 잘못된 공격을 가할 수 있다. 이전에 내 병명으로 의심되었던 항NMDA 수용체 뇌염이 그러한 예이다. 이 병은 면역 체계가 뇌의 NMDA 수용체를 공격할 때 발병하고, 언어장애·환각·망상·인지 및 행동 장애와 같은 혼란스러운 증상들, 달리 말해 조현병처럼 보이는 증상들을 일으킨다. 2006년, 덴마크에서 생성된 세 가지 데이터의 연관성을 연구한 윌리엄 W. 이튼과 그의 팀은 "자가면역질환의 병력이 있으면 조현병의 위험이 45퍼센트 증가했다"라는 결론을 내렸다.

라임병이 면역 반응을 일으켜 이미 존재하던 내 정신이상을 악화시켰거나, 혹은 LLMD가 생각하듯이 내 뇌를 직접적으로 감염시켜 조현정동장애를 진단받게 한 증상을 일으켰을 수도 있다.

어쩌면 나는 만성 라임병이 아니라, 질병통제센터가 인정하거나 인정하지 않는 어떤 다른 병에 걸린 것인지도 모른다. 수년간 M박사는 내 손상 질환이 복합 PTSD의 결과임을 넌지시 비추었는데, 나는 이를 모두 내 머릿속에서 일어난 일종의 히스테리라는 의견을 정중하게 돌려 말하는 것으로 이해했다. 최근 들어 M박사는 내게 정신분석을 받아 보라고 제안하며, 자신의 환자들에게 큰 도움이 됐던 정신분석가들을 알고 있다고 말했다. 그녀는 내게 강도가 높은 일을 하고 나면 탈진해 버리지 않느냐고 묻고선, 이런 탈진은 약간의 성공을 맛본 뒤 자기 태만에 빠지는 것을 응징하는 기제로서 나타나는 것이라 말했다. 요즘 나는 사람들에게 만성 라임병과 조현정동장애를 둘 다 가지고 있다고 말하는데, 사람들은 그 말에 수긍하는 것처럼 보인다.

— —

포로치스타와 나는 화요일에 링거 치료가 끝난 후 치마요에 갔다. 포로치스타의 친구인 에이미가 우리를 태워다 줬는데, 오랜 친구로 지낸 두 사람이 옛날이야기부터 요즘 사는 이야기까지 신나게 수다를 떠는 동안, 나는 뒷자리에 앉아 차창 밖으로 펼쳐진 사막을 바라보며 내 몸이 잘 견딜 수 있을지 걱정하고 있었다. 삶이 내게 가혹하게 굴 때마다 매일 끊임없이 하는 걱정이었다.

이런 걱정은 차를 주차하고 꽤 걸어가야 한다는 에이미의 말에 더욱더 심해졌다. 평소에도 가끔씩 지팡이를 사용하고 여행 중에도 내내 지팡이를 가지고 다녔던 포로치스타는 괜찮을 것 같다고 말했다. 나도 우리를 이 성스러운 곳으로 안내하기 위해 직장도 빼먹고 온 사람에게 앓는 소리를 하고 싶지 않아서 기어들어가는 목소리로 괜찮다고 말했다. 우리는 주차장에서부터 산투아리오의 작은 건물들이 있는 곳까지 걸었다. 길 양옆에는 철조망 울타리가 있었는데, 철조망 연결고리에는 노끈이나 천으로 묶인 묵주와 십자가들이 장식되어 있었다. 십자가는 나무 재질이었고, 그 위에는 이름이 적혀 있거나 "마리아여 우리를 위해 빌어 주소서"와 같은 문구가 새겨져 있었다. 산타페에 있는 동안 줄곧 쌀쌀한 날씨였지만, 치마요에 도착했을 때는 화창했다. 나는 내 인조 모피 스웨터를 입을 필요가 없을 것 같아 차 안에 두고 내렸다. 어찌 됐든 이제는 그 옷을 가지러 다시 차로 돌아올 수도 없었다.

한 줄로 늘어선 기다란 나무 가판대에는 사람들이 사랑하는 이들의 사진을 벽에 고정해 두었다. 한 표지판에는 방문객들에게 그곳에서 본 사진 속 사람들을 위해 기도해 달라는 안내문이 적혀 있었다. 사진 속에는 다양한 나이, 성별, 인종의 사람들이 있었는데, 건강하고 원기 왕성해 보이는 사람들도 있었고, 뼈가 앙상한 상체를 얇은 이불로 덮은 채 병원 침대에 누워 있는 사람들도 있었다. 이 사진들을 보자 9·11 테러 직후 그랜드센트럴 터미널을 통과해 걸어간 기억이 났다. 당시 터미널 사방에는 실종된 사람들을 찾는 전단지가 어마어마하게 많이 붙어 있었는데, 그 부질없는 종이들에는 사람들의 얼굴이 선명하게 인쇄되어 있었다. 그런데 이곳에도 실종된 사람들이 있었다. 전쟁 때 포로로 잡혔거나 행방불명된 군인들의 사진이었다.

나는 카메라로 그 사진들을 찍었다. 몇몇 사진은 핸드폰으로 찍었다. 내 핸드폰 잠금 화면 배경에는 "희망"이라는 문구가 금색으로 적혀 있고 그 옆에는 잔다르크 동상이 있었다. 나는 산투아리오가 희망 위에 지어진 것을 보았다. 희망은 믿음과는 다르다. 희망은 물고기를 찾는 낚싯줄이다. 반면에 믿음은 굶어 죽지 않을 것이라는, 혹은 굶어 죽는다면 그 비극을 설명해 줄 신의 뜻이 있을 것이라는 신념이다. 나의 아침 기도는 이렇게 시작된다. "복되신 신비여, … 감사합니다. 복되신 신비여, 부디 …." 기도의 마지막 말은 늘 병에 차도가 있기를 기원하는 "제가 나아지게 해 주소서" 이다.

우리는 작은 제단들 사이로 걸었다. 나뭇잎들이 발밑에서 바스락거렸다. 봉헌 양초, 조화, 묵주, 휘갈겨 쓴 간청의 글들이 과달루페의 성모상, 라방의 성모상, 성 프란체스코의 모자이크 주위에 모여 있었다. 그중 한 성모상에는 이런 글귀가 새겨져 있었다. "은총이 가득하신 마리아여, 기뻐하소서. 주님께서 함께하시니." 북미 원주민 커뮤니티에 바쳐진 쉼터도 보였고, 프리토 파이와 나초를 파는 곳이지만 지금은 영업을 안 하는 듯한 리오나 레스토랑도 눈에 띄었다.

성당 자체는 내가 가 봤던 거의 모든 성당보다 훨씬 작고, 나무로 되어 있으며 표면이 거칠게 깎여 있었다. 에이미는 산투아리

오가 부활이 아니라 고통과 죽음을 강조한다고 속삭였는데, 이 말은 사실이다. 십자가 위의 섬뜩한 그리스도의 몸에는 갈라진 상처들이 나 있고, 십자가의 길은 그리스도가 처형당하는 잔인한 광경을 묘사하고 있다. 「히브리서」 5장 8절에서 "그가 신의 아들이시면서도 받으신 고난으로 순종함을 배워서", 「고린도후서」 1장 5절에서 "그리스도의 고난이 우리에게 넘친 것처럼 우리의 위로도 그리스도로 말미암아 넘친다"라고 하듯이, 믿는 사람들도 고난을 받는다. 나는 천주교 신자였던 적은 없었지만, 병을 앓으면서 고난을 이해하고 싶은 마음이 간절해졌다. 그것을 이해할 수 있다면 덜 고통스러울 것이고, 심지어 위안을 얻을 수도 있지 않을까. 내가 자주 읽던 『죽음의 수용소에서』와 『고요히 앉아 있을 수만 있다면』은 각각 의미 치료[2]와 불교를 내세웠다. 내게 진정 어려운 것은, 약이든 술이든 혹은 끈질기게 치유를 추구하는 것이든 고통에서 벗어날 탈출구를 찾는 일이 아니다. 나는 고통 한가운데에서, 항상 밖으로 나갈 길을 찾고 있다.

산투아리오 깊은 곳에 서린 그리스도의 고통에 한껏 취한 다음, 우리는 탈출구 혹은 희망의 흙구덩이 엘 포시토를 찾았다. 엘 포시토는 우리 셋이 한꺼번에 그 기적의 신성한 흙을 퍼내도 될 만큼 컸다. 표지판에는 이 장소에서 1910년에 돈 베르나르도 데

---

2   오스트리아의 정신과 의사이자 홀로코스트 생존자인 빅터 프랭클이 창시했으며, 실존적 의미를 찾으려는 인간의 의지와 욕구를 다룸으로써 정신장애 등과 같은 인간의 심리적·정신적 문제를 극복하고자 하는 심리치료 이론이자 기법이다.

라 엥카르나시온 아베이타가 에스퀴풀라스의 십자가를 발견(산투아리오 데 치마요를 탄생시킨 기적)했다고 적혀 있었다. 그리고 실내 벽에는 이렇게 적혀 있었다.

> 당신이 이방인이라면, 삶에서 열심히 발버둥 치다가
> 지쳤다면, 장애를 가지고 있든 마음의 병이 있든
> 긴 산길을 따라 치마요에서 안식을 찾으라.
> _G. 멘도사

우리는 주황색과 검은색이 섞인, 구덩이 깊이의 절반쯤 되는 어린이용 삽을 이용해 신성한 흙을 퍼냈다. 흙은 꽤 찰졌고 조그만 창으로 새어 들어온 햇살에 반짝거렸다. 아무도 그릇을 가져온 사람이 없어서, 우리는 동그랗게 모아 쥔 손에 흙을 담고서 조심조심 기념품 가게까지 걸어가, 거기서 집까지 흙을 담아 갈 장식용 그릇을 구입했다.

여러 기념품 가게들 근처에는 조그만 박물관이 있었다. 이 한 칸짜리 박물관에서 나는 커다란 안내 현판을 통해 1977년에 호세 로드리게스라는 스물한 살의 청년이 무게가 100킬로그램이 넘고 길이가 3미터에 이르는 십자가를 짊어지고 로사리오 성당에서 치마요까지 50여 킬로미터를 걸었다는 사실을 알게 되었다. 이러한 순례를 하는 이유가 무엇이냐는 질문에 그는 단지 3개월 전에 주님께 한 약속을 지키는 것뿐이라고 대답했다. 그 약속이 무엇이었는지, 그리고 그 결과가 어땠는지는 알려지지 않았다. 누군가 그의 여정에 관해 묻는다면, 그저 이렇게 말할 수 있을 뿐이다. 한 젊은 이가 무거운 짐을 지고 기적의 발현지까지 먼 길을 걸었다.

— —

샌프란시스코에 돌아온 지 2주가 지났을 때, 내 정신과 담당 의는 내가 스탠퍼드대 의대 전문의에게 진료를 받을 수 있는 절차를 준비하기 시작했다. 계기는 그가 공부 중 우연히 보게 된 연구논문이었다. 그 논문은 나처럼 칼슘 채널 Ab P/Q 타입에 대한 항체를 가지고 있으며 자율신경실조증 증상을 보이는 여성에 관한 연구였다. 내 담당의는 그 여성이 혈장분리교환술로 치료를 받은 후 병이 나았다고 알려 줬다. 그래서 나는 스탠퍼드대 의대 신경학 및 신경과학과 산하 스탠퍼드 자율신경장애 프로그램 전문의에게 진료를 받기 위해 내 건강보험의 승인을 구하는 기나긴 과정에 들어갔다.

나는 900페이지 분량의 내 의료 기록이 스탠퍼드대에 전달되었다는 말을 들었다. 위탁 인가서에서는 내가 조현정동장애 양극형과 특발성 말초신경증을 진단받은 것으로 기술되었다. 그동안 수년에 걸쳐 내가 진단을 받은 섬유근육통, 복합 PTSD, 자율신경실조증, 체위기립성빈맥증후군(POTS), 만성 라임병 등 기타 질환은 언급되지 않았다.

나는 새로운 무언가를 알아낼 수 있을지도 모른다는 사실에 설레어 J박사와의 만남을 고대하고 있었다. 자율신경장애 프로그램에서 그를 만나기 전, 나는 피로감과 현기증으로 인해 지팡이를 사용하고 있었고 명석하고 새로운 통찰을 얻을 수 있기를 기도했다. 나는 일종의 선언적 진단을 바랐다. 그가 "자, 지난 5년간 당신에게 불행을 안겨 준 것의 정체는 바로 이겁니다"라고 말하기를 바랐다. 하지만 조현병이 그렇듯, 질병이란 그렇게 단순하지 않은 법이다. 화요일 아침, 마침내 J박사를 만났다. 그는 여러 가지 질문을 하고, 손과 눈으로 간단한 진찰을 한 뒤 내가 받아야 하는 검사를 알려 주었다. C의 표현을 빌리면, 우리는 "조심스럽게 낙관적인 기대"를 품고 집으로 돌아왔다.

몇 주 후 나는 내 담당의들에게 전달된 장문의 보고서를 볼 수 있었다. 보고서에서 J박사는 "소위 라임 전문의라고 일컬어지는"이라는 표현을 사용해 내 LLMD를 넌지시 무시하는 태도를 내비쳤다. 사실 그는 지난번 상담 때도 나에게 만성 라임병 치료를 더는 받지 말라고 대놓고 말했다. 보고서에서는 이례적인 결과가 나올 때마다 "놀랍게도"라는 표현을 사용했다. "놀랍게도 경미한 안구진탕증이 있었다." "놀랍게도 미간 반사가 점점 증가했다." "놀랍게도 롬버그 검사에서 오른쪽이 미약하게 양성반응을 보였다."

J박사는 "에즈메이 웨이준 왕의 검사 결과는 여러모로 놀라웠습니다"라고 쓴 뒤 다음과 같이 끝을 맺었다. "검사를 할 수 있

어서 다행스러웠습니다. … 환자의 치료에 관하여 귀하와 소통을 하겠지만, 혹시 필요할 경우 제게 직접 상담을 받아도 괜찮습니다."

나는 일기장에 적는다. "희망은 저주인 동시에 선물이다."

검사 결과는 모두 음성으로 나왔다. 사람들은 이 소식에 축하한다고 했지만, 음성으로 나온 검사 결과는 내 병에 아무런 답이 없다는 것이며, 내 병에 대한 J박사의 관심이 줄어들고 그로써 내 고통에 대한 관심 역시 줄어들 것이고, 결국 내게 그 어떤 치료의 방도도 가능성도 없다는 사실이었다. 나는 이런 사실들을 이해해 주는 사람들로부터 위안을 얻었다. 그때부터 지금까지 나는 다달이 찾아오는 열병과 매일의 피로, 그리고 심장 전문의에게까지 진찰을 받게 만든 무수한 다른 증상들을 경험하며 살고 있다. 나는 2018년인 지금이 2016년보다는 더 괜찮고, 2016년은 2012년보다 더 괜찮았다. 이는 뭔가를 말해 주는 것 같지만 그게 뭔지는 모르겠다. 지금 내가 할 수 있는 일은 그저 조금이라도 낫기를 바라는 것뿐이다.

— —

나는 할돌과 쎄로켈을 복용한다. 이 두 가지의 강력한 항정신병 약물은 내 병과 무관한 화학 첨가물일 수도 있고 아니면 나의 안정을 유지시키는 핵심적인 처방제일 수도 있다. 어느 쪽에 해당하는지 실험해 볼 생각은 없다. 모노아민 산화효소 억제제(MAOI)

가 선택적 세로토닌 재흡수 억제제(SSRI)보다 훨씬 인기가 없는 것과 마찬가지로, 요즈음에는 할돌을 많이 복용하지 않는 추세이다. X세대인 한 친구의 말에 따르면, 나에게는 희한하게 여겨지는 일이지만, 새로운 최면성 약물인 쎄로켈을 남용하는 것이 밀레니얼 세대에서 '유행'이라고 한다. 나는 경미한 정신증을 이따금 경험하지만, 조현병이 아예 사라질 것이라고는 생각하지 않는다. 비교적 최근에 발병한 다른 병들은 잘못된 사건으로 여겨지며 도대체 나란 사람이 얼마나 다양한 종류의 증상을 경험할 수 있는지 궁금하게 만드는 것과 달리, 조현병은 너무나 오랫동안 나의 일부였기에 내 삶에서 사라질 수 있을 것 같지 않다.

경계 너머로

어느 겨울 아침, 나는 눈을 감은 채 오라클 카드 한 벌을 뒤섞어 보았다. 그러면서 칠흑 속에서도 눈앞에서 무슨 일이 일어나는지 볼 수 있구나 싶었다. 각각의 손가락의 움직임과 손가락 관절 하나하나의 까딱임과 함께 내 손의 세세한 모양이 분명히 보였다. 나는 카드를 볼 수 있었다. 완전히 분간할 수 있을 정도로 명확하게 보이지는 않아도, 전체적으로 흐릿하지만 형형색색의 얼굴이 보였다. 나는 눈을 감은 채 파우치에서 무작위로 꺼낸 컬러 펜을 쥐고서 이 능력을 좀 더 시험해 보기로 했다. 펜으로 시험한 결과 나는 눈을 감고도 그 색깔을 '볼 수' 있었다. 물론 불완전하게 보이는 것이지만, 그래도 내가 밝은색을 쥐고 있는지 아니면 어두운색을 쥐고 있는지 정도는 파악되었고, 실제로 진한 분홍색을 즉시 알아맞혔다.

정신증과 싸우며 세상을 일관되게 바라보기 위해 분투하던 그해 초, 일기 쓰기와 점괘 카드 그리기는 내 일상이었다. 나는 타로 카드와 오라클 카드가 균열된 존재를 붙들어 두는 꽤 근사한 체계를 가지고 있음을 발견했다. 타로 카드는 카드를 그린 예술가와 창작자에 따라 도안이 다르지만, 일반적으로 바보에서 세계까지 열두 가지 원형으로 이루어진 메이저 아르카나 22장과 에이스에서 왕까지 각각 네 세트(지팡이, 동전, 검, 성배)로 이루어진 마이너 아르카나 56장이 합쳐진 형태로, 총 78장의 카드로 구성되어 있다. 오라클 카드는 이보다 더 다양하다. 내용과 테마가 전적으로 창작자에게 달려 있다. 그해 겨울에 내가 주로 사용한 카드는 수채화 일러스트레이션으로 되어 있는 카드였다. "경계를 재정의 하라"라고 적힌 카드도 있었고, "고양된 자아"라고 적힌 카드도 있었다. 내가 어떤 카드를 뽑든, 그 카드는 그날 하루가 어떤 모습으로 흘러갈지 예측하고 그날 일어나는 사건이 어떤 형상으로 나타날지를 짐작하게 하는 이중의 목적에 부합했다. 그리고 2013년 그날, 나는 일명 투시력이 생겼다. 하지만 하루를 보내는 동안, 그 이상한 능력은 무거운 장막이 내려오듯이 점점 줄어들더니 나중에는 눈을 감으면 오직 암흑만 보였다. 지금도 눈을 감으면 그냥 캄캄한 어둠만 보인다.

처음에 나는 이런 경험을 C에게만 이야기했고, 이후 가장 친한 친구 한두 명에게 말했다. 초능력으로 치자면, 눈을 감은 채 앞에 있는 것을 볼 수 있는 능력은 그야말로 허접스러운 것이 아니겠냐는 농담을 주고받았다. 나는 그 능력을 남들에게 뽐낼 수가 없었다. 그러다가 '보지 않고 보는' 능력은 2014년 9월 29일에 딱 한 번 더 발현되었다. 나는 다시 눈을 감은 채 세상을 볼 수 있음을 깨달았다. 컬러 펜으로 다시 시험해 보고서 내 감각이 정확하다는 것을 알았다. 나는 신비주의자인 한 친구에게 조언을 구했고, 그녀는 그때 불분명하게라도 보였던 것이 있으면 무엇이든 곰곰이 떠올려 보라고 말했다.

　내 대답은 이랬다.

　　　몇몇 이미지가 휙휙 지나간 다음, 한 여자아이가
　　　가슴에 책을 움켜쥐고서 바다에 뛰어든다. 꽤 오랫동안
　　　머리카락이 물속에 둥둥 떴다가 가라앉는다. 바닥에
　　　다다르고 아이가 다시 가쁜 숨을 쉬며 수면 위로
　　　솟아오르고, 망망대해에서 여전히 책을 움켜쥐고
　　　있다. 주위를 둘러보면, 부표가 보이고 아이는 그 위에
　　　올라가려고 안간힘을 쓴다. 아이는 부표 위에 오르고,
　　　책을 떨어뜨리고, 다시 붙잡는다. 오랫동안 부표 위에
　　　앉아 있다. 이윽고 부표가 육지에 이르고 아이는 커다랗고
　　　끝이 뾰족한 언덕 모양의 육지에 오른다. 아이가 꼭대기에
　　　도착하자, 책이 하얀 새처럼 아이의 팔에서 피어나더니
　　　위로 날아오른다. 새는 아주 오랫동안 위로 올라간다
　　　(이 시점에서 나는 새가 어디까지 가는지 알 수 없었다. 그저
　　　영원히 계속 올라가는 것처럼 보였기 때문이다). 마침내 새는
　　　하얀 빛으로 피어올라 하늘 전체로 퍼지고, 우주를 감싸
　　　안는다.

그리고 몇 시간 후 장막이 다시 내려왔다. 그 이후로는 그런 능력을 다시 경험한 적이 없다.

— —

만약 당신의 비범한 능력이 정신질환인지 아니면 영적 능력의 징후인지 궁금하다면, 인터넷을 찾아보면 된다. 정신건강 전반, 특히 조현병에 대한 온라인 커뮤니티에는 "조현병 환자가 된 이후 영적 능력을 발견한 적이 있나요?", "조현병인가, 영매인가?", "저는 영매일까요? 아니면 미친 조현병 환자일까요?", "정신증과 영적인 힘?"이라는 제목을 단 게시물들이 넘쳐난다. 어떤 이들은 정신증과 영적 능력이 상호 배타적이라고 생각하는 반면, 또 어떤 이들은 조현병 환자들이 정신장애로 고통받는 것은 사실이지만 초자연적인 능력을 부여받는다고 생각한다. 장점이라고는 찾아보기 힘든 조현병에서 어떻게든 희망을 발견하는 방법이다.

무엇이 정신증을 질병이 아닌 능력으로 해석할 수 있게 하는가? 우선, 정신병 진단에서는 '부정적인 스트레스'가 하나의 기준이 되는 경우가 많다. 임상의의 진료실에 찾아온 환자가 전형적인 우울증의 증상을 가지고 있더라도 부정적인 스트레스를 경험하고 있지 않다면, 그 환자의 상태는 주요 우울장애의 기준에 들어맞지 않는다. 조현병은 부정적인 스트레스가 반드시 진단 요건이 되지 않으므로, 다르게 해석할 여지가 있다. 즉, 부정적인 스트레스가 없으면 어떤 증상은 환영할 만한 특성이 될 수도 있고, 따라서 능력으로 여겨질 수도 있다.

2017년에 방영된, 마블 코믹스 작품을 원작으로 한 TV 드라마 〈리전〉에서, 데이비드 홀러는 조현병을 가진 남자이다. 비록 광고에서는 그가 "인간 이상의 존재인지도 모른다"라며 시청자들의 흥미를 자극하지만 말이다. 데이비드는 클록웍스 정신병원에 입원해 있지만, 그의 증상은 병리적 징후보다는 초인간적인 재능으로 상정된다. FX 웹사이트에 게재된 1화에 대한 한 줄짜리 소개는 이렇다. "데이비드는 그가 들은 목소리가 진짜인지 아닌지 고민한다." 마블 세계관에 바탕을 둔 이야기라는 점에서, 우리는 드라마를 보지 않고도 이 질문에 대한 대답이 '그렇다'일 것이라 짐작할 수 있다. 〈뷰티풀 마인드〉에서처럼, 시청자는 데이비드와 같이 어리둥절한 심정으로 현실을 마주하게 된다. 《뉴요커》 기고가 에밀리 누스바움은 이 드라마의 초현실적인 비주얼에 관해 이렇게 평한다. "이 원석 같은 초현실성은 모든 것을 극장으로 탈바꿈시킨다. 또한 우리도 데이비드처럼 우리의 인지력을 믿어도 되는지 알지도 못한 채 우리가 보는 것들을 흡수하게 만든다." 글의 후반에서는 이렇게 지적한다. 〈리전〉은 "정신질환을 … 특별함의 은유로서 다루는 드라마라서, 그런 시각에 동의하지 않는 사람이라면 공감하지 못할 것"이라고 썼다. 트위터에서 사람들은 이 드라마에 대해 이야기를 나누며 광기를 초능력으로 표현하는 서사가 정신건강을 바라보는 시각을 왜곡시키는 것은 아닌지 염려한다. 망상에 빠진 사람들이 자신의 증상을 마법 같은 능력이라고 믿고서 도움을 구하지 않을 수도 있다는 것이다. 하지만 그런 염려는 〈리전〉 같은 드라마가 없어도 충분히 생겨날 수 있다.

2005년에 내가 환각을 경험하기 시작했을 때(처음에는 목소리가 들렸고, 그다음에는 헛것이 보였다) 엄마는 이런 증상이 병리적인 것이 아니라 영적 능력일지도 모른다고 말했다. 중국 미신에 따르면, 환각을 경험하는 것은 점술가나 영매처럼 '영혼을 읽는 사람'이 될 운명을 암시하는 것일 수도 있기 때문이다. 엄마는 "그러니 무서워하지 마라"라고 말했다. 여태껏 내 증상에 대해 그런 관점을 제시한 사람은 엄마밖에 없었다.

그 이후 10년에 걸쳐, 나는 이따금 정신증을 하나의 능력으로 바라보는 것의 효용에 대해 생각했다. 만약 조현정동장애를 끔찍한 병이 아니라 유용한 능력에 접근하는 도구로 바라본다면 내 정신건강이 향상될 수도 있지 않을까. 『죽음의 수용소에서』에서 빅터 프랭클은 삶의 의미를 찾겠다는 의지가 있다면 우리는 고난을 견딜 수 있다고 말한다. 하지만 나는 이런 신념이 실제 상황에서 어떻게 작동할지 도무지 알 수 없었다.

— —

나는 페이지를 내 친구의 친구로서 처음 만나게 되었다. 페이지는 사람들을 만나기 좋아하는 내향인으로, 코웃음이 멋진 사람이다. 허리까지 내려오는 긴 머리를 말괄량이 삐삐처럼 땋고 있을 때가 많다. 그 모습에 걸맞게 자신을 "피자를 사랑하는 마녀"라고 칭하며, 타로 카드 점치기부터 주술적인 여정으로 가는 영매에 이르기까지 신비로운 능력을 선보인다. 나와 페이지는 수년 동안 매주 화요일에 함께 일하고 있다. 페이지는 이따금 하던 일을 멈추고 이야기를 들려준다. 이를테면, 살해당한 어린 여자아이가 불행하게도 텐더로인에 위치한 페이지의 아파트에 영혼이 묶여 버려서 저승으로 넘어가도록 도와준 일화 같은 것이다. 나는 그런 이야기에 흔쾌히 귀를 기울인다. 그녀가 지어낸 이야기라고 여기지 않기 때문이다. 그녀는 자신의 믿음을 피카소의 말에 빗대어 말한다. "상상할 수 있는 모든 것은 현실이 될 수 있다."

나는 또한 오컬트적 성향이 있고 샤넬을 좋아하는 예술가 J도 소개받았다. 직접 만난 적은 없지만, 우리는 때때로 전화 통화를 한다. 나는 이어버드를 꽂고 그녀의 가녀린 목소리를 더 잘 들으려고 볼륨을 높인다. 한번은 J가 이탈리아에 처음으로 갔던 경험을 이야기했다. 그녀는 그곳에서 수백 년 전의 이탈리아인들의 목소리를 들었는데, 유려한 이탈리아어로 말하는 옛사람들의 불협화음에 압도되었다고 했다.

이 친구들과 우정을 나누며, 나는 정신과 의사가 꽤 논리적으로 들리는 이들의 감각 경험(특히 마법처럼 들리는 경험)에 근거해 진단을 내리는 모습을 상상하곤 했다. J의 이탈리아 이야기를 들으니 예전에 내가 꾼 자각몽이 떠올랐다. 꿈속에서 나는 군중 사이를 지나가면서 사람들의 얼굴 하나하나를 분명히 볼 수 있었다. 나는 그렇게 많은 낯선 얼굴을 저장하는 내 뇌의 능력이 경이로

웠고, 그 얼굴들이 상상으로 만들어진 것인지 아니면 기억에서 되살아난 것인지가 궁금했다. 페이지와 J는 계속 재발하는 우울증과 싸우고 있지만, 조현병의 범주에 포함하는 장애를 비롯해, 그 어떤 정신장애로도 진단을 받은 적이 없었다.

페이지는 내게 그들의 영적 멘토인 브리아나(브리) 소시를 소개해 주었다. 브리는 "영혼의 구도자들을 위한 신성한 기술"이라는 슬로건과 함께 자신의 이름을 내걸고 온라인 비즈니스를 성황리에 운영하고 있다. 일반적으로 마법이나 오컬트주의(브리가 '신성한 기술'이라 부르는 것들)라 불리는 것에 관한 교육은 허술한 경우가 많다. 하지만 세인트존스 칼리지에서 고전학, 수학·과학의 역사, 철학의 학사·석사 학위를 받았으며, 기도와 축복의 삶과 더불어 교육의 힘을 견지하는 데 힘쓰는 브리의 교육은 그렇지 않다. 브리는 내 영적 멘토가 되었고 지금도 그렇다. 나는 매달 그녀와 전화 통화를 하고 정기적으로 메일을 주고받고 있다. 처음 그녀의 수업에 대해 알아보면서 흥미를 느꼈던 점은 내 별난 성질과 불안을 이해할 수 있게 해 준다는 것이었다. 브리에게 이렇게 말하자, 그녀는 웃으며 대꾸했다. "이런 말을 해서 미안하지만, 믿음이 삶을 단순하게 만들어 주지는 않아요."

— —

브리와의 첫 번째 통화는 유료 상담이었다. 나는 그녀에게 조현정동장애와 그 이후에 진단받은 라임병에 관해 이야기했다. 내

꿈에 대해서도 들려 달라는 그녀의 말에, 나는 내 자각몽의 역사, 악몽과 PTSD와 관련한 문제, 영적 경험, 환각, 망상 등의 이야기도 연달아 털어놓았다.

　그녀는 이렇게 말했다. "당신이 죽었다는 느낌을 느끼기 시작했다는 사실과, 제가 정확히 이해한 게 맞다면 그런 느낌이 라임병 발병 즈음에 생겨나기 시작했다는 점이 매우 흥미로워요. 스스로 죽었다고 믿는 것은 편집적 망상이라고 할 수도 있지만, 한편으로는 당신의 몸에 이미 라임병이라는 만성질환이 있는데도 그것을 인지하지 못하는 상황을 경고하는 신호였을 수도 있어요. 당신의 영적인 부분이 '이봐, 여기 문제가 있어'라고 만성질환의 존재를 알려 주는 극적인 수단으로서 죽었다는 망상을 느끼게 했는지도 모른다는 것이죠." 브리는 내가 겪은 이상한 경험을 '필연적인 한계'에 도달한 상태를 알리는 신호로 해석했다. 그녀는 "껍질이 얇다"라는 표현을 자주 사용한다. 그녀의 설명에 따르면, 껍질이 얇은 사람들은 지각이 훤히 열려 있어서, 다른 영역에서 일어나는 일을 지각한다. 껍질이 얇은, 혹은 껍질이 없는 사람들은 정상적인 경험의 범주 바깥에 있는 것들을 보고, 감지하고, 느끼기 때문에 자신이 미쳤다고 생각하게 된다.

　다른 세상을 경험하는 이러한 지각은 융 학파 분석가인 제롬 S. 번스타인의 『경계 지대에 사는 것』에서도 다루어지고 있다. 번스타인은 "경계성 인격"의 사람들(감각과 비범한 지각이 "아주 신성시되는" 사람들)이라는 개념을 상정한다. 그는 이렇게 쓰고 있다. 문제는 "경계성 인격의 사람들 자체가 그들 자신의 경험을 현실로 인정하지 않는 것에서 비롯된다. 서구의 사고 체계를 따르는 우리가 그렇듯, 그들도 비이성적인 현상학의 영역을 부정적인 편견을 가지고 파악하는 데 익숙하다. 따라서 그들은 자신의 경계성 경험을 병리적인 '미친' 경험으로 바라본다. 그런 시각을 가지면서 그들은 훨씬 더 신경과민적으로 변하게 된다."

브리와 첫 번째 통화를 하는 동안, 그녀는 나에게 리미널 학습을 위해 그녀가 고안한 3일간의 자기 조절 오디오·워크북 코스를 해 보라고 권했다. 그 코스는 내가 이미 낸 상담료보다 더 비쌀 것 같았지만, 그녀의 솔직하고 온화한 방식은 불안감을 조장하지 않았다. 사기꾼과 통화하는 기분이 들지는 않았다는 것이다(만약 사기꾼이라면, 적어도 자신의 속임수를 스스로 진짜로 믿는 부류일 것이다).

'경계 너머로: 경계를 아우르는 근본적인 테크닉'의 강의 소개에는 다음과 같은 구절이 있다. "옛날에는 경계 영역으로 여행할 수 있는 사람에 대해 말할 때 '경계 너머로' 갔다고 표현했다. 이는 안전한 것 너머의 불가사의, 마법, 광대한 가능성을 품고 있는 영역으로 여행할 수 있음을 뜻하는 오랜 관용구이다. 이 코스는 몸의 직관력 사용하기, 부적끈 다루기, 협력자 및 영혼의 안내자들과 관계 형성하기, 이렇게 세 가지 근본적인 기술을 다룬다."

— —

신성한 기술의 가능성을 탐험하는 일은 약을 복용하는 일과

충돌했다. 내가 껍질이 얇은 사람이라서 사후 세계를 경험하게 될 지라도, 나는 어느 순간에도 상담 치료 또는 정신약리학적 약물 요법을 그만두겠다는 마음이 들지 않았기 때문이다. 이런 심리는 모순적으로 보일 수도 있고, 의심이 많은 성향으로 보일 수도 있지만, 나는 정신증을 겪는 동안 크게 고통받는다는 것이 무엇인지 잘 알고 있었기에 암울하고 거친 광기의 폭풍 속으로 다시 들어가는 데 조금도 관심이 없었다. 내가 리미널에 대해 배우려는 것은, 내 정신증적 경험을 연장하려는 것이 아니라 이해하기 위함이었다. 나는 나에게 일어난 모든 일을 그릇에 담아 하나씩 차근차근 파헤치고 싶었다.

— —

2세기에 그노시스파는 프뉴마티코이[pneumatikoi], 즉 동류 집단을 넘어서는 영적 지혜를 지닌 엘리트 신도 계층이 평범한 기독교도들 사이에서 살았다고 주장했다. 프뉴마티코이는 성령에 사로잡힌 증거로서 방언 글로솔라리아[glossolalia]를 할 수 있었다. 간혹 알아들을 수 있을 때도 있었지만, 글로솔라리아는 "대부분 … 광란적이고, 불분명하고, 지리멸렬하며, 무아지경의 언어"였다. 그러한 언어를 가리키는 정신의학적 용어는 "언어착란"[schizophasia] 또는 "말비빔"[word salad]이고, 그것은 조현병의 가장 가시적인 증상 중 하나이다. 지리멸렬한 말은 미천한 이들이 이해하기에는 너무나 심오한 진리를 암시할 수도 있고, 악화된 정신 상태를 암시할 수도 있다.

자크 라캉은 언어를 질병과 신비주의를 구분하는 중요한 요소로 삼는다. 라캉은 당시 "조발성 치매"라 불리던 병을 판단한 의사이자 환자로 널리 알려진 다니엘 슈레버의 글을 십자가의 요한의 글과 비교하면서 이렇게 말했다. "존 게일이 지적했듯이, 십자가의 요한은 시적인 방식으로 글을 쓴 반면, 슈레버는 그러지 않았다." 십자가의 요한의 시적 표현은 독자들에게 영적 차원을 열어 주지만, 슈레버의 횡설수설은 그것을 차단한다.

광기와 신비주의의 경계는 뚜렷하지 않다. 현실과 비현실의 경계도 뚜렷하지 않다. 영적 개념으로서의 리미널은 경계를 넘나들 수 있는 구멍이 많음을 의미한다. "경계 지대"Liminal와 "중간 지대"Medial(후자는 스위스의 융 학파 분석가인 토니 볼프가 고안한 "중개형 여성"the Medial Woman과 연관된 용어이다)는 대개 같은 의미로 사용되며, 현실 세계와 사후 세계 사이의 회색 구역을 가리킨다. '경계 너머로' 수업에서 브리는 사후 세계를 은유적으로 묘사한다. "땅 위의 영역", "땅 아래의 영역", "중간 지대", "요정의 세상", "상상의 영역"이라고 표현한다. 죽음은 내가 이해할 수 있는 사후 세계의 유일한 징후이며, 탄생과 죽음은 리미널의 명백한 징후이다. 범위를 좀 더 좁혀서, 나는 커다란 질병, 트라우마, 결혼을 통해서 사후 세계를 엿보았다. 이들은 리미널이면서 죽음과는 달리, 내 인생의 연대표를 채우고 생채기를 남긴 사건들이다.

은유로 가득한 사후 세계에는 은유로 가득한 리미널 공간이 수반된다. 학자, 시인이자 『늑대와 함께 달리는 여인들』의 저자 클라리사 핀콜라 에스테스 박사는 "이성의 세계와 신화의 세계 사이에 서 있는" 신화 속의 옛 여인을 이야기한다. "두 세계 사이의 이 지대는 설명할 수 없는 공간이다. 일단 경험하게 되면 우리 모두 인식할 수 있는 공간이지만, 하나의 의미로 붙잡아 두려 하는 순간 그 뉘앙스는 스르르 빠져나가 변화한다." 리미널은 또한 정신분석학적 용어로 기술될 수 있다. 에스테스는 "집단 무의식, [객관적] 정신, 그리고 정신양[1] 무의식"이라는 융의 개념을 인용하며, "세계 사이의 장소"를 언급한다. 에스테스는 "두 세계 사이의 틈은 재앙, 기적, 상상, 영감, 모든 자연의 치유가 일어나는 장소"라고 설명한다. 브리가 말하는 요정의 세상은 집단 무의식과 사뭇 달라 보이지만, 이는 '신성한 기술'이라는 어구를 만들어 내는 데 핵심으로 작용한다. 브리는 자신의 교육의 근간이 되는 다양한 신념과 전통을 알리는 것을 지향점으로 삼고 있다. '경계 너머로'에서, 그녀는 리미널 학습이 다양한 신념과 종교를 넘나들고, 그런 신념과 종교가 사후 세계로 가는 개별적인 방식을 만들어 냈으며, 개개인은 종종 공동체를 위한 선물을 가지고 돌아온다고 설명한다.

하지만 브리가 설명하듯이, 리미널 경험은 반드시 특이한 것이거나 특별한 소수에게만 주어지는 것이 아니다. 꿈은 리미널의 가장 흔한 표출이고, 성자, 천사, 또는 신의 실재함을 보거나 느끼

---

[1] 융은 무의식 밑에 집단 무의식이라는 것이 있으며, 집단 무의식 밑에는 정신양이라는 것이 있다고 보았다. 정신양은 물질이 정신이 되고 정신이 물질이 되는 세계를 의미한다.

는 것보다 더 흔한 형태로 나타난다. 리미널 경험에 대해 알아보는 것은 무엇이 진짜인지, 허상인지, 혹은 정신병인지를 탐구하는 일이다. 브리는 '경계 너머로' 워크북 서두에 이렇게 썼다. "리미널 학습에서 예지력을 얻기를 바라는 사람은 보이지 않는 것들에 편안해져야 할 필요가 있다. 이를 가장 잘 표현한 예는 예수 그리도스가 성 토마스 사도에게 한 말이다. '보지 않고도 믿는 사람은 행복하다'" 리미널에 대해 배우려면 신념이 필요하다. 신념에 대한 어느 글의 제목은 이렇다. "이 고난은 언젠가 당신에게 쓸모 있어지리."

— —

브리는 이에 대해 다음과 같은 방식으로 말한다. "조현병에 대해 논의할 때, 우리는 무엇이 합리적인 것이고(2+2=4), 무엇이 비합리적인 것이며(2+2=스파게티 소스), 무엇이 비이성적인 것인지를 명확히 하기를 원한다. … 내가 대화해 보고 함께 작업해 본 … 조현병으로 진단받은 많은 사람들은 결코 비합리적이지 않다." 신성함은 이성적인 것이 아니며 상징적 이해의 한계를 가리키는 한편, 광기는 합리적인 것이 아니며 현실의 구조적 결함을 가리킨다.

브리는 내게 말한다. 비이성적인 정신병 환자들은 온전한 사고를 하지만, "그 사고는 우리에게 익숙한 것과는 다른 출처로부터 나오거나 부분적으로 인식된다. 그만의 내적인 논리가 있으며, 통찰이 아주 정확한 경우가 종종 있다. 그런 통찰을 해석하는 암호를 풀어서 그 내적 논리가 어떻게 작동하는지 이해할 수 있다면 그 사고를 알아볼 수 있다". 그녀는 정신증 여부를 효용성으로 판단한다. "만약 뭔가 쓸모가 있다면, 그것을 받아들여요. 설령 무서운 환영이 보인다고 해도, 뭔가 효용이 있다면 그것을 받아들이고 삶에 적용할 수 있어요. 나는 그것을 조현병으로 보지 않아요. 그보다는 리미널로 보지요."

우리의 세계는 이성적인 것을 가치 있게 여기는 한편, 비이성적인 것을 꺼린다. 이를테면, 아침 버스에서 난리 치는 노숙자, 〈로앤오더〉에 나오는 망상적인 살인마 "사이코들"처럼 말이다(결국 법과 질서는 합리와 이성에 근거한 궁극의 제도 아닌가). 비이성적인 것을 이해하려면 표면 너머를 볼 줄 알아야 하고, 이는 신비의 영역이다.

내가 스탠퍼드대 4학년이던 20대 초반에 처음 환각을 경험하고 열여덟 살 때 양극성장애 진단을 받았던 것을 떠올려 보면, 기숙사 샤워실에서 들려온 목소리는 사뭇 또렷하게 "나는 네가 싫어"라고 말했다. 환각은 감각을 앗아 가는 매우 놀라운 효력이 있다. 나를 싫어한다고 말한 그 목소리는 거기서 들은 그 어느 소리보다도 실감 났다. 실제로는 배수 시스템과 관련된 현상이거나 다른 층에서 말하는 소리를 들었는지도 모르지만, 아무리 궁리해 봐도 그 목소리는 바닥으로부터 들려오는 것처럼 느껴지지 않았다.

나는 샤워를 마치고, 물기를 닦고, 수건을 몸에 두르고서 기숙사 방으로 돌아갔다. 어렴풋이 내 정신건강 문제를 알고 있던 룸메이트에게 샤워실에서 목소리를 들었다고 말했다. 그 일에 대해 이야기할 때는 샤워실에서 놀란 마음이 진정되고 차분해진 상태였다.

"네가 미쳐서 그래." 룸메이트가 말했다.

하지만 만약 그 목소리에 무슨 효능이 있는 것이라면, 그것을 생각해 볼 수 있는 일이었다. 하지만 그 당시의 나는 나 자신을 싫어했고, 그로 말미암아 수년간 자기 파괴적인 행동을 했다. 어쩌면 그 목소리는 내가 더 좋은 치료사를 찾지 못하면 자기 파괴성으로 인해 결국에는 큰 위험에 빠지게 될 것이라고 경고하고 있었는지도 모른다. 이런 메시지는 너무 단순해서 굳이 환각까지 겪을 일은 아니라는 생각이 들긴 하지만, 내가 그것을 어떻게 판단했겠는가?

— —

나는 하루에 한 번 '경계 너머로' 음원 파일을 세 개씩 들었고, 듣는 동안 수업 자료를 아이패드로 넘겨 보았다. 음원 파일에는 브리가 전화로 진행한 강의가 담겨 있었다. 수업은 보통 전화로 진행되며, 실시간으로 수업에 참여한 청취자들이 질의 시간에 질문하는 방식으로 이루어졌다.

수업에서 내가 가장 유용하다고 느낀 것은 부적끈의 사용이었다. 브리는 리미널 학습을 하는 동안 부적끈의 사용법을 알려준다. 그녀에 따르면, 부적끈이 어디에 묶여 있느냐에 따라 각기 다른 보호의 기능을 한다. 배 둘레에 묶은 끈은 욕망을 억제하고, 머리 둘레에 묶은 끈은 지나친 생각을 막아 준다. 나는 출처가 불분명한 리넨 리본에 브리가 우편으로 보내 준, "밤 오브 길리아드"라는 라벨이 붙은 오일을 발랐다. 미끌미끌한 느낌이 들기 시작할 때 손목 둘레에 리본을 묶는다. 나는 사후 세계로 넘어가기 위해 적극적으로 끈을 사용하는 페이지와는 다르다. 이 수업의 핵심 목표와는 어쩌면 정반대인 것 같지만, 나는 리미널 영역으로 '가고 싶지 않다'. 나는 무서운 일들이 내게 일어날 때 스스로를 통제하는 법을 알고 싶고, 내가 이 세계 밖으로 굴러떨어질 때 내 손목에 감긴 리본이 나를 이 세계에 붙잡아 두거나 안전하게 지켜 주는 효과를 조금이라도 발휘한다면(비록 처방 약과 함께 사용되어야 하고 내 정신과 담당의에게 보고되어야 하더라도) 그걸로 충분하다.

결국 사후 세계는 그저 죽은 자들만 용감무쌍하게 여행하게 되어 있는 곳이 아니었다. 『늑대와 함께 달리는 여인들』에서 에스테스는 바실리사와 바바 야가가 등장하는 민담[2]을 이용하여 다른 영역에서 머뭇대는 행동의 위험성을 경고한다. 이 민담에서 바바 야가는 바실리사를 꾀어내어 세계의 불가사의한 것들에 대해 아주 많은 질문을 던지도록 유도하지만, 바실리사의 주머니에 들어 있던 지혜로운 인형이 깡충깡충 뛰면서 질문을 멈추라고 경고한다. 에스테스는 이는 "지하 세계의 신성한 힘, 즉 마력을 한꺼번에 지나치게 많이 불러내는 것에 대한 경고"이며, "우리가 지하 세계에 가더라도, 그곳에 도취되어 갇혀 버리기를 원하지는 않기 때

---

2   슬라브 계통의 설화 『아름다운 바실리사』를 말하는 것으로, 바바 야가는 '늙은 마녀'로 통칭되는 존재이다.

문"이라고 말한다.

— —

어느 겨울날 라임병 치료를 위한 9일간의 여행을 하던 중, 산타페에 있는 다운타운 서브스크립션 카페에서 브리를 처음으로 직접 만났다. 그때 포로치스타와 나는 이곳저곳을 오가며 지내고 있었고, 카페에 도착했을 당시 내 팔에는 여러 가지 링거의 흔적과 함께 멍이 들어 있었다. 브리는 이미 와서 차를 마시며 나를 기다리고 있었다. 우리는 포옹과 함께 감탄사를 연발하며 인사를 나누었다. 나는 그녀 맞은편 높은 의자에 앉으며 과연 내 몸이 얼마나 오래 버틸 수 있을지를 염려했다. 그도 그럴 것이, 포로치스타가 그날 아침 오랜 친구인 트레비스의 자살 소식을 듣는 바람에 힘든 하루를 보낸 터라 나도 이미 지쳐 있었다. 그 전날 트레비스가 실종되었다는 소식을 들은 아침만 해도 포로치스타는 이렇게 말했다. "난 그가 살아 있는 것 같아. 그냥 어딘가로 잠시 떠난 게 아닌가 싶어." 몇 시간 후, 포로치스타는 침대에 앉아 핸드폰을 감싸고 몸을 구부린 채 울고 있었다.

브리와 내가 직접 만난다는 것은 일종의 기적이었다. 나는 자리에 앉아 브리에게 일 때문에 산타페에 오게 된 거냐고 물었고, 그녀는 오로지 나를 만나기 위해서 샌안토니오에서부터 남편과 아들과 함께 열세 시간을 달려왔다고 대답했다. 나는 미소로 감사를 표했고, 똑바로 앉아 있으려고 사투를 벌이며, 속으로는 이렇게 생각했다. '오 신이시여, 제발 도와주소서.' 나는 브리에게 포로치스타가 친구를 잃은 일에 대해 이야기하며, 이런 상황에서 무엇을 해야 할지 물었다.

그녀가 대답했다. "누군가가 죽으면, 나는 그 사람을 위해 양초에 불을 붙여요. 나라면 과달루페의 성모 성지에 가서 양초에 불을 붙일 거예요. 많은 지역의 전통에 따르면, 망자는 사후 세계에 적응하기 위해 사흘간의 정적인 시간이 필요하다고 해요. 하지만 [트레비스와] 남겨진 가족들을 축복하는 것은 바로 지금 시작해도 좋은 일이에요. 트레비스가 보내는 신호나 징후에 마음을 열어 보라고 해 보세요. 그가 떠오르는 노래, 그와의 추억을 연상시키는 표지판의 단어나 잡지의 구절, 그 어떤 것이든 말이에요."

그녀가 말을 이어 가는 동안 그녀의 옷에 달린 민속 장식물인 밀라그로 하트 부적이 내 눈에 계속 들어왔다. 나는 그로부터 며칠 뒤에 떠난 치마요 여행 중간에 들른 기념품 가게에서 그와 비슷한 밀라그로를 여럿 발견할 수 있었다. 그때 나는 밀라그로로 장식된 빨간색 나무 십자가를 하나 샀는데, 지금 내 제단 위에 걸려 있다. 브리의 눈꺼풀과 장밋빛 뺨은 금빛으로 반짝이고 있었다. 나는 브리에게 포로치스타가 겪은 일들을 말해 주었다. 그날 포로치스타는 같은 카페의 다른 좌석에 앉아 있었는데, 나중에 우리가 숙소로 돌아왔을 때 그녀는 브리를 "나이를 알 수 없는" 사람이라고 표현했다.

브리와 나는 마법에 대해, 그리고 억압적 정치 시대(그달 말에

도널드 트럼프가 취임할 예정이었다)에 마법이 가지는 효용에 대해 이야기를 나누었다. 또한 새로운 스타워즈 시리즈 〈로그 원〉에 대해, 일의 중요성("어떤 일을 하든, 그 일은 중요해요. 최선의 방식으로 사람들을 감동시키는 것이 관건이지요.")에 대해, 변호사 지망생이었던 그녀가 온라인으로 신성한 기술을 가르치기까지 거쳐 온 여정에 대해, 그녀의 삶에 신성한 기술이 자리하게 된 출발점에 대해 이야기했다. 스승과 대화하는 것, 특히 몸이 아플 때 대화하는 것의 좋은 점은 내가 대화를 이끌어 가지 않아도 된다는 점이다. 좋은 물꼬를 틀거나 질문을 던지기만 하면 스승은 기꺼이 설명을 이어 나가니까. 하지만 나는 대략 한 시간 후에 대화를 끝맺었다. 나는 나를 위해 멀리서 온 사람과 그렇게 짧은 시간만을 보내는 것에 죄책감을 느꼈지만 그녀는 나에게 그 어떤 미안함도 느끼게 하지 않았다. 그녀는 말했다. "피곤해 보여요. 이제 가서 푹 쉬어요."

— —

곧장 모텔로 간다면 견고한 관성에 젖을 것을 알았기에, 포로치스타와 나는 과달루페 성모 성지로 향했다. 해가 저물자 겨울의 온기도 사그라들었다. 땅은 위험한 빙판 조각들로 덮여 있는데, 포로치스타가 지팡이를 사용하고 있었기 때문에 우리는 천천히 움직였다. 불을 붙일 양초는 없었지만, 종이로 가득한 투명한 상자가 놓여 있는 것을 보고 나는 포로치스타에게 메시지를 적어 상자에 넣으라고 말했다. 나는 얼음장같이 차가운 의자에 앉아 기다리면서 성모의 자비롭고 부드러운 얼굴을 바라보았다. 지난달 과달루페 성모 축일에 브리는 이런 기도를 해 주었다. "상실, 슬픔, 비탄과 비애의 울부짖는 바람으로 채워진 틈이 있는 곳이라면 어디든, 성모님이 계십니다." 그렇다. 우리는 포로치스타의 친구를 위해 성지에 갔지만, 어쩌면 그보다도 포로치스타와 그녀의 슬픔을 위해 그곳에 간 것일지도 모른다.

내가 처음 브리를 찾았던 것은 정신증이 내 마음을 두렵게 했기 때문이었다. 그녀에게 배운 신성한 기술의 신념보다도, 나는 그 기술의 행위를 통해 위안받았다. 할 수 있는 일이 아무것도 없다는 생각이 들 때 기도를 한다는 것은, 양초를 태우고 의식을 행하고 소금이나 꿀단지를 만드는 등 어떤 행위를 하게 되는 것을 뜻한다.

이 글을 쓰는 지금, 나는 수년간 환각을 경험하지 않은 상태이다. 아무도 없는 방 안에서 깜빡거리는 신호를 몇 번 보거나 이따금 큰 박수 소리가 들릴 때도 있지만, 구더기가 들끓는 시체들이나 으스스한 목소리를 감지한 적은 없다. 심각한 망상적 사고의 삽화가 마지막으로 있었던 것은 4년 전이다. 하지만 정신증의 발생을 막거나 완화해 주는 삽화들이 있다. 바로 내가 있는 곳을 지키며 조심조심 걷는 일이다. 어떤 초자연적인 이탈이 발생할 때, 나는 내 리본을 찾아 손목에 묶는다. 망상이 찾아오거나 환각이 내 감각을 다시 어지럽히면, 그 무감각의 혼란 속에서 감각을 도로 끄집어낼 수 있을 것이라 되뇌어 본다. 이렇게 스르르 빠져나가는 정신을 가지고 살아야만 한다면, 나는 그것을 붙들어 둘 수 있는 방법도 알아야 하지 않겠느냐고 스스로에게 되묻는다.

감사의 말

『조율하는 나날들』은 많은 사람들과 단체들의 도움 없이는 탄생할 수 없었기에 감사의 말을 전하고 싶다.

이 책을 구상하는 데 도움을 준 내 최고의 독자이자 친구인 미리엄 로런스에게 감사한다. 네가 건네준 조언과 사랑은 참으로 소중했어. 딱 필요한 시점에 필요했던 의견을 전해 준 앤디 위네트에게 감사한다. 탁월한 조언 정말 대단했어. 최종 단계에 나와 함께 원고를 검토해 준 퀸시 마운틴에게 감사한다. 너는 내가 아는 사람 중 가장 지혜로운 사람이야. 포로치스타 하크푸르, 너의 예리한 눈과 더불어, 연대와 우정에 감사해. 사랑해.

애나 노스, 로라 터너, 케일 밀너, 리스 권, 앤디 위네트와 콜린 위네트, 애니스 그로스, 다이애나 밸런타인, 레이첼 콩, 에런 실버스타인의 격려와 우정과 변함없는 지지에 감사한다. 날마다 응원해 준 SDC, 고마워.

앤디 위네트, 카롤리나 와클라위악, 멘사 드마리, 애나 노스, 윌리 오스터웨일, 헤일리 컬링엄, 베서니 로즈 러몬트를 포함해, 이 에세이를 위해 나와 함께 일한 편집자들에게 감사한다. 이 책에 하나의 장을 포함시키는 것을 가장 먼저 열정적으로 승낙해 준

니콜 클리프에게 감사한다. 「지옥의 나날들」이 제자리를 찾기까지 꽤 오랜 시간이 걸렸는데, 당신과 함께할 수 있어서 행운이었어.

나를 치료해 주는 분들에게 감사한다. 특히 그레이스와 매키니스 박사님에게 감사의 말을 전한다.

헤지브룩, 야도, 화이팅재단, 그랜타에 감사한다.

라나 델 레이와 그녀의 앨범 〈울트라바이올런스〉에 감사한다.

이 책에 인용한 문헌을 저술한 연구자, 작가, 과학자 들과, 이 책을 위해 너그러운 마음으로 인터뷰를 허락해 준 이들과, 샌프란시스코 정신건강연합에 감사한다.

내 환상적인 에이전트이자 팬인 진 어와 와일리에이전시 모든 구성원에게 감사한다.

내 친절하고 명민한 편집자 스티브 우드워드, 에단 노소스키, 피오나 맥크레이, 그리고 이 책과 저자를 열정적으로 품어 준 그레이울프 프레스의 모든 직원에게 감사한다. 그레이울프 프레스 논픽션상 수상작으로 내 원고를 선정해 준 브리지드 휴스에게 특별한 감사의 말을 전한다. 이 놀라운 기회를 참으로 영광스럽게 생각하고 있다.

내 가족, 엄마, 아빠, 앨런, 클라우디아, 케리건한테 감사한다.

다프네에게 감사한다.

마지막으로, 언제나 내 곁을 지키며 많은 도움을 준 내 반쪽 크리스에게 감사한다. 이 책을 그에게 바친다. 사랑해.

북트리거 일반 도서

북트리거 청소년 도서

조율하는 나날들

조현병에 맞서 마음의 현을 맞추는 어느 소설가의 기록

1판 1쇄 발행일 2023년 2월 20일

지은이 에즈메이 웨이준 왕

옮긴이 이유진

펴낸이 권준구 | 펴낸곳 (주)지학사

본부장 황홍규 | 편집장 윤소현 | 편집 김지영 양선화 서동조 김승주

책임편집 김승주 양선화 | 디자인 정은경디자인

마케팅 송성만 손정빈 윤술옥 이혜인 | 제작 김현정 이진형 강석준

등록 2017년 2월 9일(제2017-000034호) | 주소 서울시 마포구 신촌로6길 5

전화 02.330.5265 | 팩스 02.3141.4488 | 이메일 booktrigger@jihak.co.kr

홈페이지 www.jihak.co.kr | 포스트 post.naver.com/booktrigger

페이스북 www.facebook.com/booktrigger | 인스타그램 @booktrigger

ISBN 979-11-89799-89-2 03180

북트리거

트리거(trigger)는 '방아쇠, 계기, 유인, 자극'을 뜻합니다.

북트리거는 나와 사물, 이웃과 세상을 바라보는 시선에 신선한 자극을 주는 책을 펴냅니다.